项目编号：14JJD720023

教育部人文社会科学重点研究基地重大项目成果

王 立／著

正义与应得

ZHENGYI YU YINGDE

中国社会科学出版社

图书在版编目（CIP）数据

正义与应得/王立著 . —北京：中国社会科学出版社，2019.8
ISBN 978 - 7 - 5203 - 4861 - 4

Ⅰ . ①正…　Ⅱ . ①王…　Ⅲ . ①正义—研究　Ⅳ . ①B82

中国版本图书馆 CIP 数据核字（2019）第 174267 号

出 版 人	赵剑英
责任编辑	朱华彬
责任校对	张爱华
责任印制	张雪娇

出　　　版	中国社会科学出版社
社　　　址	北京鼓楼西大街甲 158 号
邮　　　编	100720
网　　　址	http：//www.csspw.cn
发 行 部	010 - 84083685
门 市 部	010 - 84029450
经　　　销	新华书店及其他书店

印　　　刷	北京君升印刷有限公司
装　　　订	廊坊市广阳区广增装订厂
版　　　次	2019 年 8 月第 1 版
印　　　次	2019 年 8 月第 1 次印刷

开　　　本	710 × 1000　1/16
印　　　张	16
插　　　页	2
字　　　数	244 千字
定　　　价	89.00 元

凡购买中国社会科学出版社图书，如有质量问题请与本社营销中心联系调换
电话：010 - 84083683

目录

引　言

　　当代正义理论的话语体系由约翰·罗尔斯（John Bordley Rawls）的《正义论》塑造。1971 年罗尔斯《正义论》的发表，被视为哲学发展史上的重大事件——政治哲学重新崛起并开始占据哲学舞台的中心位置。由此引发了学术界关于正义的一场大讨论，而且这场争论直到今天还在继续，以致人们赞叹学术研究和学术批判从没有像今天这样繁荣。20 世纪 70 年代以来，相继展开了各种思想流派之间围绕正义理论而进行的相互争论和相互批判，这种长达近半个世纪的学术大讨论和批判有力地推动了当代政治哲学发展的进程。

　　在这场有关正义理论的争论与批判中，罗尔斯主张的平等正义无疑居于理论的中心地位。罗尔斯主张，正义总意味着某种平等。罗尔斯对正义内涵的界定和理论建构，从很大程度上决定了当代语境下人们对正义的认知和反应。不管你是赞成还是反对罗尔斯的正义，都必须对他的理论做出回应。可以这样说，如果没有罗尔斯有关正义理论的建构和论述，当代的正义理论就不会有今天这样丰硕的理论成果，因为当代正义理论的发展和推进都建立在对罗尔斯正义理论的批判基础之上。

　　罗尔斯的正义主要指的是分配正义。分配正义作为一个哲学概念而不是哲学观念，是由罗尔斯完成的。正像塞缪尔·弗莱施哈克尔（Samuel Fleischacker）所指出的那样，严格的分配正义这个词是罗尔斯刻意使用的。① 虽然，历史上不乏分配正义的若干思想，但是，明确有分配正义的概念却是 20 世纪 70 年代的事情。确切地说，罗尔斯的《正义论》使得分配正义（distributive justice）作为哲学概念而被使用、认可和研究。概念的确立必然相应有确定的含义，否则，它就不是概念而仅仅是名称。不管是狭义的分配正义还是广义的分配正义②，罗尔斯关心的核心问题都是分配正义。其中，分配正义原则是有关分配正义的核心课题。或者说，以什么原则或标准来划分社会基本利益才是正义的，这是罗尔斯考虑的核心问题。

既然分配正义的核心是标准问题，那么，不同的标准就会有不同的分配正义，相应地也就会有不同的分配正义原则。平等是罗尔斯分配正义的标准两个正义原则即平等的自由原则和差别原则（民主的平等）③ 都体现了平等的分配正义原则。罗尔斯对平等正义的理论建构从两方面入手：一方面，通过诉诸支持平等的重要道德理由（例如康德的人性论、自然权利的观念以及政治哲学传统）来对平等做正面的理论建构；另一方面，站在平等主义的基本立场上，罗尔斯对能给平等正义理论带来潜在或明显挑战的其他正义理论予以批判。其中，最为人们所熟知的是对功利主义的批判。

除了把功利主义作为主要的理论批判对手，罗尔斯实际上对其他的正义观或正义理论也进行了深刻的分析和批判。在《正义论》中，

---

① Samuel Fleischacker, *A Short History of Distributive Justice*, Cambridge: Harvard University Press, 2004, p. 80.

② 狭义的分配正义主要限于社会经济利益的分配，广义的分配正义则是涉及基本的权利和义务，自由和机会以及相关的经济利益的分配。在这种意义上，罗尔斯以广义的分配正义来指涉他的正义理论，即以平等为标准的正义原则来安排制度如何划分社会的基本权益。米勒曾经批判罗尔斯对社会正义、分配正义和正义几个概念未加区分地使用，实际上这是同罗尔斯有关的正义理解分配不开的。在罗尔斯那里，特别是在社会制度的意义上，分配正义与社会正义几乎具有同等的内涵和外延。参见［英］米勒《社会正义原则》，应奇译，江苏人民出版社 2001 年版，第 297 页。

③ 在罗尔斯那里，差别原则有广义和狭义之分。狭义的差别原则特指第二个正义原则中的"差别原则"；而广义的差别原则则是指整个第二个正义原则。同样，民主的平等在罗尔斯那里有三种不同层面的意义，一是特指狭义的差别原则体现的平等；二是广义的差别原则所体现的平等；三是两个正义原则作为整体体现出来的平等。参见王立《罗尔斯"民主的平等"之真实意义》，《社会科学研究》2010 年第 1 期。此处的民主的平等是广义的差别原则所体现出来的平等。

罗尔斯认为有五种最重要的正义观会成为人们的选项,这五种正义观包括两个正义原则、古典的目的论、直觉主义、混合观念和利己主义。① 在他看来,要建立自己的平等正义观就必须对其他四种形式的正义观即混合观念、古典的目的论、直觉主义和利己主义做出一定形式的理论批判。但是,在分配正义的相关部分中,罗尔斯针对的主要是至善论和应得,其中,应得正义观在罗尔斯的批判中占有重要的地位。就正义思想自身而言,应得有历史和传统。应得作为最早的正义观已经在历史上得以实践,并且,应得的某些观念在今天仍然有其理论影响。更重要的是,应得作为一种正义观,在一定程度上表达了人们有关正义的直觉性认识,即给予人们的应得(due)是正义的。面对应得正义长久的思想传统、真实的历史实践以及直觉性的观念,罗尔斯都不得不在其正义的框架内思考应得。因此,应得在当代正义理论中居于何种理论地位,这既是罗尔斯考虑的重要问题,也是有关应得理论研究所面临的重要任务。

罗尔斯总体上对应得持拒斥和批判的态度。虽然,罗尔斯在其前后期思想中对应得的态度存在着某些明显的变化,但是,其基本认识没有改变,并秉持《正义论》的基本立场。这一基本立场在《正义论》中以"反应得"的理论形式完全展现了出来。总体来说,罗尔斯认为应得不会在社会基本结构的层面上即不会以正义原则的方式发挥作用,它可以在道德哲学中被视为某种道德价值的表达。罗尔斯认为在正义原则确定之前,不存在任何有关应得的主张,即不存在"前制度的应得";应得必依赖制度,人们应得什么是由正义原则确定的,即存在制度的应得。但是,"制度的应得"不是以应得的名义和方式来体现,而是以合法期望和资格,只不过,我们此时将合法期望和资格更愿意称之为应得。

具体的"反应得"在《正义论》中从三个方面得以体现②:第一,在人们之间的不平等原因分析中,罗尔斯从道德上认定"自然天赋"

---

① [美]罗尔斯:《正义论》,何怀宏等译,中国社会科学出版社1988年版,第123—124页。

② 参见王立《罗尔斯的"反应得"及其理论困境》,《社会科学研究》2014年第4期。

等不应得，从而在前制度的条件下排除了应得的正义。如其所说，正义的思考起点应该是这样：没有一个人应得他在自然天赋的分配中所占的优势，正如没有一个人应得他在社会中的最初有利出发点一样——这看来是我们所考虑的判断中的一个确定点。① 第二，针对"德性之为幸福"的应得主张，罗尔斯认为德性体现的道德价值同分配正义没有关系。按照德性分配的观点不能区分道德应得和合法期望，社会也不存在旨在奖赏德性的正义准则，而且，道德价值的概念并不提供一个用于分配正义的第一原则。② 第三，作为一种常识性的正义观念，应得只能作为正义准则而无法成为正义原则。在人们的正义观中，无论那些常识性的正义准则多么重要，它们相较于正义原则都处于从属地位。没有任何一个准则包括应得能有理由被提高到第一原则的位置和高度。

罗尔斯对于应得的批判性态度招致了持有应得正义观的思想家的更多批评。这种反批评集中于两个方面：其一是应得的道德理由；其二是应得在社会基本结构中的作用。也就是说，人们分别从道德哲学和政治哲学两个方面展开对罗尔斯的批评，同时，也从这两个方面推进了应得正义观的研究。可以说，经过这些思想家的理论批判和理论建构，应得在当代正义理论中被视为平等正义的最有力的挑战者。它更被许多人认为是当代正义理论中最重要的三大正义原则：平等、需要和应得③，也被其他人视为正义标准的重要构成要件④。至此，在当代正义理论的话语体系中，应得成为话语体系的重要部分，也成为正义理论研究的重要课题。

如何为应得做出有力的辩护，这是思想家们所要面对的最重要的问题，也是学术界关于应得正义理论研究中最核心的问题。实际上，

---

① ［美］罗尔斯：《正义论》，何怀宏等译，中国社会科学出版社 1988 年版，第 104 页。

② 同上书，第 312 页。

③ 这一基本观点主要由社群主义者沃尔泽和米勒所坚持和认定，他们主要站在共同体的立场来阐释应得。参见沃尔泽的《正义诸领域》和米勒的《社会正义原则》相关论述。

④ 还有一些思想家并不是站在"共同体"的立场来为应得辩护，而是从正义的标准以及应有的构成来分析应得。David Schmidtz 就持有这种立场。David Schmidtz, *The Elements of Justice*, New York：Cambridge University Press, 2006.

那些对应得持有较强主张的思想家并不是专注于应得的某一个核心问题，而是从不同的方面来批评罗尔斯的平等正义并利用这些批评来阐释自己的相关思想。因此，批评和辩护是应得理论研究的重要特点。在这些批评和辩护中，大体上可以分成四种方式：第一种是思想史方式的研究；第二种是罗尔斯问题的理论研究；第三种是对应得的直接阐释；第四种是建构主义的方式。本书的总体框架和逻辑结构也相应地按照这四方面来进行。

立足于思想史的研究，其目的是要说明应得在正义思想中的地位、作用以及对平等主义的影响。首先，应得是一种古典的正义观念，而古典的正义观念必然会涉及应得的原始内涵和意义。就像罗尔斯所说，任何时代和社会都有自己的正义观念和原则。如果现代社会强调平等，即人们的基本权利、自由、机会以及基本利益等都应该被平等分配，这是社会正义的核心的话，那么，古典的应得又是该如何得到规定而被人们实践呢？因此，对于应得原始内涵的分析以及同其相应社会的基本结构之间的内在关联将会成为我们的研究对象。

其次，应得正义的内涵以思想史的方式被呈现出来之后，人们自然会关注应得的意义在历史实践和思想传统中的嬗变。正义的观念是变化的，变化着的正义观念决定了人们在不同时代的正义认知和行为。阿拉斯戴尔·麦金太尔（Alasdair MacIntyre）认为正义、德性以及道德形式等都随着时代的变化而变化，没有自始至终不变的德性，应得也是一样。应得在近代哲学中第一次以个人主义的方式表达了那个时代的正义，即体现个人行为的劳动是人们理所当然的应得，也是人们个体所有权的道德基础。

最后，应得在当代正义语境里其基本意义的保持和延续。在今天的正义语境下，应得如何在自由主义的价值前提下为人们所接受和认可呢？个人应得的概念获得了道德哲学和政治哲学的双重规定和认可。从道德哲学的层面来说，个人应得是应得的重要体现，个人的行为及其后果（无论是奖励还是惩罚）是每个人的应得；就政治哲学的层面来说，个人应得是社会正义的重要内容，个人的劳动或贡献是每个人应得的基本利益。

罗尔斯问题的理论研究是以横向的问题交织的形式来回应思想史

的研究。具体说来，虽然罗尔斯从三个不同的层面批判了应得作为正义原则的可能性，但是，在对罗尔斯正义理论自身的检视和批判中，研究者认为罗尔斯并不能从理论上完全排除应得。首先，在正义的推理上，罗尔斯无法全然得出平等就是人们思考的唯一的正义原则。正义的推理本质上涉及人们对正义的道德推理和道德论证的问题。罗尔斯以功利主义为批判靶子，塑造了平等的正义与"向前看"的思维推理的一致性。然而，追溯思维推理还存在"向后看"的维度。应得恰恰是"向后看"的维度的正义形式。在"前"与"后"的推理和理由的审视中，罗尔斯并不能提供充足的理由。

其次，罗尔斯基本上是将应得置于道德哲学的层面而批判应得，即应得只能表达某种道德价值而与分配正义没有关系。然而，在学者的研究成果中，人们指出，如果没有应得作为道德价值的先在承诺，依赖无知之幕为正义原则做出论证的罗尔斯将失去最重要的道德理由；没有应得的存在，罗尔斯关于差别原则的论证也将没有道德基础；没有应得的存在，罗尔斯的整个第二个正义原则都没有支持的道德理由。

最后，针对罗尔斯正义理论中的一个核心问题即责任问题，研究者指出，责任的缺失导致罗尔斯正义理论中存在着无法避免的理论漏洞。对主体道德性的承诺、对人们不平等原因的分析以及责任在正义中的角色缺失，这些都让罗尔斯的完全的"反应得"理论面临重大的理论困境，其理论结果是促成了运气均等主义思想的产生。责任内在地嵌入正义之中表明应得的作用所在。

纵向的思想史维度和横向的理论问题相互交织将应得正义观的相关问题呈现在人们面前。如何展现应得正义观在当代正义理论中的特定的理论作用和意义，这就需要对应得做出直接性的解释和论证。为此，我们将从三个方面来进行：第一个方面涉及应得的基础问题。任何一种正义观都需要理论基础为之奠基。哪一种正义观具有坚实的基础只有在相互比较中才能确定。相对于平等以"比较性"为基础而赋予相应的道德理由，应得由于注重"内在性"而获得更多的理论力量。这是应得在众多正义理论中为自己赢得独特意义的地方之所在。

第二个方面涉及应得的类型问题。在当代正义理论中，人们之所以拒斥应得，一方面固然是因为理论的目的所决定；另一方面何尝不是因为应得自身的理论问题。应得是一个容易引起语义歧义的概念，人们把很多希望的价值都以应得的名义做出道德判断。有些"假冒的应得"和不具有基础的应得也被人们视为应得，这自然会造成应得含义的模糊，从而在正义理论中受到批判。行动的应得则是正义理论无法回避的正义观念。

第三个方面涉及应得同制度的内在关联。应得能不能被制度化即"制度的应得"是否存在是证成应得的重要路径。罗尔斯力图以"合法期望"和"资格"来代替"制度的应得"，从而在制度的层面和前制度的层面将应得排除在外。但是，合法期望和资格与应得不是一回事，不能相互替代。制度化的应得依然存在理论上的空间。

最后，本书将以建构主义的方式对应得赋予正义原则的地位和作用。一方面，应得是规范以工资为代表的社会经济的分配正义原则。虽然，人们的工资收入会有不同的解释，但是，应得的解释是主流的，并可以成为市场经济的分配正义理论。质言之，应得可以在经济制度的层面上发挥分配正义的作用，从而能够成为分配正义原则。另一方面，应得作为分配正义原则并不是对平等原则的否定和替代，而是一种作用方式和领域的补充。总体来说，应得是直接规范人们的基本利益的最直接的初始分配方式，而平等以再分配的方式调节初始分配中的差异，二者并行不悖。

根据理论的框架结构，本书第一章分析了应得在当代正义理论中引发的理论问题，即罗尔斯的"反应得"构成了应得研究的整个理论背景。第二章、第三章、第四章从思想史的角度分别考察了应得的内涵、意义及其转换，并从中分析和提炼出应得在今天的积极意义。第五章、第六章和第七章则专门针对罗尔斯的问题加以分析、批判和反驳，揭示应得的缺失将对正义理论带来巨大的理论挑战。第八章、第九章和第十章则直接分析应得的理论特征，揭示应得相较于其他正义理论所具有的理论优势和制度化的可能。最后两章即第十一章和第十二章分别讨论应得如何成为经济制度的分配正义原则以及同平等的关系，从而为应得作为分配正义原则做出理论解释和说明。

第一章
平等主义与反应得

正义话语的理论问题和思想框架决定了我们如何探讨正义的理论背景。毋庸讳言，我们讨论正义问题的话语背景、理论问题和思想框架是平等主义，这决定了今天涌现出的各种正义话语都必须以平等主义为靶标——要么批判平等主义，要么借鉴平等主义——来解释自己才有真正的理论意义，也才能寻找到自己恰当的理论坐标。离开了平等主义这一靶标，任何正义话语都将失去发力点。因此，在当代正义理论中，任何一种非平等主义的分配正义原则之理论建构都必须从批判平等主义开始。同样，平等主义在建构自己的正义理论时也采取了相近的方式。为了建立和确证自己的正义理论，平等主义者不得不对已有的正义观念大加批判。平等主义的批判锋芒所指，为我们理解平等主义语境下的其他正义原则和思想提供了非常有益的理论进路。

一 作为正义的应得

在《正义论》中，罗尔斯认为有五种最重要的正义观需要认真对待。这五种正义观包括两个正义原则、古典的目的论、直觉主义、混合观念和利己主义。① 在他看来，要建立自己的平等正义观就必须对

---

① ［美］罗尔斯：《正义论》，何怀宏等译，中国社会科学出版社 1988 年版，第 123—124 页。

其他形式的正义观做出一定形式的理论批判。对于罗尔斯来说，真正能对两个正义原则形成挑战的是目的论中的功利主义。功利主义是罗尔斯批判的主要对象，因为"在现代道德哲学的许多理论中，占优势的一直是某种形式的功利主义。出现这种现象的一个原因是：功利主义一直得到一系列创立过某些确实富有影响和魅力的思想流派的杰出作家们的支持。我们不要忘记：那些伟大的功利主义者像大卫·休谟（David Hume）、亚当·斯密（Adam Smith）、杰里米·边沁（Jeremy Bentham）和约翰·穆勒也是第一流的社会理论家和经济学家，他们所确立的道德理论旨在满足他们更宽广的兴趣和适应一种内容广泛的体系。而那些批评他们的人则常常站在一种狭隘得多的立场上。他们指出了功利主义的模糊性，注意到它的许多推断与我们的道德情感之间的明显的不一致。但我相信，他们并没有建立起一种能与之抗衡的实用的和系统的道德观。结果，我们常常看来不得不在功利主义和直觉主义之间进行选择，最后很可能停留在某一功利主义的变种上，这一变种在某些特殊方面又受到直觉主义的修正和限定。"①

罗尔斯分别从功利主义的三个理论缺陷和两个正义原则的优点相互对照来展开对功利主义的批判。在他看来，功利主义第一个理论缺陷是它会因为其最大化原则而侵犯或牺牲个人或少数人的自由。问题的实质是功利主义者如何对待社会的最大功利与个体功利之间的关系。按照功利主义的解释，每个人都会为了自己的最大功利而牺牲较小的功利，以此类推，社会为了最大功利总量就会牺牲一部分人的功利。因此，在功利主义的思想中，社会正义就是"一个社会的制度最大限度地增加满足的净余额"，而贯穿其中的解释逻辑是"一个人类社会的选择原则就是个人选择原则的扩大"。②

功利主义的第二个理论缺陷在于其目的论。功利主义是一种目的论，这毫无疑义。但目的论为什么就应该被批判呢？对于罗尔斯来说，功利主义与义务论的对立就在于如何处理正当与善的关系。正当与善

---

① ［美］罗尔斯：《正义论》，何怀宏等译，中国社会科学出版社1988年版，第1—2页。

② 同上书，第23页。

也是道德哲学中最重要的两个概念，如何对待它们之间的关系构成了区分不同道德理论的标准。目的论通常都强调善优先于正当，而义务论则主张正当优先于善。目的论把善置于优先地位意味着善自身具有独立的地位和价值，正当则是促进善的手段。依据这种思想，快乐主义、至善主义以及古典目的论、功利主义都属于目的论。虽然都是目的论，但各种目的论对于目的的理解和定义是不同的。也就是说，各种目的论对于善的理解是不同的，而这种不同真正导致了目的论伦理学自身的理论困难。

功利主义的第三个理论缺陷就是人际比较问题。功利主义是一种为人们的道德行为和道德选择提供理论论证的哲学。功利主义以"功利最大化"取代义务论"人是目的"的空洞的道德准则，这是它很快取代义务论并在道德哲学中占据支配地位的重要原因。但是，这一原则也给功利主义带来了无尽的麻烦：这就是人的行为选择对于功利的计算变得不可能，即罗尔斯所说的人际比较不可能。就像人们所说："我们以偏好为基础在对不同事物的价值考虑时，必然要求考虑到我们的特殊兴趣，态度和利益。由于这些因素的影响，我们的功利概念必然不是中立的，而是受个人特性影响的。"① 两个人的偏好不一样，人们无法判别一个人的偏好比另一个人的要好、价值更高或量化的数值更多，而如何权衡两者之间的偏好在正义分配中的权重就更加不可能。

功利主义是罗尔斯批判的重点。但是，罗尔斯理论批判的靶子并不限于功利主义这种正义观。除了功利主义，罗尔斯的理论批判所指还有混合的观念、古典的目的论、直觉主义、利己主义等各种正义观。相对于批判功利主义的长篇大论，罗尔斯对其他正义观的批判则是蜻蜓点水。然而，对于其中的正义观应得，罗尔斯却罕见地大费笔墨给予了重要的理论批判。尤其在对分配正义与正义准则的批判中，应得更是作为主要的理论批判对象（见《正义论》第 47 节、48 节、66 节）。可以这样说，如果没有当代政治哲学家罗尔斯在《正义论》中对应得的拒斥和批判，应得也就仅仅是一个古典的正义观念，仅仅停

---

① James Griffin, *Well - Being*: *Its Meaning*, *Measurement*, *and Moral Importance*, Oxford: Clarendon Press, 1986, p. 53.

留于道德哲学的领域而被人们作为道德思想史的研究对象。① 但是，罗尔斯正是从正义原则和社会基本结构的角度上提出了有关应得的根本看法，人们才开始反思应得在正义理论中的地位和作用，一大批当代政治哲学学者开始高度关注应得正义观，丰富的文献和思想得以产生，从而形成研究应得的学术热潮。

在今天的正义理论研究中，人们越来越重视应得，这与如下原因相关。首先，就正义理论自身而言，它有着思想历史和思想传统。应得作为最早的正义观已经在历史上得以实践，并且，应得的某些观念在今天仍然有其理论影响。因此，如何在当代正义理论中回应和思考应得是理论研究的重要任务。如果说罗尔斯把平等视为现代正义的主要标准，那么，古代社会的正义内涵就是应得。根据语言学的考证，正义的词源本义就是"应得"（desert）。② 梭伦（Solon）把应得的正义观念更加明确化：正义就是给一个人以其应得。在古罗马查士丁尼法典中，应得作为正义原则以法律的形式得到规定：正义乃是使每个人获得其应得的东西的永恒不变的意志。③ 面对如此久远的历史实践传统，任何思想家都不可能轻易地跳跃过去或直接回避。更有甚者认为，应得正义观历经中世纪基督教、近代启蒙时期直到现代占据主流思想的自由主义，一直都在发挥着重要的作用，这就要求人们重新审视应得，包括为平等正义观奠基的罗尔斯。

其次，作为一种道德理论，应得与平等主义一样都反对功利主义。可以说，当代所有的正义理论都把功利主义作为共同的批判靶子，从而为自身理论寻找到合理性的依据。应得正义观和平等正义观在对功利主义的批判中成就各自的理论，它们都在批判功利主义，但得出的

---

① 麦金太尔的著作《德性之后》则是这一思想进路的典型表现。在该书中，麦金太尔并不能提供有关分配正义的应得观念，而是始终强调应得在正义观念所起的道德证明的作用，最后总结出当代自由主义的正义观——无论是平等主义的罗尔斯还是自由至上主义的诺奇克——都是建立在应得的基础上。参见［美］麦金太尔《德性之后》，龚群译，中国社会科学出版社1995年版，第314页。

② ［英］尼古拉斯·布宁、余纪元：《西方哲学英汉对照词典》，人民出版社2001年版，第530—531页。

③ ［美］博登海默：《法理学、法律哲学与法律方法》，邓正来译，中国政法大学出版社2004年版，第277页。

结论所引向的理论方向却大相径庭。罗尔斯对应得的批判和分析，不仅是要澄清同是作为功利主义之批判理论的根本差异，更重要的是要从制度上厘清应得和平等之间的不同。应得和平等之间的相互批判以及理论批判所构织起来的正义话语既是我们有效把握罗尔斯正义理论的绝佳方式，也是我们把握整个当代正义理论的有效途径。

最后，按照正义观所依赖的道德理由来看，应得正义观所依赖的道德理由在一定程度上显示出巨大的优越性。从实践上，应得正义观已经被实践过，它已经获得了实践上的合理性。平等主义的正义观才刚刚被提出，虽然其核心精神已经存在了几个世纪，但并没有被真正地实践过。从理论上，应得正义观历经思想史上的哲学家的分析、解释和辩护，早已获得了人们的理论认知，而平等主义的正义观才刚刚被申言。也就是说，应得在某种程度上能够自证其作用和意义。罗尔斯要证明平等的正义观具有更大的合理性，就必须认真对待应得。正因为这些原因，罗尔斯在其正义理论中也重点批判应得正义观。

罗尔斯对应得的批判集中体现在他的"反应得"（anti-desert）理论之中。他本人也因此被一些学者认为是首开"反应得"理论先河的思想家。① 确切地说，罗尔斯的反应得理论并没有体系化，而是根据主题的需要散见于《正义论》中的相关章节。这不可避免地导致了罗尔斯反应得理论的局限：第一，反应得理论没有得到整体清晰的解释，这自然会弱化反应得的理论力量；第二，反应得的深层原因没有得到明晰的揭示，这会削弱反应得理论推理的明证性；第三，在前两者基础上导致人们对罗尔斯的反应得理论缺乏足够的重视：人们没有从整体上把握罗尔斯反应得理论的思想，相应地也就会漠视其反应得理论存在的真正问题。

罗尔斯正义理论本身就遇到了众多的挑战和批判。他的"反应得"理论无疑再次将自己置身于当代正义理论争论和批判的风暴中心。很多学者认为罗尔斯的反应得理由并不充分，其思维推理存在巨大的漏洞缺陷，而且还忽视了应得的积极意义和时代内涵。越来越多

---

① George Sher, *Desert*, New Jersey: Princeton University Press, 1987, pp. 27 – 30.

的学者开始强烈的关注应得。我再次强调，应得正义观被理论界重新审视和关注，一个重要的理论背景就是平等主义对应得的当代批判。这也是应得正义观得以在当代正义理论中突显出来的整体背景。离开了平等主义的话语背景将使应得的研究和批判失去靶标。因而，罗尔斯为什么反应得自然是我们必须厘清的首要问题。

二 反应得与道德的应得

罗尔斯为什么要反应得，其直接目的当然是为平等主义的正义观辩护。但是，最根本的原因在于应得正义观自身所存在的理论缺陷导致了应得正义观不能同平等正义观竞争。分析和总结罗尔斯关于反应得的思想，我们认为这些理论缺陷主要体现在三个方面：第一，在正义原则的原初推理中，应得无法体现出来，反而是以"道德的不应得"被排除在道德推理之外；第二，在社会正义的分配中，主张应得是没有根据的，因为道德价值不能体现在分配序列中；第三，即使是在某些微小的领域应得正义观依然在发挥着一定的作用，但它也仅仅是扮演着"正义准则"的角色，而不具备"正义原则"的功能。我们先来分析罗尔斯的第一个反应得理由。

罗尔斯的正义观早已为人们所熟悉。其正义观念的一般表述为：所有的社会基本善——自由和机会、收入和财富及自尊的基础——都应被平等地分配，除非对一些或所有社会基本善的一种不平等分配有利于最不利者。一般正义观由两个正义原则来体现：第一个正义原则每个人对与所有人所拥有的最广泛平等的基本自由体系相容的类似自由体系都应有一种平等的权利。第二个正义原则社会和经济的不平等应这样安排，使它们：（1）在与正义的储存原则一致的情况下，适合于最少受惠者的最大利益；并且，（2）依系于在机会公平平等的条件下职务和地位向所有人开放。①

第一个正义原则即通常所说的平等的自由原则；第二个正义原则

---

① ［美］罗尔斯：《正义论》，何怀宏等译，中国社会科学出版社1988年版，第303页。

即公平的机会平等原则和差别原则。其中，对社会的不平等起重要调整和矫正作用的是差别原则。差别原则即罗尔斯所说的"民主的平等"。两个正义原则均体现了罗尔斯式的平等：平等的自由、公平的机会平等和民主的平等。直观来看，在罗尔斯的正义原则和正义体系安排中，根本无法体现西方传统正义的应得，也没有为应得留下一席之地。正是在对差别原则的辩护中，罗尔斯对应得持批判拒斥的态度而体现出鲜明强烈的"反应得"。

差别原则的辩护和反应得的内在关联体现在"自然天赋"等偶然性因素的"道德的不应得"这一基本判断上。这是罗尔斯为差别原则辩护的最重要的道德理由，也是应得在原初推理中就被排除出去的重要原因。在对差别原则的辩护中，我们可以从不平等与不应得、自然天赋分配份额的不应得和思维推理中的反应得三个层面来把握反应得的理论论证。对于不平等与不应得的道德判断，罗尔斯主要是从分析导致不平等的原因来入手的。罗尔斯主张正义总意味着某种平等，这显示出他对社会不平等的巨大担忧。社会存在的巨大不平等对社会正义的实践是严重挑战，也是社会稳定性的重大威胁。因此，社会应该解决不平等。俗话说，只有找准病因才能开出药方。社会要解决不平等，首先就要分析造成不平等的原因。

罗尔斯对不平等原因的分析体现在人们所熟知的两个方面：一个方面是自然的任意性因素。自然的任意性因素体现为人与生俱来的天赋如智力、体力、理性能力及想象力等方面的不同，有的自然天赋高有的自然天赋低。那些自然天赋高的在经济的收益上明显好于自然天赋低的。不平等原因的另一方面是社会文化的偶然性因素。具体来说，社会和文化的因素包括人的出身、环境、教育和家庭等方面的巨大差距，有些人比另一些人更加"幸运"。那些"幸运"的人在社会资源的分配中自然占有一定的优势。自然天赋和社会文化造成的不平等是不正义的，这种不平等的后果也是人们"不应得"的。为什么这些不平等是不正义的呢？

罗尔斯的理由如下：第一，自然天赋和社会文化的因素对于每个人来说都是偶然的任意的，每个人拥有或不拥有的概率都是一样的，不具有道德上的必然性。任何人都没有理由声称自己"应该"拥有什么，也没有人理所当然地认为自己就"应该"生在帝王家。人们对此提不出一种合适的道德"应得"的理由。第二，既然自然天赋和社会文化优势等都是类似"抓阄"式的安排结果，那么，对于任何形式的结果，例如拥有某种自然天赋和缺乏某种自然天赋都同个人没有任何关系。质言之，人们不用对这种安排形式的任何结果承担责任。因而，这些任意性和偶然性因素造成的不平等是人们"不应得"的。第三，这类偶然性因素造成的不平等主要体现在社会的最不利者阶层身上，因而，社会的不平等从道德理由上来说更应该加以解决。

第二个层面即自然天赋分配份额的不应得是第一个层面理论论证的必然结果。既然偶然性因素导致的不平等是不应得的，那么，在社会分配的份额中，自然天赋的分配份额也是不应得的。一个正义的社会，不但应该解决社会偶然性因素造成的不平等，更应该解决自然的任意性因素所造成的不平等。社会偶然性是人类社会自身的产物，是社会基本结构安排的结果，所以改变社会基本结构是正义应有之义。虽然，人们主张以"自由的平等"来解决社会文化等偶然性因素造成的不平等，但是，对自然的任意性造成的不平等解决则更加体现了正义的理想，因而确立新的正义原则尤其必要。差别原则则是对自然天赋的任意性因素和社会文化的偶然性因素造成的不平等之整体解决。如果这些因素不能在正义的框架内解决，那么由之而来的分配差异的不平等将会更加显著。既然社会文化和自然因素在道德上都是偶然的任意性的而不具有必然性，那么，人们也就没有任何理由要求社会分配的份额向这些因素倾斜。按照罗尔斯所说，在背景制度允许的范围内，分配的份额是由自然抓阄的结果决定的，而这一结果从道德观点看是任意的。正像没有理由允许通过历史和社会的机会来确定收入和财富的分配一样，也没有理由让天资的自然分配来确定这种分配。[①]没有一个人能说他的较高天赋是他应得的，也没有一种优点配得到一个社会中较有利的出发点。[②] 一言以蔽之，依据社会文化和自然因素的分配份额也是"不应得"的。

---

① ［美］罗尔斯：《正义论》，何怀宏等译，中国社会科学出版社 1988 年版，第 74 页。
② 同上书，第 102 页。

前两个层面的理论论证都会在正义原则的思维推理中作为论据而出现。罗尔斯对两个正义原则的证明借助"无知之幕"的推理来完成。无知之幕的设置源于正义原则达成的条件约束，即在人们对正义的思维推理中，哪些因素应该考虑进来，哪些因素应该被排除出去。被排除的因素称之为特殊的事实，其中最重要的特殊事实是：没有人知道他在社会中的地位，他的阶级出身，他也不知道他的天生资质和自然能力的程度，不知道他的理智和力量等情形；也没有人知道他的善观念，他的合理生活计划的特殊性，甚至不知道他的心理特征。① 它们之所以被排除，其目的是使人们在正义原则的选择过程中，任何人都不会因为自然的偶然性因素受到影响。因为，这些特殊性事实同个人的选择无关，任何人既不能因为缺乏它们而受损，也不能因为拥有它们而获益。不管何种结果，都是人们所"不应得"的。经过无知之幕的过滤，正义的思考起点应该是这样：没有一个人应得他在自然天赋的分配中所占的优势，正如没有一个人应得他在社会中的最初有利出发点一样——这看来是我们所考虑的判断中的一个确定点。② 人们自然把无知之幕的道德根据归因于"反应得"。③

第一个层面的反应得为差别原则能解决所有的不平等确立优势；第二个层面的反应得为差别原则的互惠理想奠定基础；第三个层面的反应得为差别原则的思维推理树立了明证性标准。因而，差别原则在罗尔斯的一系列反应得中得到证成。正如反应得的目的只有一个：证成差别原则。此处的反应得深层理由也是一个：道德的任意性。所谓道德的任意性，大体来说是，人的选择行为应该出自自由意志而不受必然性强迫，人应该为出自自由意志的行为结果承担责任，而出自强迫的行为结果同个人无关。

道德的任意性表明，人们遭遇的由社会环境和自然天赋造成的不平等是不应得的。这些原因是人们无法自我决定和控制的因素，同人的自由意志没有关系，也就无所谓选择与否。没有自由选择的任何结

---

① ［美］罗尔斯：《正义论》，何怀宏等译，中国社会科学出版社 1988 年版，第 136 页。

② 同上书，第 104 页。

③ 葛四友：《正义与运气》，中国社会科学出版社 2007 年版，第 29 页。

果都是人们不应得的，人们不需要承担任何责任。第一个方面的反应得理由显得很充足。既然如此，第二个层面的反应得也就水到渠成。因为社会环境和自然天赋的分布具有极大的任意性，获得或失去都是偶然的，所以在社会正义的分配中，没有人应得它们所带来的优势和利益。两个层面的反应得在思维推理中的运用构成了差别原则的理论论证，即差别原则就是建立在解决不由人的自由意志所决定的后果的基础上。因此，三个层面的反应得都回应了道德哲学的根本问题：道德的任意性与后果上的不应得。

三　反应得与道德价值

罗尔斯"反应得"的第二个重要理由是"道德价值"不能作为分配正义的根据，因而在分配正义中无法体现。质言之，应得与分配正义无关。可以说，这是罗尔斯明确反对应得正义观的最重要的理由。对于罗尔斯来说，正义与道德的不应得在"自然天赋"的判断上存在一致性，这是他反应得的首要理由。但是，首要理由并不能构成唯一理由。道德的不应得只是从否定的角度支持了罗尔斯的"反应得"。作为道德推理，这显然并不全面。即使存在罗尔斯所讲的"道德的不应得"，但从概念的对称角度来说，也反衬出存在着"道德的应得"。如果只存在道德的不应得，这既不符合道德语言的使用，又不符合人们的正义信念。不管怎么说，总应该存在着某种"应得"。例如，作为惩罚的正义而言，一个人因刑事犯罪而获刑是应得的。在罗尔斯意义上的分配正义中，是否也存在应得呢？因此，对于罗尔斯来说，反应得还应该面临一个重要的问题：从肯定的角度上即"人们应得什么"来解释分配正义，最终也会导向理论上的"反应得"。

如果使应得在分配正义得以体现，它会以什么面目出现呢？罗尔斯针对的是植根于人们心中的直觉性的德性正义观：正义即为德性决定的幸福。很明显，在这种正义观里，德性是决定正义的首要因素。这同人们的常识似乎存在高度的一致。个人的道德品质既是社会判断人们是否是好人的标准，也是社会奉行某种正义的根本尺度。好人应该是有德性的人，或者说，一个拥有德性的人一定是一个正义的人。

收入、财富和一般生活中的美好事物都应该按照道德上的应得来分配。① 虽然人们认识到绝不能完全实现这个理想，但它却是分配正义的适当的观念，至少是一个首要原则。在社会条件许可的情况下，社会应该尽可能地实现它。但是，罗尔斯明确反对这种应得的正义观。

第一，应得正义观在原初状态中不会被选择。罗尔斯认为在原初状态的选择中，没有确定的标准来选择这一正义原则。罗尔斯虽然没有明确解释为什么在原初状态中不会选择应得正义观，但分析他对正义原则所依赖的原初推理中可以得知，在原初状态下，人们没有理由申言什么是应得的。因为，无知之幕屏蔽了与公平正义无关的具体事实和信息。所以，人们应得什么并不知道，尤其是事关一个人的德性或品质。在很大程度上，个人的德性或品质也可以被视为自然的偶然性因素。

第二，按照德性分配的观点不能区分道德应得和合法期望。社会正义原则作为制度划分利益的方式，已经规定了成员之间的权利要求。如果成员完成制度所鼓励的事情，他们就获得相关的权利。正义的分配份额尊重这些权利。因此，在正义的体系内，人们有权利获得什么能够被明晰，也能够满足人们建立在制度之上的合法期望。② 但是，人们的道德价值却无法断定。一方面，人们有权利获得什么同道德价值没有关系，获得的多少也不与内在价值相称。另一方面，道德价值本身也不随社会生产等因素的影响而变化。因而，人们无法在正义体系内量化道德价值，也就无法体现分配正义的要求。

第三，社会不存在旨在奖赏德性的正义准则。人们经常认为社会应该奖励天才。但是，天才所赚得的特别报酬要冲去训练费用，而且这些才能要被引导到能推进公共利益的方向上去。例如，在竞争性市场中，工资的多少取决于一个人的贡献大小；虽然一个人的贡献有大有小，但是他的道德价值并不随这种贡献的大小而变化，也不随着他的工资多少而变化；人们的道德价值是平等的，但是"人们平等的道

---

① ［美］罗尔斯：《正义论》，何怀宏等译，中国社会科学出版社 1988 年版，第 300 页。

② 同上书，第 311 页。

德价值并不意味着分配份额也是平等的"①。所以，正义准则所导致的分配份额与道德价值无关。在人们的直觉性观念中，最接近奖赏道德应得的准则应该是"按照努力分配"。即使是这样，罗尔斯也不认为应得是一个合适的正义准则。因为一个人愿意做出的努力往往受制于他的自然天赋、技艺以及可选择的对象。在其他客观条件大致相同的情况下，天赋较好的人更可能认真地做出努力。就此而言，奖励德性的观念不切实际。

第四，道德价值只有在正义原则确立之后才能被定义。道德价值的概念并不提供一个用于分配正义的第一原则。相反，道德价值的概念只有在正义原则下才能被采用和被规定。也就是实说，正义原则优先于道德价值。只有基本的正义原则、自然的义务和责任的原则得到承认之后，道德价值才有意义。德性可以被描述为按照相应原则行动的愿望和倾向。罗尔斯认为，即使在亚里士多德（Aristotle）哲学那里，道德价值也是建立在正义的基础上。亚里士多德关于正义的理解，主要适用于行为。然而，"亚里士多德的定义显然预先假定了一种对什么应当是属于一个人的，什么是他应得的份额的解释。而这些应得的份额，我相信，通常都来自社会制度及制度所造成的合法期望。"②道德价值从属于正当，因而在分配的份额中并不发挥实质作用。

为了把应得与正义原则的作用和属性区分清楚，罗尔斯在《正义论》第48节提供了一个足球比赛的例证。一场足球比赛结束后，人们有时会说输者应该得其胜利。人们的真实意思并不是说胜者没有资格获得冠军的称号，而是说，就一场足球赛的"内在要求"来看，输者比胜者更好地展现了足球本身所应该体现的技艺、技巧和优秀品质，只不过，输者可能运气太差，球总是打在门柱上。但是，按照规则，冠军称号应该颁发给进球的一方。如果把冠军称号颁发给输者，不管人们认为输者展示的技艺多么好，也不会赞同输者获得荣誉。在这个例证中，罗尔斯意图说明应得和规则是不一样的。正义原则类似于足

---

① ［美］罗尔斯：《正义论》，何怀宏等译，中国社会科学出版社1988年版，第312页。

② 同上书，第17页。

球赛中的基本规则，内在价值类似于球赛中人们对输者应得胜利的直觉性观念。

在这里，我们可以看出罗尔斯批判应得的大体思路。罗尔斯所批判的应得集中体现为古典的应得，而古典的应得又主要表现为"道德应得"。道德应得都是道德价值，而道德价值只有依赖正义原则才有意义。因此，即使是在道德语言的使用上，应得的正义观也只有在正义原则建立起来之后才有意义，但它依然不能作为正义原则而出现。罗尔斯的批判是否有道理，我们暂且不表。我们在此把问题先展示出来：应得的正义观在古代社会中意义非凡，这没有问题，但是不是应得就完全是道德应得，这是值得追问的。应得当然包含道德价值，但应得能否等同道德价值？如果说道德价值与分配正义没有关联，那么，罗尔斯为什么又要依赖"道德的不应得"这一基本价值来为平等主义的分配正义观立论呢？

四　反应得与正义准则

罗尔斯批判应得正义观的第三个理由是：即使是在某些微小的领域，应得正义观依然发挥着一定的作用，但它也仅仅是扮演"正义准则"的角色，而不具备"正义原则"的功能。罗尔斯在分析应得的正义没有充分的根据和基础之时，实际上还存在着"反应得"的另一种支持和论证，二者可以说互为表里。这种支持和论证在正义原则和正义准则的区分中得到表达和体现。一句话概括，即使存在应得的正义观，它也只能作为正义准则而存在；相反，平等则是作为正义原则存在，并且正义原则高于正义准则。因而，就正义原则层面来说，应得不是正义原则，平等自然高于应得。

正义准则和正义原则的区分，我们在分析正义的根据中已经得到部分揭示。按照罗尔斯的观点，没有任何正义准则旨在奖赏德性；同时，表达应得正义观念的德性只有在正义原则下才能得到规定和理解。正义准则和正义原则的关系在德性正义观中交织在一起，罗尔斯也是在这种交织中来批评德性正义观进而达到理论上的"反应得"。现在，是时候对这种交织条分缕析，深度剖析罗尔斯"反应得"的另一种理论路径了。

在人们的常识性正义准则中，"正义即为德性决定的幸福"仅仅是其中的一种。实际生活中存在很多的正义准则，例如，"按照努力分配"、"按照贡献分配"、"按照需要分配"和"按照能力分配"等诸如此类。这些不同的分配正义准则都能从不同角度体现和表达"应得"的主张。反映一个人的贡献大小并按照这种大小给予相应的应得是正义；给予一个人与主观努力的程度相应的应得也是正义。我们当前所倡导的"按劳分配"也是诉诸正义的应得。更有人把权利和需要也视为应得的要求，即"按照权利获得"和"按照需要分配"也满足应得的正义。这样的应得正义观念在日常生活中不胜枚举。重要的是，这里面的每一种应得都符合人们的直觉正义观，而且它们都是有意义的。只不过，罗尔斯所批评的德性正义观是应得正义中影响最大的一种。这也间接说明，并不是每一种应得的正义观都可以归因于不可量化的"内在价值"范围。这一问题暂且放在一边，我们转而讨论正义原则如何来对待这些不同的正义准则。

对于罗尔斯来说，社会正义原则具有正义准则所不具备的典型特征：非矛盾性和普遍性。非矛盾性要求正义原则融贯一体，不允许自身出现冲突。正义原则同社会基本结构相联系，因而它规范着社会制度划分社会基本利益的根本方式。这决定了正义原则不能自相矛盾。质言之，社会正义原则是"一元的"而非"多元的"。正义准则存在明显的冲突。"按照努力分配"和"按照贡献分配"明显相对，而"按照需要分配"和"按照能力分配"判然不同。普遍性是非矛盾性的另一面。它要求正义原则的实践应该在所有的社会结构领域内都有效遵守。然而，正义准则的实践是有边界的。也就是说，正义准则只是适用于某一领域。

从这里我们也可以对特殊主义的正义观之深层问题略窥一斑。有些社群主义者如戴维·米勒（David Miller）认为存在主要的三种正义原则：按照应得分配、按照平等分配和按照需要分配，三种正义原则的运用取决于社群的构成性质。按照应得分配对应于工具性联合体，按照平等分配对应于公民身份联合体，按照需要分配则与团结性社群匹配。① 以此推知，社会存在多种联合体，正义原则也就存在多种。那么，调节社会正义的整体原则是什么呢？不得而知。因而，社群主义所说的与其说是正义原则，还不如说是正义准则。正义准则的实践边界在于不同性质的共同体。

对于正义准则和正义原则的区分思想，罗尔斯显然受惠于伊曼努尔·康德（Immanuel Kant）道德准则和道德法则的区分。在康德看来，实践原理是包含意志一般决定的一些命题，这种决定在自身之下有更多的实践规则。如果主体以为这种条件只对他的意志有效，那么这些原理就是主观的，或者是准则；但是，如果主体认识到这种条件是客观的，即对每一个理性存在者的意志都有效，那么这些原理就是客观的，或者是实践法则。② 道德准则和道德法则的区分在于普遍性。正义原则和正义准则的区分也在于实践的普遍性。前者的普遍性体现在所有人，后者的普遍性体现在整个社会领域。

但是，正义准则和正义原则的区分并不是绝对的。不同的正义观可能产生不同的正义准则，而且不同的正义观对正义准则的评价是不一样的。这就有可能出现这样的情况，在有些正义观中，平等原则有可能也只是正义准则。如果这种情况存在，那么，某种正义准则上升为正义原则的情形也可能会出现。但是，对于罗尔斯来说，不存在平等的正义原则变成正义准则的情况。因为，当前的正义理论有一个基本的社会理念和制度背景起作用：秩序良好的社会和立宪民主制。③ 自由和平等是立宪民主制的核心政治价值。而且，正义准则自身的性质注定不能成为正义原则。

首先，就应用领域来说，每一个正义准则的运用都具有局限性和特殊性。这也就是说任何一个正义准则都无法适用于分配正义的所有领域，而正义原则是对所有分配领域都有效的原则。前面所述的每一种正义准则都无法成为支配社会领域的统一原则。例如，按贡献分配明显对应工资领域；按照需要分配同医疗领域密切相关。罗尔斯的基

① ［英］米勒：《社会正义原则》，应奇译，江苏人民出版社 2001 年版，第 26—32 页。
② ［德］康德：《实践理性批判》，韩水法译，商务印书馆 1999 年版，第 17 页。
③ ［美］罗尔斯：《政治自由主义》，万俊人译，译林出版社 2000 年版，第 42 页。

本观点是，只有平等这种正义原则才是同社会基本结构——政治、经济以及法律等根本性的社会领域——相一致的分配正义原则，而应得不是，它是正义准则。

其次，即使是在某一个具体的领域里，这些正义准则也是互相冲突的。就如同在前文中提到的那样，人们诉诸直觉来为这些常识性的正义准则辩护，其结果却是相互矛盾。例如，对于确定工资的多少来说，具有社会主义思想的人主张"按照努力分配"，而坚信资本主义的人则认为应该"按照贡献分配"。同一个领域，正义准则之间都会出现矛盾性——"按照努力分配"和"按照贡献分配"互相对立，更何况涉及众多的领域。对于正义原则来说，它自身应该是统一的。

最后，寻求处理正义准则之间冲突的路径也是不可能的。这里无非存在两种路径，一是赋予各种正义准则之间不同的权重；二是从正义准则中挑选一条作为统辖其他正义准则的较高准则。对于前者来说，如果我们想通过分派给不同的正义准则以不同的权重来使它们形成一个整体，这是行不通的。因为，我们没有办法确定这些正义准则之间的相对价值。每个人和每个领域对正义准则的价值看重是不一样的，所以也就没有办法来确定它们的相对价值。[1] 对于后者来说，是否存在将正义准则上升为正义原则的理论路径，罗尔斯认为更不可能。一方面，如果我们试图把某一种常识性正义准则提升为第一层级的规范，那么任何一种常识性准则都缺乏相应的普遍性，而正义原则作为第一层级的规范应该具有普遍性。

另一方面，如果把全部常识性正义准则放在一起作为第一层级的规范，它们又缺少系统的清晰性，而正义原则应该具有这样的清晰性。[2] 每一种正义准则都只能在社会正义原则的框架内起作用，才能做到非矛盾性。这说明只有社会正义原则才能包容各种互相矛盾的准则，而且社会正义原则是主导性的，准则是从属于原则的。正义准则和正义原则的区分表明，在人们的正义观中，无论那些常识性的正义

---

① ［美］罗尔斯：《正义论》，何怀宏等译，中国社会科学出版社1988年版，第305页。

② 同上书，第308页。

准则多么重要，它们对于正义原则都处于从属地位。没有一个准则能有理由被提高到第一原则的水平。我们强调过，几乎所有的正义准则都是在不同层面体现或表达着"应得"的正义主张。既然准则不是原则，结论自然是，应得根本无法成为正义原则。

　　罗尔斯的"反应得"理论为应得正义观的研究留下了无尽的理论空间。可以说，没有罗尔斯的反应得，没有平等主义正义话语的批判，应得可能已经成为一个"死去"的观念不再为人们所提及和重视。人们自然看到应得正义话语的重新崛起基本上都把批判的理论靶子对准了罗尔斯式的平等主义正义观。罗尔斯对应得的批判涉及理论的方方面面，正是对这些方面的反击和再批判推动了应得正义观研究的深化和发展。自此以后，应得作为一种批判和挑战平等的正义理论在当代整个正义理论之中具有了独特的理论位置和理论意义。

第二章
古典的应得

罗尔斯的"反应得"遭到了众多理论家的批评。有的批评罗尔斯误解并且狭隘化了应得的意义，人们应该对应得正义观赋予历史的重新考察；有的则批评罗尔斯的反应得推理存在巨大的瑕疵和理论缺陷，应该重新审视应得正义观的道德推理；还有的批评罗尔斯在寻求平等主义正义原则的建构中根本无法排除应得，因而有必要考虑应得的作用等。人们的批评不一而足，但这些批评和理论进路却为我们审视应得打开了宽广的理论视角。无论是出于何种批判的理论视角，应得作为正义观的一种原初意义及其内涵的确定都是我们从事理论研究的前提。因而，古典的应得自然是我们理论研究的起点。

一 正义即应得

追根溯源，正义（justice）一词的词源是"dike"，其意思是"应得"（desert）。① 该词最早出现于荷马史诗中。荷马（Oμηρoc）在使

---

① 在现代英语词典里，"Justice"一词的词源界定也由古希腊文而来。在希腊文中，Justice 与 dikaion 相应，而 dikaion 来源于 dike；Justice 的拉丁文对应词是 justum，由 jussum 而来；因此，正义在词源本义上是 dike，而 dike 在古希腊文中就是"desert"。参见［英］尼古拉斯·布宁、余纪元《西方哲学英汉对照词典》，人民出版社 2001 年版，第 530—531 页。亦见［美］麦金太尔《谁之正义？何种合理性？》，万俊人等译，当代中国出版社 1996 年版，第 48 页。

用"dike"的时候，假定该词背后是万物所遵循的单一的基本秩序。这一基本秩序不仅规定了自然要遵循一定的基本结构，也规定了人类社会遵循一定的基本结构，并且自然的基本结构和人类社会的基本结构依赖同一个基本秩序而形成。在这种意义上，"dike"意味着要是正义，或者说，一种所谓的"正义的"要成为正义的（dikaios），它就是要按照这一秩序来规导自己的行动和事务。①

荷马没有明言何为基本秩序。但是，从荷马史诗的描述和希腊神话的叙述中不难得知，基本秩序乃是神、人、自然都服从的等级制。神的等级制通过角色、位阶和终极性来体现。就角色来说，神的角色不能随意逾越，即任何神都不能离开自己的职司领域而做非分之事。位阶由角色决定。每个神在执掌领域上的重要性越大，他在众神之中的位置就越高，他所支持的英雄活命的机会也就越大。② 神的位阶亦不能随意僭越。众神服从宙斯，服从统一的终极性秩序。人的秩序是神的秩序的人间化，二者本质一致。但同为服从的正义"dike"，人间化的正义还包含着人的实践和制定，即正义是从人的实践中所推导出来的原则。

统一的秩序（等级制）也决定了人在社会中的角色地位，就如同神的角色地位不能随意僭越和改变一样。人要了解自己应该做什么并不由自己期冀的目的决定，而是自己在这个社会结构中所处的地位并按照社会所预先分配的角色。剥夺一个人本应有的角色或者侵占另一个人的角色，那意味着不仅是侵犯了正义，也侵犯了他人的荣誉。通过角色，人们意识到正义不仅同秩序（规则）相关，也同行为的美德（履行自己的角色）相关。因而，在本源意义上，正义包含了如下内容：首先，正义本身承载了等级制观念，不论是人的还是神的，并且它最终指向了等级制的顶端，即正义本身是一元的而不是多元的。其次，正义自身具有规则和美德的双重意义，它们都体现在人的实践

---

① ［美］麦金太尔：《谁之正义？何种合理性？》，万俊人等译，当代中国出版社1996年版，第19页。

② 在古希腊的神话中，每一场人世间的战争背后都有不同的神在支持。神通过不同的代理人——人间英雄来体现和彰显自己的旨意。哪一位神的力量最强大，在众神之中的位置越高，其支持的战争胜率也就越大，而战争中的英雄幸存下来的概率也就越大。［美］麦克里兰：《西方政治思想史》，彭淮栋译，海南出版社2003年版，第16页。

活动当中。但是，正义的规则意义不在反思的范围之内，突出的是正义的德性意义，这是正义自身所蕴含的浓厚道德色彩的根源。再次，正义的实践通过人的角色体现。角色既是一种社会角色，也是一种自我识别的身份角色。最后，正义的内在标准以个人的德性为基础。履行了社会角色，体现了相应社会角色的德性，也就实践了正义。

但是，荷马史诗里的正义毕竟是诗话想象的产物，只有到了文明社会的雅典，对正义的实践和认知才为我们理解和探析正义提供了真实的社会场景。今天看来，雅典社会实际上是一个道德与政治不分和个人与城邦高度一体的社会。这样的社会促成了个人正义与城邦正义同一，道德正义与政治正义一致的观念。这预示着什么呢？第一，它说明了雅典社会的高度同质化。它同今天的自由主义正义所依赖的社会环境具有本质的差别。第二，正义的实践既是个体正义的实践，也是城邦正义的实践。也就是说，正义的规则和德性是高度统一的，即正义与善是统一的。第三，个人的德性是理解所有正义的关键点，即个人的品质或德性实践具有根本的意义，它是正义的源泉，这对雅典社会来说极其重要。

正义与善是道德伦理学的两个核心概念，要理解雅典社会的正义就必须理解优秀之善。在荷马史诗中，优秀之善是理解正义的关键。在雅典社会，分配正义也正是以优秀之善为标准。优秀之善同有效性的善相对，它们都是德性实践的结果。所谓有效性的善意指，"一般说来，要获得诸如财富、权力、地位和声誉这样一些善，需要什么样的身体、精神和品格之品质呢？它们是这样一些品质：某一既定的个人发现，在他或她自己的环境中，它们使每个人既能确认哪些手段在确保这些善方面是有效的；又能确认哪些东西在利用这些手段去确保这些善方面是有效的。让我们把这些身体的、精神的和品格的品质叫做有效性的品质；而把那些给这些品质提供其目标和正当性证明的善叫做有效性的善。"[①]

---

① ［美］麦金太尔：《谁之正义？何种合理性？》，万俊人等译，当代中国出版社 1996 年版，第 47 页。

优秀之善只有通过和有效性的善比较才能获得理解。如果把有效性的善看作手段的话，优秀之善则是目的；如果二者有层级之分的话，优秀之善要高于有效性的善；如果以意义来看待，优秀之善意义是无限的，本身就是意义，而有效性的善则是有限的，意义取决于不断变化的欲望。正因为有效性的善跟德性的关联是松散的，也正因为有效性的善是随欲望而变化的，所以，对正义的理解和正义原则的形成最终建立在优秀之善的基础上。按照今天美德和利益的二分理解法，优秀之善追求的是美德本身，而有效性的善是追求美德所带来的外在利益。但是，在古典社会，无论优秀之善与有效性之善一致（一致当然更好）还是相分离，它都应该按照优秀之善的内在尺度和标准来分配，而表征这一内在尺度和标准的正义原则即为"应得"。所以，在古代雅典，正义的概念是按照功绩（merit）和应得（desert）来定义的。① 每个人和每一种实际的实践都必须与每个人的应得相符，都必须与每个人的功绩相符。

二 道德应得

应得作为正义的内涵、标准和尺度，究其根源，主要在于人们对人的实践、行为和规则的理解。为了更好地解释这点，我们同时用德性、责任和外在限制三个概念来加以阐释。从形式上看，实践对应德性、行为对应责任、规则对应外在限制。这些概念所体现的意义均得从什么是"好人"谈起。作为高度同质化的雅典，其社会结构是共同体，国家形式体现为典型的城邦。城邦的维系和存在，好公民因素必不可少。古代的公民同现代的公民含义是迥然不同的。现代的公民同权利资格等相关，古代的公民则是同好人的理解相关。归根结底，什么是好公民的理解和规定根源于什么是好人。如果说得简单点，好人就是有德性的人。因此，有好品质的有德性的人自然就成了好人的标准。更重要的是，作为好品质的德性也自然成为应得的重要内涵。

① ［美］麦金太尔：《谁之正义？何种合理性？》，万俊人等译，当代中国出版社1996年版，第48页。

如果说这一判断来得过于突兀的话，人们通过荷马、柏拉图和亚里士多德对个人德性的考察和分析就可以印证这一点。在荷马那里，作为英雄的德性是勇敢。因此，荷马笔下的希腊战争，英雄的正义不在于这场战争的正义与否，而在于英雄是否展现了作为英雄之内在德性的勇敢。虽然雅典城邦制的建立已经把德性同社会紧密联系起来，但这丝毫不影响人们对德性的根本看法，即每个人应该实践自己的德性，在实践中展示德性应有的内在品质。这也可以看出为什么在柏拉图和亚里士多德那里，德性总是先从个人的品质谈起。在这种意义上，德性首先是一种品质，"是一种获得性人类品质，这种德性的拥有和践行，使我们能够获得实践的内在利益，缺乏这种德性，就无从获得这些利益。"① 亚里士多德对正义的定义也强调品质之于德性的意义：所谓公正，一切人都认为是一种由之而做出公正的事情的品质，由于这种品质人们行为公正和想要做公正的事情。② 没有这种品质，人无法获得内在善，无法做公正的事情，自然也就不能成为好人。

作为好品质的德性其目录清单不是唯一的。在所有的德性中，最重要的德性是智慧、节制、勇敢和正义，这也是希腊社会看重的"四主德"。在柏拉图和亚里士多德那里，虽然四主德对于每个人都重要，但唯有正义是四主德中最重要的德性。按照柏拉图的解释，正义是智慧、节制和勇敢处于和谐一致关系的纽带。对于亚里士多德来说，一方面，只有正义才能使其他德性处于"中道"；另一方面，在四主德中，也只有正义才关心他人的善，是德性的总汇。正如其所说，"公正自身是一种完全的德性，它不是未加划分的，而是对待他人的。正因为如此，在各种德性中，人们认为公正是最主要的。它是一切德性的总汇。它之所以是最完全的德性，乃是由于它实行的是完全的德性。他之所以是完全的德性，是由于有了这种德性，就能以德性对待他人，而不只是对待自身。……所以，公正不是德性的一个部分，而是整个

---

① ［美］麦金太尔：《德性之后》，龚群等译，中国社会科学出版社1995年版，第241页。

② ［古希腊］亚里士多德：《尼各马可伦理学》，苗力田译，中国人民大学出版社2003年版，第92页。

德性；相反，不公正也不是邪恶的一部分，而是整个的邪恶。"①

亚里士多德之所以把好的品质定义为正义，原因在于只有具备好的品质，才有好人；只有有了好人，才有所谓的真正的正义可言。我们从前面的优秀之善和有效性的善之区分不难理解这点。优秀之善内在于其目的，而有效性的善被视作手段。从正义来看，优秀之善指向的是德性正义，而有效性的善指向规则正义。人们遵守正义，有可能是它能带来实在的有效性的善，也有可能因为怕遭受惩罚而不得不遵守正义规则。一旦没有有效性的善的实在利益，一旦没有惩罚的威胁，人们就有可能不遵守正义。因而，有效性的善指向的规则正义不过是外在的限制。相反，优秀之善的正义则是永远指向内在的目的性正义，即一个拥有德性的人一定是一个正义的人。个人的品质和建立在品质之上的行动才是正义的。因此，不论是何种正义，德性的实践是首要的，真正值得奖励的也是德性。所以，如果说正义意味着应得，那么正义也就是按照好人的品质和德性给与其相应的应得。

好人的要求和道德的实践都把德性作为正义的首要标准，也是最重要的目的，而对规则之外在限制的有效性怀疑导致了人们把正义的标准最终都指向了德性。这是应得作为正义内涵之道德规定的重要原因。这些原因固然重要，真正重要的原因在于道德实践和责任的关系，换句话说，应得作为正义原则，原因在于应得总是跟人们的行为和做过的事情有关。其核心观念是，一个行为者自愿地从事一种有价值的活动，应得利益则是其结果，而对这种利益的享用构成与他所做的相称的后果。② 这也是应得在古代正义观里所蕴含的最有意义的地方。好的品质的实践，人们应该获得幸福；好的德性的实践，人们应该获得荣誉；社会应该奖励的也是好的德性。当然，没有好的品质、没有实践好的德性，人们也就不应该享有幸福和获得荣誉，而且应该接受其行为的后果包括惩罚。在一个德性为主导的社会里，德性的实践内在地要求正义的内涵就是应得。不管是应得好的东西如幸福、奖励、

---

① ［古希腊］亚里士多德：《尼各马可伦理学》，苗力田译，中国人民大学出版社 2003 年版，第 95 页。

② ［英］米勒：《社会正义原则》，应奇译，江苏人民出版社 2001 年版，第 164 页。

荣誉等还是不好的东西如惩罚。一个人的行为本身是否实践了德性是人们理解正义的首要方式。因此，在古典的正义观念中，无论正义还指别的什么，它都是指一种美德；而无论实践推理还要求别的什么，"它都要求在那些能展示它的人身上有某些确定的美德。所以后续的历史都将不可避免地是一种实践推理和正义与美德——更一般地说是与人类善——的关系史。"① 在整个雅典的道德哲学理论、观念和实践中，道德的应得都是人们理解和规定应得的首要内涵。

三 社会角色

应得首先与品质相关，这在道德和政治不分的希腊社会里没有丝毫奇怪之处。抑或，应得首先体现为德性的应得并作为理解社会正义的基础再正常不过。然而需要强调的是，这里对好的品质的道德判断并不是任意的。古代社会强调德性是一种习得性的品质，这里面就深刻地蕴含了一个基本的理解，品质与当时的社会道德观念所赋予的个人角色有关。这就是说，优秀之善作为应得正义之分配标准和尺度的前提和决定性条件不是随意的，而是同社会角色密切相关。社会角色对于确立应得之标准的意义，我们从分析德性实践和优秀之善的规定就可以略解其中之味。

实践在现代是一个很宽泛的概念，但在古代社会却是特有所指。在现代意义上，我们可以把人类的一切活动都称为实践，而在古代，那些必须同社会角色相联系的活动才能称为实践。稍稍比较一下如下语境中的表达意义就可知其中之异。例如，农民画萝卜在现代也可以被看作是实践，就像它跟农民种萝卜的实践一样。但是，按照一些思想家的观点，农民画萝卜不是实践，而种萝卜才是实践。原因在于，真正的实践是由这个人的社会角色所决定。德性中内在包含着品质，而品质则是跟人们的社会角色密切相关。因此，农民画萝卜无法实践农民自身的德性（种植萝卜的技艺以及由此而带来的内在利益），只

---

① ［美］麦金太尔：《谁之正义？何种合理性？》，万俊人等译，当代中国出版社1996年版，第35页。

有种萝卜才是真正的实践。

　　同样，优秀之善也只能通过社会角色而得以理解。我们从荷马史诗中众神的职司和希腊社会的等级制结构安排就能看出，社会角色是一个人在城邦中所处的位置和功能。例如，武士的社会角色就是护卫城邦，而且武士也只能是履行了该角色才能被看作德性。在这种意义上，社会角色就是"各司其职，各安其分"。社会角色也是柏拉图定义什么是正义的标准和尺度。正如其所言，正义的原则要求：每个人必须在国家里执行一种最适合他天性的职务。即正义就是只做自己的事而不兼做别人的事。……正义就是有自己的东西干自己的事情。① 所以，柏拉图认为角色的相互僭越绝对是不正义的事情，同善的最高理念也是不相容的。

　　应得由德性的品质决定，品质内在于社会角色。离开了社会角色，我们既无法理解品质之于德性的意义，也无法理解道德的应得之于应得的首要内涵。城邦成员对自己社会角色的履行和实践所获得的内在利益就是优秀之善，而优秀之善也是德性实践的最终指向。因此，就分配正义而言，如果说正义是按照优秀之善而给与其应得，那么，这种优秀之善的应得实质上就是正义按照每个人所履行的社会角色给与其相应的应得。相反，如果人们僭越自己社会角色的一切行为，它既不能被视为实践，其行为结果也是非正义的。例如，如果一个人天生是一个手艺人或者生意人，但是由于有财富或者能够控制选举或者身强力壮，或者有其他这类的条件而又受到蛊惑怂恿，企图爬上军人等级。或者一个军人企图爬上他们不配的立法者或护国者等级，或者这几种人相互交换工具和地位，或者一个人同时执行所有这些职务，这都会导致国家的毁灭，因而是不正义的。② 所以，古典应得的理解和规定依赖于社会角色。

　　然而，问题并没有就此简单结束，相反，问题的复杂性却因此而生。就德性、品质和社会角色的内在联系来说，其中展现出来的价值标准并不清晰。具体来说，德性同好的品质密切相关，这也是德性实

----

① ［古希腊］柏拉图：《理想国》，郭斌和等译，商务印书馆 1986 年版，第 155 页。
② 同上。

践中强调道德色彩的重要原因。但是，什么是好的品质？什么是不好的品质呢？好品质同社会角色相连，促进社会角色的履行和实践是好品质。按照人们的理解，善是某种成就角色的技巧，也是优秀的标准，因而好品质必然成就优秀之善。当然，在这种社会角色里，人们总是从正面来理解。社会角色亦有反面的成分。例如，小偷之于社会角色即是如此。那么，对于一个小偷，他对撬门有着天赋的技巧，对偷技又有着非同一般的能力，这些技巧和能力对于小偷的角色来说是否应该视为"善"的和"好"的品质？质言之，作为应得之首要道德判断的德性本身何以就是道德的？如果人们认为这个例证不那么有力和准确，那么，我们同样可以追问，当一个新兴的社会角色出现的时候（例如，雅典社会因为其地理位置而新兴起来的专门从事海上贸易的商人），我们又是根据什么来判断社会角色自身的德性呢？①

由德性何以之为道德的追问进一步溯源到社会角色本身的追问，即这样的社会角色从何而来？谁决定这种社会角色？谁安排这种社会角色并定义为道德的？当然，人们会以社会的历史实践之自然形成为之辩护。既然社会角色跟历史实践有关，那么社会角色就应该变动不居而不是思想家所设计的或认定的一成不变。同时，社会角色的道德判断也应该随历史的进程而变化而不是像人们所持的价值标准那样永恒如斯。因此，社会角色本身也是悬而未决的问题。

我们姑且承认社会角色的安排含有本体论承诺的成分，社会角色实践所获得的优秀之善之间的比较问题是真实清晰的。就角色来说，每个人履行了自己的社会角色就应该获得优秀之善，但是人们之间的优秀之善又如何来比较呢？质言之，如果较好地履行了社会角色，人们应该获得相应的应得；那么每一种社会角色的履行都应该是应得，这时候如何来比较这些各种各样的应得？例如，士兵的优秀之善不同于农民的优秀之善，而农民的优秀之善又不同于诗人的优秀之善，当然，其他社会角色的优秀之善更不同于哲学王的治理之善，以此类推。

---

① 柏拉图对社会角色的分析和讨论只是笼统性的，主要集中于自由民、武士、哲学王等，相应的也就有铜、银、金等以金属价值表征的等级理念。对于其他的社会角色的解释并不是很多，因而我们有理由认为关于新的社会角色在整个社会结构中的地位和作用可能存在着并不明确的定位和解释。

社会角色的优秀之善都是不同的，而正义是给与其相应的应得，那么士兵、农民、诗人、哲学王以及各种角色的人应得什么？应得多少？如果应得的标准无法确认，我们也就无从知道应得什么东西，应得多少东西。

上述问题的实质是应得的相对性。在古典时期，思想家对应得的相对性问题早已洞察。亚里士多德指出人们脱离道德而诉诸其他形式的应得标准，必然会导致应得的相对性。例如，雅典各阶层关于分配正义标准的争论就是明证："根据各取所值的原则分配是很明显的。没有人不同意，应该按照各自的价值分配才是公正。不过对所谓价值每个人的说法却各不相同。平民派则说，自由才是价值，寡头派说，财富才是价值，而贵族派说，出身高贵就是德性。"① 这些人都认为这是应得，但这样的应得显然会因人而异而陷入相对性的窘境。如何解决应得的相对性问题？这必然牵涉到共同体。

四　共同体

共同体既是当代社群主义批评自由主义的最有力武器，也是古典时期人们理解应得的必要途径，同时它也是古典应得的重要内涵。首先，共同体为应得什么和应得多少确立了标准，这种标准在于共同体所认可的至善本身。至善是城邦共同体追求的最高的善，所以，什么是优秀之善，如何判定各种角色优秀之善的比较，如何确立每个人的应得，应得什么和应得多少，都只能立足于城邦这一共同体背景之下。城邦确立了一种最高的善，其他善以层级的方式服从于这一至善。城邦的法令不过是各种善的秩序化体现而已。所以，体现鲜明的道德判断的德性为应得正义的首要内涵是由共同体的共同道德来决定的，社会角色的安排和社会角色的践履所实践出来的善，是否真正体现出优秀的性质和要求也由共同体所规定。这符合应得的原初含义，即应得总是体现为一种统一的最高秩序，因而在道德价值上也会指向最高的

---

① ［古希腊］亚里士多德：《尼各马可伦理学》，苗力田译，中国人民大学出版社 2003 年版，第 98 页。

善——至善。

其次，共同体为每个人提供了社会角色的判定标准，也提供了个人身份自我识别的途径。就社会角色而言，我能完成什么角色或者说我应该实践哪种角色由共同体来决定。就个人身份自我识别来说，个人只能通过共同体及其共同体所赋予的社会角色来认识自己。任何一个人都必然生存于某种共同体之中，属于这个共同体的一个成员。一个人作为个人需要"个人认同"（人格的统一），同时作为共同体的成员也需要"社会认同"（个人与社会统一）。在共同体中，自我识别通过社会角色来实现。因此，每个人都不得不在社会共同体中借助其成员资格去发现他的道德认同，确定他的道德身份。人们不但通过社会角色来确证自己，也通过社会角色来识别他人。一个人离开了社会角色，他既不知道自己在社会中的位置，也不知道自己是谁，更无从知道别人是谁以及他们同自己如何关联。

再次，共同体为人们提供了理解自己也理解正义的生活场景和社会结构。共同体意味着一种"现实的和有机的生命"；一种"一切亲密的、秘密的、单纯的共同生活，（我们这样认为）被理解为在共同体里的生活"；一种"持久的和真正的共同生活，……共同体本身应该被理解为一种生机勃勃的有机体，而社会应该被理解为一种机械的聚合和人工制品"①。质言之，共同体是一种特殊的生活方式，这种生活方式是同个人密切相关以至它成为个人的一部分。换句话说，个人的生活形式、对生活的理解以及对生活意义的追求必须在共同体中才能完成。没有共同体，我们既无法理解正义意味着什么，也无法理解自己在社会结构中的位置和角色。

最后，共同体是维系社会的稳定结构。柏拉图对个人和国家之间关系的理想描述就说明了共同体为什么会成为社会最具稳定性的结构。正如其所说："个人的智慧和国家的智慧是同一智慧，使个人得到智慧之名的品质和使国家得到智慧之名的品质是同一品质；个人的勇敢和国家的勇敢是同一勇敢，使个人得到勇敢之名的品质和使国家得到勇敢之名的品质是同一品质；并且在其他所有美德方面个人和国家也

---

① ［德］滕尼斯：《共同体与社会》，林荣远译，商务印书馆1999年版，第52—54页。

都有这种关系。所以，当一个国家最最像一个人的时候，它是管理得最好的国家。"① 在理想的意义上，个人就是缩小了的共同体，共同体就是放大了的个人，个人和共同体没有区别。既然如此，还有什么社会结构会比共同体更具稳定性呢？

对于应得来说，共同体的确为之确立了标准。人们应得什么和应得多少由共同体决定；共同体也为人们认识自己、理解自己、维护正义提供了生活场景和稳定的社会结构。因此，共同体是古代社会正义观念规定和理解应得的必需条件，这也是应得内在的第三种内涵。共同体对于应得的意义清晰明确，但共同体本身是什么却是难解的理论难题。当代社群主义者对于自由主义的个人主义批判可谓一针见血，而对于其批判武器共同体本身却讳莫如深，其原因也是如此。没有共同体本身的理解，共同体对于应得内涵的规定作用如何形成将缺少关键的一环。

满足这些条件和特征的共同体在古代社会就是城邦。正如麦金太尔所描述的那样："共同体是它的成员按照这样一种形式的活动来构造他们的生活，这种活动的特殊目标是，在它自身内部尽可能地把它所有成员的实践活动整合起来，以便创造和维持作为其特殊目标的那种生活形式，在这样一种生活形式里，人们可以在最大可能的程度上享受每个人的实践之善和那些作为优秀之外部奖赏的善。古希腊人给这种活动形式的名称是'政治学'，而城邦则是这样一种制度；它关注的不是这种或那种特殊的善，而是人类善本身；不是某一特殊实践的应得和成就，而是应得和成就本身。"②

通过对应得正义观的历史考察，人们可以知道，应得在其原初含义的使用上远比我们今天所认识到的要复杂得多。正义意味着应得，应得的证成依赖道德应得、社会角色和共同体，它们构成了应得的主要内涵，并一起维系了应得作为正义原则之内在标准的理论基础和实践条件。作为最早实践过的社会正义原则，应得有着那个时代的特殊

---

① ［古希腊］柏拉图：《理想国》，郭斌和等译，商务印书馆1986年版，第197页。
② ［美］麦金太尔：《谁之正义？何种合理性？》，万俊人等译，当代中国出版社1996年版，第49页。

印记。应得强调的是德性的实践。德性的实践应该是追求一种社会角色的内在的善的实践，虽然它并不排除德性的实践也能够获得外在性的善。同时，德性还有一个更重要的特性，即它能够使人们认识和理解什么是人们所认为的美好生活。因此，道德观念或道德价值的强调，在古代的正义观里的确占有重要的位置。离开了德性以及它所伴随的价值观念，人们无法理解正义。因此，正义不单是一种关于社会基本利益的划分，它更应该牵涉人的品质（德性）的理解。或者说，正义与善在原初意义上是统一的，将二者割裂分别看待的思想不符合正义的基本理解。

社会角色是当时人们理解德性实践的基础性的前提，也是人们理解应得正义观的重要社会背景。在今天看来，古代社会对社会角色的理解可能对正义本身来说具有反面的破坏效用。对于社会角色，无论荷马笔下的角色安排，无论柏拉图和亚里士多德对社会角色的哲学论述，还是当代思想家麦金太尔对社会角色的心底赞同，这其中本质的东西不会变，即社会的等级制和阶级的不平等隐藏其后。乍看之下，社会角色的确决定了个人的社会位置、身份构成以及社会的结构。然而，事情恰恰是反过来的。不是共同体规定的社会角色决定了人们的位置，而是社会的等级制（奴隶制）决定了人们在社会结构中所扮演的角色，从而决定了人们在社会中的位置。希腊社会里关于公民的论述是有绝对界限的，它仅包括奴隶主阶层和一部分自由民，而移民雅典的商人和奴隶不算作公民。所有人都不能跨越自己的阶级和社会界限，因而才有所谓的"各司其职、各安其分"的社会角色。但是，避开社会角色的阶级效应，它给我们提供了理解正义的必要维度：人依赖社会角色而理解社会的道德观念。人不是孤零零的与社会无关的个人，它镶嵌于社会（共同体社会）之中，通过自身的社会特性（社会角色）来辨识自己。而且，正义的观念和实践也是同那个社会紧密一致的。

我们总是用现代的眼光去审视应得，总是用现代的词汇去阐释并批判应得。殊不知，越是这样，我们离正义的原初理解就越远离，批判也就越失之偏颇。罗尔斯对德性之为幸福的应得正义观之批判就属于此。按照他的理解，经济市场可以测量利益而不能测量价值，正义的分配与德性本身无关，这表明作为社会正义原则的正当与作为好生活的善是分离的，人们可以分别对待，这与应得的原初含义明显不符合。应得强调道德价值，但是应得并不等同道德价值。罗尔斯的处理方式是将二者等同，实际上是将应得含义进一步狭隘化，以期冀为正义理论的批判树立明确的靶子。在对社会角色的分析中，德性的实践是获得内在性的善，但是它并不反对伴随而来的外在性的善。例如，在一场比赛中展示了比赛要求的优秀、高超的技巧（这时候的技巧也不是道德价值），并同时获得比赛所预设的奖金，为什么不可以呢？

第三章
劳动与应得

对于应得原初意义的追溯并利用其原初意义的复杂性作为反应得之批判的理论路径，人们可能并不认同。一个最大的反对理由来自正义实践的社会结构。当思想家一再强调正义的基本观念同社会的基本结构和历史状况不可分离，并用以批判自由主义所悬设的个人及其正义观念脱离了社会历史时，这已经将自己的理论置于自身的可批判之列：古代的正义观同现代的正义观分别对应着不同的社会历史。既然如此，我们在今天为什么还要强调古代的正义观呢？这正是人们对共同体批判的重要原因。

一　共同体批判

共同体在古代社会之所以可能，最大的社会历史因素是"小国寡民"。面积较小，人口不多，尤其是具有"自由民"身份的人更不多，因而，人们之间很容易沟通了解并形成较为亲密稳定的道德和政治共同体。共同体同一般的社会团体具有本质性的区别。一般说来，只有满足如下条件和特征的群体才能谓之共同体：第一，塑造和维持一种生活方式；第二，共享某种善；第三，在生活方式和共同善基础上形成稳定、紧密和亲密的群体。① 没有一种共同的生活方式，一个群体

---

① 王立：《平等的范式》，科学出版社 2009 年版，第 124 页。

很难成为共同体。这种高度一致的生活方式塑造了共同体的行事原则、心理习惯以及文化意识，因而对于形成和共享共同善必不可少。共同善是这个群体所遵从的价值观念，是判断共同体的核心标准。而稳定、紧密和亲密特征是共同体恒久性和稳定性的约束条件，即共同体成员分享的共同善应该是恒久的、稳定的和不得随意更改的。如果其成员随意进出某种共同体，那么该种群体就不是社群主义者所说的"共同体"，而是结构松散随意的社会联合体或自由的组织。

生活方式的共同认可和维持是共同体的社会历史特征。生活方式的形成同特定的社会生产活动和历史文化密切相关，而这种生活方式没有比它在自然生产中形成以来更具有一致性。例如，最典型的中国古代家庭就是一个集成员活动、生产和生活为一体的共同体，它是几千年农耕生活积淀的结果。这样的例子在西方社会也不少见。这种高度一致的生活方式塑造了共同体的行事原则、心理习惯，以及文化意识。在人类历史上，我们获得的共同体直感也是如此。没有一种共同的生活方式，一个群体很难成为共同体。

是否分享共同善的观念是判断共同体的核心标准。虽然一个人生活在群体之中，也遵从群体的形式约束，但从其内心来说同群体离心离德，这个人必然不属于群体一员。这样的群体也不是共同体。很自然，这其中的"心"和"德"是共同体的核心价值观念。在共同体观念中，社会成员共同分享某一种善是共同体必备的条件。例如，东西方社会中的宗教组织就是这种共同体，其成员分享"信仰"之善；绵亘至今的家庭，其成员分享"亲情"之善等。纵观社会历史的发展，德性之善仍然是共同善的主要体现。

稳定和亲密显然是共同体的恒久性约束条件。正如同善的理论一样，仅仅是共同的生活方式不能成就共同体；仅仅分享某种善也不能成为共同体。前种情况下的成员与群体离心离德让共同体在形式上就不可能；后种情况下的成员不再遵从共同善使共同体在实质上不可能。因此，共同体只有在融合二者的基础上，即生活方式和善构成相对稳定、紧密和亲密的群体才成为真正意义上的共同体。这表明了共同善还有更深刻的内涵，即共同善应是恒久、稳定和不得随意更改的。

这样的生活和社会结构表明了个人和社会的高度合一，其实质上是个人道德和社会道德、个人道德和社会政治观念的完全一致。厄奈斯特·巴克（Sir Ernest Barker）在评价古希腊的政治理论时曾说："柏拉图的正义……是一个社会道德概念，是对社会伦理规则体系的一种界定……社会道德的本质在于完成我的职务及其责任。"① 但是，这样的社会结构不可能在今天重现。就像罗尔斯自己所认为的那样，现代社会自16世纪宗教改革确立起多元论以来到18世纪末，多元论成了当时生活的基本而永久的特点。② 完全同质化的社会已经没有了存在的基础。作为社会结构的共同体也无法存在。显而易见，现代国家跟古代国家完全不同，即使是雅典也只能算是小城邦，而小城邦维系共同体的社会政治结构比较容易。现代国家无论从人口还是幅员都是雅典所不可比拟的，根本不可能形成共同体结构。现代社会是一个受资本支配的社会。资本要求大分化和大分工，它彻底地摧毁了原始的生产形式。这既标志着单元制生产模式的终结，也标志着共同体的最终瓦解。综上原因，现代社会已经无法提供古代正义观念的社会土壤，为什么还要坚持应得呢？

如果人们认为这样的批评有道理，那么，我们能否从现代社会的正义观念中发现应得的重要意义呢？或者我们把问题转化成这样：如果是在一个相同的社会结构下，应得依然有其特定的历史意义，那么，罗尔斯的批评就是不完善的。在我们看来，洛克的政治哲学就提供了这样的正义观念。作为自由主义价值谱系中的奠基式思想家，洛克对自由主义一系列的基本价值理念、基本政治思想以及对这些理念和思想所做出的理论辩护都已经清晰地表达出来，而且，这深刻地影响了后来的自由主义。可以这样说，后来的自由主义者是对这些已经奠基起来的政治理念和政治价值的精细化和体系化。

当代的正义话语主要由新自由主义塑造，而新自由主义关于正义话语的基本理解和理论建构却来自于古典自由主义。正如罗尔斯对自己的工作谦逊地总结道："我一直试图做的就是要进一步概括约翰·洛克（John Locke）、让－雅克·卢梭（Jean－Jacques Rousseau）和康

---

① ［英］巴克：《希腊政治理论》，卢华萍译，吉林人民出版社2003年版，第250页。
② ［美］罗尔斯：《道德哲学史讲义》，张国清译，上海三联书店2003年版，第9页。

德所代表的传统的社会契约论，使之上升到一种更高的抽象水平。"①
虽然罗尔斯把理论的重点放在契约论上，但人们知道，关于正义理论
的证明方法总是同正义自身的理论属性紧密联系在一起的。因而，在
社会正义论中，我们看到的不仅是自洛克以来的社会契约论思想的继
承和发展，更多的则是基本政治价值和理念的无条件接受。因而，洛
克政治哲学中所体现的正义观念是什么，以及如何影响了自由主义，
在今天的社会正义语境中具有鲜明的理论意义和时代意义。

二 应得还是平等

在正义思想的发展史中，洛克正义观念处于比较关键的理论节点。
一方面，在政治哲学的整体脉络中，自由主义同古代的政治哲学思想
迥然不同。麦金太尔对自由主义的批评更加印证了这点。他认为自由
主义是西方德性思想发展历程中的重要阶段：自由主义颠覆了原有的
德性观念并形成了以个人为核心的新的德性观念，从而造成西方德性
观念的彻底碎片化。因此，西方的正义观念发展到古典自由主义那里
已经出现了分野。这种本质性的区别体现在哪里需要理论上的清晰。
或者说，自由主义确立的正义观念其核心思想和精神在其思想的发展
源头究竟为何，这需要理论上的细致分析。

另一方面，自由主义虽然以自己独特的理论面貌出现，但总体上
依然是西方政治哲学进程中的构成部分。任何一种思想和概念都有其
历史和发展历程。人们也总是通过历史和发展历程追溯其意义的嬗变
并寻求一种时间性和逻辑上的合理性解释。洛克正义观念恰恰是基督
教神学正义和自由主义正义之间的起承转合。我们从洛克的著述中也
能清楚地看到，洛克对自由主义基本思想的捍卫、论证和建构都同基
督教神学存在莫大的关系。批判也好，继承也罢，基督教神学的正义
观念也是自由主义自我论述的思想背景和社会背景。在很大程度上，
基督教神学正义基本上同古典的正义观念本质上一致，在基本的理念
上比较接近，只不过其正义观念以神意论的话语方式来表达。在启蒙

---

① ［美］罗尔斯：《道德哲学史讲义》，张国清译，上海三联书店 2003 年版，第 2 页。

哲学的影响下，现代正义观念同古典正义观念发生了根本性的变化：以共同体为生活场景的正义观念逐渐退场，个人的自由和权利镶嵌于正义话语之中。如何厘清古典正义和现代正义观念之间的交替转换和内在关联，作为自由主义的奠基者，洛克正义观也是我们进行分析考察的切入点。

但是，在洛克的政治哲学思想中，人们鲜见他对正义的直接说明。相反，洛克鲜明表达和捍卫的是各种权利，如自由、生命和财产权。这三种权利被视为自由主义的三大基本权利，也是最重要的"自然权利"。权利观念密布于洛克的整个政治哲学体系。这也是自由主义直接继承洛克理论的主要地方。这给人们的直观印象是洛克专注于权利和权利基础上的政府合法性。如果仅这样理解，我们就无法合理地解释洛克的权利思想中缠绕着的各种道德哲学的论证。因而，一种总体性的正义观念的内在把握对于洛克权利思想的理解非常必要。

既然权利是洛克政治哲学思想中的核心概念，那么，探寻洛克正义思想的进路最好也从权利开始。通过对洛克著作的解读和整个正义思想的发展回溯，人们有理由认为，洛克的权利思想深深植根于应得正义观的基础上。众所周知，在对权利的解释和论证中，财产所有权又是权利理论中浓墨重彩的地方。洛克本人对生命、自由和财产的重要性都给予了高度肯定，却唯独对财产权给予了较多的理论权重。这说明在整个权利思想中，财产权对于个人具有举足轻重的作用，必须得到充分的理论论证。

洛克的权利话语总体上被笼罩在"自然权利"的观念之下。自然权利来自自然法。不管人们如何解释自然法，自然法的基本理念始终如一：奠基于理性基础上的普遍有效的约束力。自然法的真正奠基者胡果·格劳秀斯（Hugo Grotius）早就明确指明："自然法是正当理性的命令，它指示任何与合乎本性的理性相一致的行为就是道义上公正的行为，反之，就是道义上罪恶的行为。由此可知，这种行为如果不是被作为造物主的上帝所命令的，就必然是被他所禁止的。"[①] 托马

---

① ［荷兰］格劳秀斯：《战争与和平法》，何勤华等译，上海人民出版社2005年版，第32页。

斯·霍布斯（Thomas Hobbes）把自然权利理解为自然法下的行动自由："著作家们一般称之为自然权利的，就是每一个人按照自己所愿意的方式运用自己的力量保全自己的天性——也就是保全自己的生命——的自由。因此，这种自由就是用他自己的判断和理性认为最适合的手段去做任何事情的自由。"①

自然法奠基于理性的普遍性，自然权利同样奠基于理性的普遍性。因而，自然权利作为理性的理念同自然法一样具有明晰性，并不需要更多的理论阐释。正如洛克所说，自然权利是"人们……生来就享有自然的一切同样的有利条件，能够运用相同的身心能力，就应该人人平等，不存在从属或受制的关系"；"人们既然都是平等和独立的，任何人就不得侵害他人的生命、健康、自由或财产。"② 更重要的是，在这一观念的影响下，人们把每个人不可剥夺的权利视为基本的人权。

同是自然权利的体现，洛克对生命权和自由权的论述倒是着墨不多。这可能是存在于那个时代的基本共识：个人自然而然地拥有自己生命的权利，没有个人的生命权将是无法想象的事情。同样，人如果没有自由，这与人之为人、人的自主、人的主体性和道德性等基本理念不相匹配。自由是人们与生以来就具有的，体现在理性的法则之中。人如果连生命都不属于自己，如果没有自由，也就无所谓近代哲学中的人的主体性概念。同样，在对权利的阐释中，洛克虽然开宗明义就强调人与人之间的天生平等，但平等究竟意味着什么似乎不用言说或清晰界定。因而，自由、生命以及平等都具有同自然权利一样的自明的理论效力。

但是，财产权却不存在自明性特征。一方面，在财产权理论中，洛克不得不面对以罗伯特·菲尔麦（Robert Filmer）为代表的强大的理论对手。菲尔麦对君主绝对所有权的辩护更是直接诉诸影响人们思想观念深远的基督教神学。神学的解释直接源于《圣经》"创世纪"篇章中上帝对世间万物的安排：上帝创造万物，万物为其人类的始祖亚当和夏娃所用，亚当和夏娃也是万物的管理者，因而自然而然地拥

---

① ［英］霍布斯：《利维坦》，黎思复等译，商务印书馆 1985 年版，第 102 页。
② ［英］洛克：《政府论》（下篇），瞿菊农等译，商务印书馆 1964 年版，第 5—6 页。

有万物的所有权。同时，亚当对其子女享有理所当然的父权。根据继承原则，作为亚当的后人——君主也就自然地拥有对所有人的"父权"。父权和所有权的合一造就了君主的绝对统治权。因而，洛克要为其个人私有财产权辩护，首先就要面对菲尔麦的所有权理论。

另一方面，财产权是表征人与物之间特殊社会关系的范畴，它不具备与生命和自由权相同的直接性意义。套用同一性的概念来描述二者之间的差别便可以清楚两种权利的不同。生命权和自由权表明的是主体自我的同一性，而财产权则是主体自我与他者的同一性。在此问题域下，财产权的重要性、发生学解释、内在意义等问题都会紧随而来。就重要性而言，财产权在洛克的权利话语中是唯一表征主体自我与他者的关系范畴，因而其重要性更应该得到解释。虽然，洛克并没有将这些权利的性质清晰区分出来，但他在对财产权的各种解释中却无不体现出这些问题的方方面面。

如何反击菲尔麦的所有权理论并为个人的财产所有权立论，洛克必须寻求一条不同的理论道路。洛克首先承认人类整体的所有权理论，但并不承认君主享有的绝对所有权。菲尔麦明显混淆了享有和拥有两个概念的本质性区别。从直接性意义上说，享有可以造就整体性的权利。对于财产权的总体性看法，洛克基本上接受了《圣经》里面上帝创造万事万物并为人们所享有的直接性思想，即人类对于万物的"财产权"是基于他所具有的可以利用那些为他生存所必须，或对他的生存有用处之物的权利。① 但是，作为个人所有权，君主的所有权在《圣经》中找不到他独占的理由：万物为人类所享有；也找不到他父权理论的基础：亚当后人谁为长子继承已无从考证。

虽然整体所有权无法直接产生个体所有权，但是个体所有权又非常必要。就生物学角度来说，生命的自我保全、维持和延续需要基本的物质条件和生活资料，个体的财产所有权获得一种自然法则的必然性。同时，财产权也是人们自由的重要保障。自由对于人们并不是纯粹的理念，而是体现为行动的能力。在这种意义上，没有财产权也就没有真正的自由，这几乎是所有自由主义者的共识。布坎南关于财产

---

① ［英］洛克：《政府论》（上篇），瞿菊农等译，商务印书馆1982年版，第75页。

权重要性的基本论断有助于理解财产权的基础性作用：我的核心观点是，私人的或独立的财产权是自由的守护者，无论政治的或集体的决策是怎么做出的。当然，其直接的含义是，必须设定有效的宪法制约，这种制约应有效地抑制政治对（法律界定的）财产权利，及对涉及财产转移的自愿的契约安排的公开侵扰。如果个人自由要得到保护，那么，这些宪法限制就必然优先于且独立于任何的民主治理。①

财产权很重要，这无可置疑。但是，整体的财产权如何转化为个人的财产权呢？洛克利用"劳动占有"来为个人的私有财产权的产生提供合理性论证。实际上，格劳秀斯就曾赋予占有之于私人财产权的特殊意义："承认私有财产权的存在导致了对财产法的制定，而且这一法律是对自然规则的仿效的。因为正如对争议物品使用权的原始取得是通过一个物理的持有行为来实现的，这是私有财产权产生的真正来源（如我们所观察到的）。因而个人所有权的取得也被认为同样需要通过类似的持有行为来实现。这就是所谓的'占有'［occupation］的过程，对于先前共有的那些物品来说，'占有'是一个特别恰当的词语。"②

劳动占有产生私有财产权的理由在于"劳动价值论"。在洛克看来，劳动价值理论为劳动占有提供了更加坚实清晰的理论根据。人们之所以有权利主张某物属于个人所有而非别人所有，即此物的排他性占有，原因在于某物凝结了主体的劳动而已经改变了原始状态的存在。正如洛克所说：只要他使任何东西脱离自然所提供的和那个东西所处的状态，他就已经掺进他的劳动，在这上面掺加他自己所有的某些东西，因而使它成为他的财产。③ 洛克所说的劳动改变某物的状态不仅是物理状态的改变，还是某物凝结了人们的劳动而呈现出价值的改变。这是洛克劳动价值理论的意义所在。罗伯特·诺奇克（Robert Nozick）曾对洛克劳动占有做出过精准的批判性论断：人们不会一个人因为在火星上用扫帚扫一下火星宣布归其所有而被认可；也不会因为一个人

---

① ［美］布坎南：《财产权是自由的守护者》，http：//www. 360doc. cn/article/7434782
_ 146351585. htMl。

② 转引自王铁雄《格劳秀斯的自然财产权理论》，《河北法学》2015 年第 5 期。

③ ［英］洛克：《政府论》（下篇），瞿菊农等译，商务印书馆 1964 年版，第 19 页。

将其私有的番茄汁倒进大海均匀分布宣称大海归其所有而被承认。①
这些都不是真正意义上的劳动。真正意义上的劳动必然是使对象物的
价值增加。所以，洛克反复强调，劳动使一切东西具有不同的价值，
没有劳动将一文不值。

　　私有权利的排他性占有是合法的并且得到其他人的认可，一方面
源于个人劳动的结果；另一方面也是占有自身存在的一定限度。占有
的限度问题在洛克那里通过两种不同性质的对象物体现出来：一类是
自然界直接提供的仅需人们简单劳动即可获得的生存物品；一类是必
须经过人们的复杂劳动而获得的生存资料。对于前者，类似于自然界
直接提供的果实，它仅需要人们的采集等简单劳动，其占有的限度是
这些果实腐烂之前被人享用。对于后者，洛克主要针对的是土地等生
产资料的占有，它们需要较为复杂的劳动。土地占有的限度是不能损
害其他人的利益，即还有很多的土地留给别人占有。虽然，洛克的占
有的限度问题在后人看来并不清晰明确，但洛克提供了一条基本原则
的解释：个人财产权必须通过劳动且被全体成员所承认产生。在这里，
我们可以看出洛克劳动占有的真正限度是生命权和自由权，即任何排
他性占有不能影响其他人的生命权和自由权。

三　劳动与应得

　　在占有、劳动价值和个人财产权的内在关联中，洛克给我们提供
了关于财产权的发生学解释。我们知道，财产权以自然权利的名义纳
入到最基本的权利，无非是要说明财产权对于个人的重要作用和地位。
但是，仅仅依靠自然权利这种形而上学的先验论断无法确立财产权的
意义。思想家可以按照自己的意愿和理解把自己所认可的重要权利也
纳入到自然权利的名下。这没有什么怀疑之处，因为自然权利本身就
是理论独断。在这种意义上，财产权还需要一种有别于自然权利的解
释。劳动占有产生和确证个人的财产权就提供了类似于发生学的解释。
它在起源意义上论证了财产权之于个人的合法性，并且也论证了个人

---

①　Robert Nozick, *Anarchy*, *State and Utopia*, New York: Basic Books, 1974, p.175.

财产权的神圣性。

既然是发生学的解释，总要找到发生之点。对于洛克，这个发生之点乃是再自明不过的"自我所有权"。自我所有权意味着"每人对他自己的人身享有一种所有权，除他以外任何人都没有这种权利"①。可以说，在所有权的意义上，洛克所说的生命权、自由权和财产权都依赖于最根本的自我所有权。只有承认自我所有权的在先意义，才能确认劳动对于财产权的意义。按照通常的理解，自我所有权首先就要承认个体拥有自己身体生命的所有权，而劳动是身体行动的延伸、是身体生产创造生活资料来维系生命存在的社会活动，因而劳动的成果产品属于这个人所有。承认劳动占有、劳动形成的财产权，也就在承认自我所有权。

在自由主义的权利理论中，自我所有权实际上占据着核心地位，而且这个概念本身不再受理论质疑。但自我所有权又是如何可能呢？是不是一定需要自我所有权这一形而上学概念来为权利奠基？特别是对于生命的自我保全、维系和延续等基本事实，是否一定需要自我和自我所有权等各种形而上学概念来辩护？正是在此处，人们提出了直接的批评。有人认为自由主义存在权利话语的泛滥。在身体的自我所有意义上，也许并不需要权利概念。因为承认人的自由，自由的行动者必然要自由地支配自己的身体；在生命的自我保全上，也并不一定要诉诸权利话语，因为生命的自我保全是一个基本的事实。如果自我所有权不是一个特别需要的概念，那么，劳动产生和确证个人财产权又如何可能呢？或者说，离开自我所有权概念，我们如何来解释劳动占有和自我所有权的内在关系呢？这样的追问自然将我们带入到权利话语背后的正义理论之中。

洛克本人接受了古典时期和基督教神学以来的应得正义观，同时，又对应得的内涵做出了新的规定。古典的应得可以用德性，神学的应得可以用良心，洛克的应得则用劳动分别指代其不同意义。古典的应得同德性紧密关联。可以说，离开了德性，我们无法理解应得。这是因为古典应得的首要内涵在于德性的实践。虽然德性也在不断发生变

---

① [英] 洛克：《政府论》（下篇），瞿菊农等译，商务印书馆 1964 年版，第 19 页。

化，但德性自身实践所体现出来的"内在的善"是正义的主要内涵。所以，人们能够看到古典时期对品质和社会角色实践的强调。社会对荣誉、优秀善、利益的分配也是按照德性的标准来进行的。德性的理解离不开共同体。共同体作为正义实践的社会场景以及所具有的"共同善"观念决定其成员应得什么和应得多少。神学时期的应得主要是以神意论的话语来表述，其世俗的正义观念同古典时期没有发生本质性的变化。有学者认为，在基督教世界，应得、德性整体、相关于他人的善、不干涉、比例的平等这些被古代希腊人阐述的正义概念与相关观念，都融合在一种与神相沟通的良心正直（righteousness）的概念之中。①

　　对于洛克，应得正义观依然要坚持。这是因为应得自身包含强大的道德直觉性力量，否认一个人的应得是绝对不正义的。但是，古典以来的应得内涵必须重新规定。神学的良心正直观念无法为个人权利提供有利的辩护，反而以神意论的话语为菲尔麦坚持的君主专制理论所利用。古典时期的德性观念同那个时代特定的生活实践和社会场景密切相关。一方面，我们不可能再去践履古代人所强调的各种德性，特别是社会角色所赋予的那种德性要求。社会角色的固定本身即是社会等级制的典型体现。另一方面，德性所依赖的社会场景也不可能再现。古代人对正义观念的认识建立在共同体的基础上，特别是雅典城邦那样的政治共同体。那种以"共同善"维系起来的高度同一的政治共同体根本不可能在现代社会出现。现代社会强调的是个体性，是以权利为表征的个人主义的兴起。因而，作为正义观的应得也必须同个人观念相一致。

　　按照今天一些学者的解释，应得同自由主义的个人观念存在理论上的一致性。那么，此时的应得其内涵是什么呢？或者说，什么最能够体现个人应得的正义观念呢？我们首先必须明白应得自身所存留的主要意义。人们应得什么以及为什么应得实际上都同个人的行为密切相关。也就是说，人们应得什么最终的理由在于一个人过去的行为及其相应的后果。可以这样说，应得正义观是建立在个人行为和后果的

---

① 廖申白：《论西方主流正义概念发展中的嬗变与综合》（上），《伦理学研究》2002年第2期。

道德判断基础上。不同时期，人们会根据社会历史状况来衡量个人行为所体现的道德价值，例如德性、良心、劳动甚至是责任等。个人的行为所产生的任何后果都是这个人的应得，不管这种后果是好的还是坏的，积极的还是消极的。应得所依赖的道德判断基本结构依然没有变，变化的仅是判断的某些标准。显然，个人的应得也应该符合应得的基本结构，即个人行为和后果是人们主张正义的有效诉求。

如果把劳动占有嵌入到行为和后果的道德判断之基本结构中，劳动占有之于个人财产权的意义就立即显露出来：劳动占有是个人财产权的合法性来源，更是应得正义的重要体现。劳动是人们在社会生产中的重要活动，特别是在形成个人所有的社会活动中更是如此。劳动典型地体现了应得基本要素中的个人行为。个人的劳动自然会产生相应的结果，而这个结果属于这个人所有。劳动的结果属于劳动者本身，这深深契合了人们的道德直觉。所以洛克才理所当然地认为，"既然劳动是劳动者的无可争议的所有物，那么对于这一有所增益的东西，除他之外就没有人享有权利，至少在还留有足够的同样好的东西给其他人所共有的情况下，事实就是如此。"① 如果劳动者的劳动所有被剥夺，这无疑会违背人们的直觉信念，劳动结果不属于劳动者是不正义的；由此带来的另一个理论矛盾即是，个人的行为和后果没有任何关系，这也不符合基本的道德判断。

洛克关于财产权最终的道德理由无疑来自于应得。按照洛克的基本思想，在自然状态下人们是平等的，每个人没有某物的单个的所有权的特殊有效性要求。它之所以能够成为某个人的私有，其道德理由只能来自于最初的劳动占有。如果说正义是人们建构起来的观念，在自然状态下，没有任何实质的正义观念支配着人们。在那种无序状态下，正义只能是诉诸劳动。一个人如果通过劳动使共有东西中的任何一部分脱离它的自然安置状态，就对那部分事物具有道德的占有权。劳动是个人应得的正义体现，也是洛克哲学中所体现出来的自由主义的正义思想。因而有人认为，近代自由主义关于正义的概念肇端于下面这个基本的理解：正义在于应得，应得首先是个人对其财产的占有

---

① ［英］洛克：《政府论》（下篇），瞿菊农等译，商务印书馆 1964 年版，第 19 页。

权，因为财产来源于劳动；财产的自由权利是优先的权利，也是最重要的应得。[①]

四 应得与正义

劳动创造的成果是人们理所当然的应得，这是洛克为个人财产权寻求到的道德理由。但是，在权利的语境中，人们很容易将应得与权利等同起来。实际上，应得和权利是两个不同的概念。应得什么同自己过去的行为相关，权利则体现人与人相互的义务关系。在现代社会，凡是涉及公共领域的地方，权利总是体现其中。特别是在一个权利的时代里，人们说应得什么和有权利得到什么并没有截然分开。相反，二者很大程度上是重合在一起的。例如，X 为什么应该拥有 Y？应得的解释方式是：X 存在什么特性或做过什么事情使得他拥有 Y。权利的解释方式：至少存在有严肃的义务为 X 提供 Y 或保护 X 拥有 Y 或者克制阻止使 X 拥有 Y。应得和权利是在回答不同的事情。应得回答的是什么使一个人将获得对他来说拥有的"好"（价值）；而权利回答的是什么使其他人应该做或克制不做的（义务）。[②]但是，在制度的背景下，二者的解释能够融合起来，即有权利保护 X 自身的特性和行为使之拥有 Y。所以，在个人财产权的特殊语境中，应得和权利都能表达同样的道德理念。

但我们需要明白，立足于应得，我们就不会单纯依赖权利的路径而追溯到自我所有权这一形而上学根源，也不一定要用权利的哲学话语来诠释财产之于生命和自由的意义。麦金太尔认为，权利这个词是在近代才出现的，确切地说，是同自由主义的兴起关系甚大。直至中世纪结束以前，古代和中世纪语言中还从未出现过"一种权利"的表达。[③]这虽然不能证明当时根本不存在自然的或人的权利，但至少证明当时无人知道存在这种权利。权利路径的解释依然存在其局限性，

---

① 廖申白：《论西方主流正义概念发展中的嬗变与综合》（下），《伦理学研究》2003年第 1 期。

② George Sher, *Desert*, New Jersey: Princeton University Press, 1987, p. 201.

③ ［美］麦金太尔：《德性之后》，龚群等译，中国社会科学出版社 1995 年版，第 88 页。

它最终也要退回到道德哲学的解释。劳动所体现的应得则是财产确证的道德根源。只不过，洛克自己更愿意用权利（财产权）概念来表现这样的应得。

劳动成为应得的内涵，这与古典时期的德性和良心明显不同。应得内涵的本质性转换向人们提出了一个更深刻的理论问题：应得的标准。应得的标准实质上追问的是，什么样的应得可以称之为有意义的应得。德性的正义、良心的正义以及包括洛克劳动的正义最后都会诉诸应得。我们从应得内涵的历史嬗变中已经知道，应得的内涵不同，正义的标准就不同。最明显的事例是洛克同菲尔麦的论战。菲尔麦的王权解释同样可以诉诸古典的德性应得：君主能够实践统治者所应含的内在性的善。因而，宽泛地用应得来解释正义，这根本无法区分出各种应得的本质性差别。而且，在人们的日常观念中，常常不自觉地利用应得来辩护直觉性的正义观。例如，在竞争性经济条件下，有人认为资本的效益是应得的；有人认为技术的收益是应得的，当然也有人主张劳动是应得的。这里面存在应得语义的泛化。洛克将劳动视为重要的应得，这自然会引起什么是真正的有意义的应得问题。

对于洛克而言，在各种各样的应得中，劳动占有形成的应得才是真正的应得。洛克之所以如此高扬劳动，这同其理论立场相关。洛克的理论目的是为新兴资产阶级的财产合法性寻求道德基础。并且，劳动之于财产的产生和财富的整体增加也的确具有重要意义。正因为劳动能使对象物增加新的价值，社会财富的增加也才变得可能。后来的经济学家斯密直接接受了洛克的劳动思想。为此，人们高度评价洛克劳动理论及其反映出来的正义观念："是人而非自然，是人的劳作而非自然的赐予，才是几乎一切有价值东西的源泉：是人们要把几乎一切有价值的东西都归功于他自己的劳动"。① 更为重要的是，劳动从理论上深深契合了应得正义所体现的道德判断和价值结构。就像我们所强调的那样，人们应得什么以及为什么应得，其基础主要源于行为和后果的内在必然性结构。因而，洛克才有理由坚信只有个人的劳动创

---

① ［美］施特劳斯：《自然权利与历史》，彭刚译，生活·读书·新知三联书店 2003 年版，第 253 页。

造才是真正的应得。劳动是应得正义的体现，而且这也是各种应得中最有意义的地方。

当应得奠基于整个自由主义正义思想的深处，人们自然就有理由认为应得在当代的正义思想中依然具有重要的意义，甚至可以被合理地视为平等主义的重大挑战者。也许，对于洛克来说，他可能并没有预见到其劳动思想所反映的正义观念对后来自由主义的深刻影响。但洛克对于劳动、应得和正义之间这种内在关系的直觉性洞察，并以其作为自由主义正义的基本理念却不得不让所有的思想家面对。经过洛克的解释和建构，正义不再以古典的共同体名义登场，也不再以神意的名义显现，而是个人观念的自我肯定。正因为如此，列奥·施特劳斯（Leo Strauss）对洛克以劳动为基础的财产学说给予了高度评价：洛克的财产学说以及他的整个政治哲学，不仅就《圣经》传统而言，而且就哲学传统而言都是革命性的。因为个人、自我成为道德世界的中心和源泉。①

对于劳动这样的应得，当代的自由主义者会接受吗？的确，我们在当代自由主义者那里看不出对劳动应得的明显支持或承认，但是，要想否认这样的应得将冒极大的理论风险。对于罗尔斯，他也仅仅是反对那种刻意强调道德色彩和道德价值的德性应得，而他把德性应得理解为应得正义观的全部，其目的也在于此。正如麦金太尔所评价的那样，德性是一个历史发展的过程，以前的德性会消失，新的德性会产生；以前居于中心地位的德性会边缘化，而那些不被重视的德性会占据主要位置。因而，德性在现代社会同个人主义价值的深度耦合也是德性发展的现实路径。当代的另一个自由主义者诺奇克不就接受了这样的正义观吗？诺奇克继承了洛克劳动占有理论并称之为正义的获取理论，同时也继承了获取理论背后的应得正义观。只不过，诺奇克更愿意用资格来描述。资格与应得的内在关系恰恰是理解应得的一个重要路径，因而，鉴于理论的需要，我们将在后文讨论，在此我们仅指出应得正义观在当代的理论影响。

---

① ［美］施特劳斯：《自然权利与历史》，彭刚译，生活·读书·新知三联书店2003年版，第253页。

第四章
个人应得

　　诉诸思想史的批判，未必能撼动罗尔斯的"反应得"理论立场。在罗尔斯看来，在正义理论的思考中，人们实在找不出任何支持应得正义观的道德理由。然而，在人们的道德语言使用中总是存在"你应得的"和"你不应得的"两种基本判断。但是，罗尔斯的"反应得"给人们展示了一幅特殊的理论图景：通过"道德的不应得"把所有的"应得"都排除掉了。也就是说，关于应得的道德判断，我们只看见否定的一面而看不见肯定的一面。如果一个"坚定的"反应得理论家固执地认为思想史的分析无法为人们提供应得的肯定性主张，那么，我们能否通过道德语言使用的基本意义来发现一个具有肯定性意义的应得呢？答案是肯定的。这个肯定性的应得即是"个人应得"。

一　个人应得的"空场"

　　罗尔斯"反应得"理论的起点是自然"天赋"和社会历史形成的"优势"均为人们不应得，其道德理由在于这些因素都是偶然的和任意的。现在，我们来分析罗尔斯的反应得理论中是否存在"个人应得"的理论空间。或者说，在其"反应得"的理论语境下，还存不存在一些"应得"的可能性。罗尔斯反对自然"天赋"和反对社会历史形成的"优势"之"不应得"明显不同于一些个人应得。这些个人应得恰恰是确证人们在"反应得"道德理由下的某些应得。

我们用人的基本能力集来描述二者之间的区别。所谓基本能力，是"当一个主体被给予的拥有的能力，这些能力不是他做过的任何事情的结果，那么我将称那种能力为基本能力"[1]。这些基本能力集既包括所有人共有的基本能力如认知、行为、心理以及基本的推理能力等（我们把这些共有的能力描述为 $a_1\cdots\cdots a_4$），也包括与众不同的自然天赋如超常的智力、某些杰出的能力、天生的某方面技巧等（a_5 或 a_6 或 a_7）。用一般形式来表述，人的基本能力集是这样：$a_1\cdots\cdots a_4 a_5$（a_6 或 a_7 是每个人不同于其他人的天赋能力）。对于罗尔斯来说，他应该反对的是那些人们主张对 a_5 这样的应得，认为 a_5 相对于其他人来说是偶然的和任意的，而对于 $a_1\cdots\cdots a_4$ 的应得是应该承认的。这是个人应得理论空间存在的正向维度。

但是，罗尔斯的形式推理却使人们陷于理论的误解：a_5 作为自然天赋是偶然的，而 $a_1\cdots\cdots a_4$ 也是偶然的。这是罗尔斯反应得为"个人应得"开辟理论空间的"反向维度"。虽然人们承认一定会存在类似 $a_1\cdots\cdots a_4$ 这样的基本能力的应得，但这种应得只有生物学意义上的必然性而不具有道德意义上的必然性。对于罗尔斯来说，道德理由才是正义的重要根据和基础。自然天赋是一个偶然的结果，不同于自然天赋的基本能力也是偶然的结果。不要忘记，很多人（天生残疾）与生俱来就不具备 $a_1\cdots\cdots a_4$ 这样的基本能力。在这种意义上来说，$a_1\cdots\cdots a_4$ 为每个人所具有的基本能力也仅仅具有统计学意义上的普遍性。

如果立足于偶然性这一道德理由，关于人能力的任何形式的应得论述都不存在，包括生物学意义上的单个个体。就此带来的理论后果是，正义的道德主体自我从哪里去寻找呢？人自身也是一个偶然性的结果，何有道德之说呢？人们也可能说，道德主体自我与生物学意义上的个体或个人无关。既然如此，人们在讨论正义之善的分配时，为什么还要依赖于基本的人性假设即生物学意义上的欲望和需要呢？而且，每个个体的偶然性不足于支撑道德意义上的必然性，那为什么还要强调个体责任呢？

无论是正向维度的考察还是反向维度的诘难，这都无非是向人们

---

[1]　George Sher, *Desert*, New Jersey：Princeton University Press，1987，p. 24.

正义与应得

揭示应得并不像罗尔斯所说的那样不存在任何形式的应得，相反，存在某种领域或限度内的应得。或者说，存在一个界限（哪些能力属于基本能力无法清晰界定）不明确但又应该存在的个人应得。既然应得依然存在，这就为分配正义中的正义原则问题敞开了理论空间。那么，为什么在罗尔斯的理论中发现不了个人应得的理论空间呢？这同罗尔斯反应得的形式推论有关。或者说，罗尔斯是以一种"完全的"反应得将所有的应得都排除掉。

完全的反应得在罗尔斯的理论中是如下这样的：

（1）每个人都具有一些基本能力集，其中包括付出努力的能力，这种能力并不是这个人任何行为的结果，因而不属于他。

（2）如果一个人具有 X 且 X 不是他任何行为的结果，那么，他就不应得 X。

因此，

（3）没有人应得他的基本能力。

此外，

（4）一个人的每种行为都直接或间接地是由他的基本能力集当中的某些子集引起的。

（5）如果一个人不应得 X，而且 X 使 Y 得以可能，那么，这个人就不应得 Y。

因此，

（6）没有人应得他的行为，而且，没有人应得他的行为所可能产生的任何收益。[1]

直观来看，在这一形式的推论中，完全的反应得每一步都能够寻求到直觉的理论根据。按照罗尔斯的理论，由于基本能力都同人的行为结果无关，是上天偶然的安排，因而从道德上来看是不应得的。从这一前提出发，自然推论出所有的应得都不具有道德上的理由，不存在任何形式的应得。即使是按照罗尔斯的基本推理，也无法完全排除应得。就推理形式来说，推理步骤中的（5）就存在明显的理论缺陷。从（5）推理的纯粹逻辑形式来看，（5）可以表述为"X 根据 Z 而应

---

① George Sher, *Desert*, New Jersey: Princeton University Press, 1987, p. 24.

得 Y"。正因为逻辑形式中的根据 Z、主体 X 和对象 Y 都会带来理论问题，因此，形式推理很难保证实质推理的结果。其中，根据 Z 会带来理论无穷回溯的问题。为了应得 Z，X 必须应得 Z 的基础 Z′，为了应得 Z′，这个人必须应得 Z′ 的基础 Z″，如此等等。这种条件的应得任何人都无法满足。① 这实质上回应了罗尔斯反应得的一个重要论点：应得没有根据。这是个非常具有挑战性的理论问题，而且，这会对所有的应得具有极度的破坏力和批判力。

根据 Z 的无穷回溯导致任何人都无法提出关于应得的主张，而且所有的应得都没有理由。这明显是把理论的"双刃剑"，它既可以攻击其他理论家主张的应得，也可以杀伤平等主义自己的反应得理论。一方面，所有的基本能力包括自然天赋都是不应得的，推而广之，任何可能的应得都无法存在，包括一个人自己的身体都无法提出应得。这个问题对任何政治哲学家来说都无疑是个巨大的挑战。这违背了人们的直觉：人们总应该应得某种例如身体等方面的东西。另一方面，平等主义者也无法通过应得的理由建立起理论上的反应得。没有任何形式的应得，也就没有关于应得的道德判断，那么，反应得又从何处产生出来呢？显然，这样的反应得是平等主义者所不愿意看到的。

罗尔斯可能并不同意这种形式推理是他反应得理论的真正陈述。因为他真正想反对的是自然天赋的不应得，而不是把所有的关于人的基本能力的应得都排除掉。② 现在姑且承认存在 a_1……a_4 的个人应得而反对 a_5 的应得即自然天赋的应得，那么，我们也必须对罗尔斯的反应得进行一定的理论限制。也就是说，即使是面对"自然天赋"本身，也不是罗尔斯所说的完全意义上的反应得，而是要部分地承认自然天赋的应得。因而，罗尔斯真正的反应得范围非常有限，即是"反对给他带来超过其他人不公平的有利处境的应得"。根据这一理解，罗尔斯推理中的步骤（5）应该重新限制。而且，根据"反应得"的

---

① Alan Zaitchik, "On Deserving to Deserve", in Lawrence C. Becker (edited), *Equality and Justice*, Volume 6, 2003, p. 191.

② 罗尔斯在其晚年的思想中曾对这个问题有所回应。他认为他的反应得不是针对"自然天赋"等本身来说的，而是针对"自然天赋"在分配正义中所带来的"额外"的利益来说的。但是，这种解释所产生的积极意义还是有限的。

理论解释和理解，修正（5）的明显方式是把它理解为要求不是因为一个人应得所有的关于 Y 的条件，更多是因为他应得他的竞争对手也提出的那些未被分享的条件。

同样，我们用形式化的推理来呈现新的推理：

（1a）每个人都具有一些基本能力集，其中包括付出努力的能力，这种能力并不是这个人任何行为的结果，因而不属于他。假设 M 的基本能力包括 $a_1 \cdots \cdots a_5$，N 的基本能力只包含 $a_1 \cdots \cdots a_4$。

（2a）如果一个人具有 X 且 X 不是他任何行为的结果，那么，他就不应得 X，同样，其他人也不应得 X。

因此，

（3a）M 和 N 都不应得 a_5。

（4a）假定 a_5 促使 M 而不是 N 去完成行为 A。

（5a）如果一个人和其他人都不应得 X，而且，如果 X 会促使第一个人而不是第二个人具有或者完成 Y，那么，第一个人就不应得 Y，第二个人也不应得 Y。

因此，

（6a）对完成行为 A 来说，M 和 N 都是不应得的，而且，M 和 N 都不应得 A 所产生的收益。①

面对第二种推理，罗尔斯也许会同意，因为它比较恰当地描述了罗尔斯的基本思想，即自然天赋 a_5 是这个人不应得的。同第一种推理相比，第二种推理具有两点巨大的理论优势：第一，它为"个人应得"留下了足够的空间。按照新的推理，从 $a_1 \cdots \cdots a_4$ 的基本能力应该是"个人应得"，而不应得的仅仅是 a_5 而已。在第一种推理形式中，人们以一种普遍的"反应得"不但取消了自然天赋的应得，而且也取消了基本能力的应得。不管是出于道德的直觉，还是出于政治哲学的分配正义，"个人应得"的存在都是有意义的，而且也是必需的。就道德直觉来看，任何东西都不应得这既不符合应得的思想观念，也不符合道德语言的意义。因为，不论是从肯定的意义还是从否定的意义，道德语言总是在表达着某种应得的价值判断。

---

① George Sher, *Desert*, New Jersey: Princeton University Press, 1987, p. 27.

新的推理第二个优点在于它在一定限度内为应得提供了必要的理论基础。在第一种推理形式中，由于应得的阐释总是同个人相关，因而存在应得根据的理论无穷回溯问题。X 根据 Z 而应得 Y，而 Z 的背后还有 Z′、Z″、Z‴等。无穷回溯不能提供连续性，自然会产生不可理解性的后果。例如，因为仅就什么是"应得的应得的应得……应得发现治疗恐怖疾病的方法"① 就是如此。在这连续的回溯中，应得的意义发生了巨大的偏差。应得的概念在逻辑上是可能的，它的依据在于意义。② 否则，它只会在形式中逐渐失去意义的可理解性。在新的推理中，应得通过形式提供了一种意义的理解：自然天赋 a_5 是建立在两人的比较基础上，而不是建立在单个主体的道德属性上。即应得什么和不应得什么是通过两人的对比而言的，而不是简单归结为"X 根据 Z 而应得 Y"的逻辑形式。因此，在比较的意义上，应得或不应得的基础就不再无穷后退，相对而言它有了新的逻辑着力点。我们强调通过形式提供意义理解，其意思是说，我们虽然无法在实质上解释人们为什么应得——毕竟"X 根据 Z 而应得 Y"是必须加以解释的东西，但在形式上提供了应得存在的形式要件。

新的推理第三个优点是它厘清了罗尔斯的反应得究竟是"完全的"还是"部分的"。完全的反应得之理论后果是不存在任何形式的应得；部分的反应得之理论后果是存在一定限度的应得，从而为确证应得留下了可能的理论空间。我们从洛克关于劳动创造价值和权利的论述中就能明白这一点。按照罗尔斯的"反应得"理由，洛克对财产权的发生学解释明显不具备道德上的理由。一方面，为什么劳动的成果就属于你而不是别人，人们提不出根本的理由。因为，一个人拥有什么样的劳动能力是一个偶然性的事实，没有道德上的必然性，因而对劳动的成果提不出为自己所有的权利主张。另一方面，个人财产权体现出的排他性特征也无法获得道德上的辩护。如果不存在个人应得理论空间，也就不存在个体性的权利。也就是说，只存在广义的共同

---

① George Sher, *Desert*, New Jersey：Princeton University Press, 1987, p. 27.

② Alan Zaitchik, "On Deserving to Deserve", in Lawrence C. Becker (edited), *Equality and Justice*, Volume 6, 2003, p. 192.

所有权。严格说来，在近代政治哲学中，个人应得的正义观念早已存在，只不过，这一观念的凸显就是建立在罗尔斯的"反应得"理论背景上。

二　努力与个人应得

通过合乎逻辑的形式推理，我们建立了同自然天赋不应得相对应的结构表达式。在此表达式中，"个人应得"的理论空间在逻辑上得以确立。如果第二种推理对平等主义者的"反应得"描述是正确的，那么，平等主义者就不得不面对应得的问题，特别是"个人应得"的问题。首先，对于平等主义者来说面对的第一个问题是基本能力的"个人应得"。我们曾经强调过，每个人所具有的 a_1……a_4 基本能力只具有统计学意义上的普遍性。在平等主义的语境中来解释 a_1……a_4 基本能力的分配更具有代表性。现在假设我们所说的基本能力 a_1……a_4 本身就存在不平等的分配，即每个人在基本能力上就存在着不平等，例如 M 只有基本能力 a_1，N 有基本能力 a_2 和 a_3，而 O 则具有基本能力 a_3 和 a_4，在这些情境中，关于基本能力的"个人应得"也就显得无足轻重。因为每个人的基本能力不一样且存在严重的不平等分配，我们如何能够断言存在基本能力的个人应得呢？这与平等主义者的断言有着异曲同工之妙。只不过，平等主义者把基本能力理解为广义的自然天赋，而自然天赋的应得没有任何道德理由，因而也就不存在任何意义上的应得。

其次，即使存在两个人 M 和 N 基本能力相同的情况，例如两人都具有 a_1……a_4 或 a_1……a_4a_5 相同的基本能力，我们依然无法解释为什么在 M 和 N 之间仍然出现和存在着的巨大不平等问题。这里面可能存在两种原因：一种原因可能是偶然的运气问题；另一种原因则是主观的意愿问题。运气问题对个人的分配平等具有重要的影响。例如 M 和 N 两个人都在海边租借了面积大小相同的养殖场养殖蚬子，两人都采用相同的科学养殖技术，眼见大丰收在即，很不幸，一场突袭的巨大风浪破坏了这片区域，M 损失惨重，而 N 仅受到轻微冲击。对于运气问题，人们仅能抱有深深的同情。虽然，运气造成的不平等是"不应得的"，但在结果上又是必须承受的。在一些人看来，运气也是一个可控制的因素。如果排除运气的因素，主观意愿的问题就显得特别重要，尤其是针对自然天赋的问题。这里面涉及个人具有基本能力或自然天赋同他是否有意愿或努力使用基本能力或自然天赋两者之间的差别问题。质言之，客观的拥有和主观的使用不是一回事。两个具有相同基本能力的人在相同的社会条件下最后的收益存在明显的不平等，这只能说明他们之间的主观态度是不一样的，例如 M 兢兢业业起早贪黑地劳作，而 N 不慌不忙慢条斯理地工作。

最后，当我们直接面对自然天赋 a_5——假设 M 有而 N 没有——而断言 M 不应得时，依然存在着歧义问题。其实，问题已经呈现出来。我们指出拥有自然天赋的客观事实和使用自然天赋的主观意愿不是一回事。那么，对于自然天赋 a_5 来说，人们利用道德理由批判 M 不应得 a_5 带来的收益，是否清晰地分辨出究竟是 a_5 自身带来的收益还是我们努力使用 a_5 带来的收益之间的差别呢？这种追问是很有道理的，因为二者的确存在本质上的不一致。按照罗尔斯的批判，如果这种收益是 a_5 自身带来的，这在一定程度上说明了不应得具有道德根据。但是，如果是我们努力使用 a_5 带来的收益，这里面自然牵涉到个人的主观意愿问题。虽然从结果上看，a_5 自身带来的收益和我们努力使用 a_5 带来的收益无法区分清楚，但是从否定的角度看，即我们主观上不使用或不愿意使用 a_5，这后果上的收益差别立马就能显现出来。

这三个问题的提出，将我们所直接形成的"个人应得"概念置于一种不确定的理论基础上。也就是说，我们仅是从道德直觉上承认存在"个人应得"，但个人应得是如何具体体现出来的却并不清晰。这当然会削弱反"反应得"批判的理论力量，同时，也会带来个人应得是否成立的根本问题。就基本能力的个人应得来说，其核心问题是追问"个人应得"的界限，即"个人应得"的范围问题。如果我们不能明确指明个人应得的界限，那么，个人应得就是一个模糊的问题。问题是，我们有没有天经地义地被视为"个人应得"的基本能力？如果有，哪些能力能被界定为基本能力而不是平等主义者意义上的自然天赋？如果没有，那么，"个人应得"的理论空间和意义都将荡然无存。因此，有无属于"个人应得"的基本能力都会遭遇理论困境。

就后者来说，否定了基本能力范畴，其表层后果是"个人应得"的理论空间必将轰然倒塌，深层结果则是彻底否定了人的道德性。试想，如果一个人没有基本的能力，这些能力包括基本的自主能力、自由选择能力以及独立承担后果责任的能力，不但人们所依赖的道德推理失去逻辑着力点，而且连基本的道德生活也不可能，更何况人类社会的正义问题。因而，我们认为即使最坚决的"反应得"思想家，也不会否认存在属于个人应得的基本道德能力。在平等主义理论中，正义感和善观念在正义理论的建构过程中被视为基本的道德能力。

就前者来说，即使承认人有基本能力，也会面临比否定基本能力更多的理论困境。哪些能力被视为基本能力是一个存在巨大争议的问题，而且基本能力与自然天赋之间的界限也不是泾渭分明。如果基本能力与自然天赋界限模糊，就可能陷入平等主义者的"反应得"陷阱：通过反自然天赋的应得而拒绝了所有的应得（包括基本能力）。然而，人们又无法在自然天赋和基本能力之间划出清晰的边界。这对于个人应得来说属于很难说清楚的理论问题。可能每个思想家基于人或人性的不同理解而赋予人不同的基本能力。

对于我们来说，问题的焦点主要集中在人们是否有属于"个人应得"的基本能力，而不是专注于哪些能力属于"个人应得"的基本能力。后者只涉及"个人应得"的边界问题，不涉及个人应得是否存在的本质问题。这自然减轻了个人应得概念面临的理论压力。况且，退后一步讲，人们即使不得不直接面对哪些能力被视为个人应得的基本能力这一难题，那也并不意味着该问题将陷于无休无止的争论之中，也不意味着该问题无解。从一定意义上讲，基本能力的认定可以求助于形而上学，例如对作为道德的人所具备的基本条件的认定；也可以求助于民主社会中的共识，例如充分的民主对话对基本能力的共同认可。所以，不论在何种历史文化处境下，人们都会以某种特定的形式承认个人应该具有（should have）某些基本能力。基本能力的划分至少在理论上存在合理性。

基本能力的划分在形式上确立了它与"个人应得"的关系，但实质上的内在关联还没有得到清晰揭示。这自然过渡到第二个问题，即人们同时具备相同的基本能力但为什么依然存在事实上的不平等。依据平等主义者的理论，人们之间的不平等往往是自然天赋 a_5 造成的。因为 M 有 a_5 而 N 没有，所以在最终的结果上 M 就比 N 多出 a_5 的收益来。M 与 N 当然会因为 a_5 的原因而出现巨大的不平等。为了解决这种不平等，平等主义者认为 M 不应得 a_5 及其收益，它只能被视为人类社会的共同财产。平等主义者显然忽视了问题的实质。现在我们假设两个人 M 和 N 都不具有 a_5 即都只具有相同的基本能力（a_1……a_4），或者两个人都具有 a_5，M 和 N 是不是一定会有相同的收益或呈现平等的状态？当然不是。如果不是，应该如何解释。这才是问题的实质。

在人们的直觉正义观念里，这种结果最合理的解释应该是这样：M 和 N 在相同条件下出现的不平等，其原因在于两个人是否努力及努力的程度差异。也就是说，当客观条件都相同时，主观条件就起着决定性作用。但是，平等主义者会以相互矛盾性的理由反对人们的直觉正义观，更不会赞成诉诸主观条件式的解释。在平等主义者看来，一个人是否努力或努力的程度最终取决于他所处的社会历史环境和具有的自然天赋。然而，这种反驳非常模糊。我们可以承认客观条件对个人主观因素的巨大影响，即人们努力与否的确同环境和自然天赋有关，但完全的"环境决定论"在此并不适切。它根本无法解释人们为什么在同一种自然天赋水平上或处于同一社会环境里仍然存在结果上的差别。很明显，这里存在一个清晰的区分界限，即"具有"某种能力无论是基本能力还是自然天赋同那种"实践"或"使用"某种能力的努力根本不是一回事。同理，在分配正义中，具有某种自然天赋同努力做什么事情的自然天赋同样也不是一回事。既然个人的主观努力起着重要的作用，那么，个人的努力及其努力而来的收益怎么就不是他应得的呢？

通过努力这一因素的揭示，"个人应得"与基本能力这看似模糊的两者之间建立了内在的实质联系。在此基础上，努力确证了"个人应得"不仅在逻辑上有存在的理论空间，而且在社会正义的实践中确立了现实空间。因而，罗尔斯以"道德的不应得"将所有的应得一网打尽，而在分配正义中全部排除掉的理论做法显然是有缺陷的。当努力在"个人应得"中的重要作用被突显出来之后，第三个问题即关于自然天赋 a_5 自身带来的收益还是努力使用它带来的收益两者之间的问题也就能得到澄清。一旦明确了平等主义者对 a_5 的"反应得"界限，a_5 自身所存在的模糊意义也就清晰起来。

平等主义者利用 a_5 自身意义的模糊性，即把具有某种自然天赋和实现它的主观努力二者糅合在一起，完成了理论上的完全的"反应得"。这种处理看似具有整体性和融洽性，但不可避免导致其内在的理论缺陷完全暴露。凭直觉人们都能够意识到问题所在。假设 M 拥有 a_5，但是社会正义原则认为他不应得 a_5 及其 a_5 所带来的收益，那么，他为什么还要把 a_5 实践出来呢？说得通俗点，既然人们坚持自然天赋及其所带来的收益不应得，那么，人们也没必要把这种天赋实践出来。这个时候有无自然天赋没有任何本质区别，而且自然天赋对人们乃至社会来说也没有任何意义。因此，对于自然天赋 a_5 来说，它的实践内在地包含着主体的主观意愿。对于 a_5 的应得更多与主观努力有关，而不是单纯与具有相关。仅凭个人是否具有自然天赋而断言不应得显得相当武断。要使 a_5 的存在有意义，就必须承认 M 对 a_5 一定程度上的应得。

承认 M 对自然天赋 a_5 的应得没有问题，关键是应得自然天赋 a_5 的界限在哪里。如果是全部承认对自然天赋 a_5 的应得，这会带来两方面的问题。一方面，在社会正义的分配实践中，自然天赋带来的经济收益相比于缺少自然天赋的人来说会造成事实上的巨大差异。社会整体的不平等会愈演愈烈，而且不平等的程度会越来越大。平等主义者要想实现社会的较大平等就必须对自然天赋及其所带来的收益做出调整。这也正是平等主义者反对自然天赋应得的重要原因。但是，平等主义者没有区分自然天赋和主观努力之间的差别。另一方面，自然天赋是在人际比较基础上来说的，这里面就潜在地承认了共同体的社会场景。自然天赋的实现需要个体努力，但也需要实践的社会场景。因而，罗尔斯强调社会合作和分享共同利益也在情理之中。所以，M 对自然天赋 a_5 的应得也只能是部分的。那么，部分的应得如何界定呢？

如果对这个问题的直接回答显得棘手的话，那么换个角度也许可以说明。我们很自然地接受（5a）判断中的 a_5 不应得，是因为它认为一个人享受了不是他自己行为带来的收益，而这种收益别人无法分享，所以它是不公平的。然而，这种不公平可能因为第二个人能分享其他的收益而大大的缓和。例如，M 有 a_5 而 N 可能分享不到，但有可能 N 与 O 都有 a_6 而 M 没有。由此推之，所谓对自然天赋 a_5 不应得的利益不是某种特殊的收益，而是超越了社会平均福利水平之上的那种收益。这说明我们并不是不应得 a_5 及其 a_5 所带来的所有收益，而是 a_5 及其 a_5 所带来的收益超过了社会平均福利水平之上的那部分。由 a_5 带来的收益但这部分收益是蕴含在社会整体福利之中且没有超过平均水平的那部分，这是人们正当的个人应得。

简言之，a_5 带来的收益由两部分组成，一部分是整体福利水平之中的 A 和超越福利水平之上的 C。M 不应得 a_5 带来的收益仅是 C。毋庸置疑，M 不应得 a_5 所带来的那份超越福利水平之上的收益 C 同时满足了"个人应得"和努力的双重因素。就个人应得来说，a_5 带来的收益 A 是 M 努力实践的结果，因而属于 M 应当的个人应得。我们有使用自然天赋的主观努力和意愿，没有它，自然天赋也就没有意义。我们实践了自然天赋，也就应该拥有自然天赋所带来的部分收益，而不是完全的不应得。努力的因素再次得到彰显："个人应得"必定同个人努力相关，努力确证了"个人应得"在正义中的独特作用。就反应得来说，a_5 带来的收益 C 超出了整体福利水平，而这部分收益是源于自然天赋的客观性体现。C 同个人的主观努力不存在密切的联系，因而不属于 M 个人应得的范围。这为反应得的证成也预留了合理的理论空间。

三　特殊的应得

可以说，直到目前我们为个人应得概念的证成提供了较为有利的理论论证。如果个人应得概念的外延和内涵都能够得到理论上的支持，那么，应得正义观的存在也就得到相应的支持。这必然促使人们对"反应得"理论的界限、合理性以及自身的理论缺陷重新思考。但是，也会有人认为，我们对个人应得的确证都是在"反应得"的理论框架下进行的：我们姑且承认自然天赋不平等，从这种不应得的理论中分析其推理形式及其存在的巨大问题，从而为"个人应得"寻求到坚实的基础和充足的理由。人们可能会进一步反驳，我们所建立起来的推理模式不是平等主义者的思想，因此批判没有力量。我们姑且承认这种推理不是平等主义者的原意，那么，我们能否从这种内在推理之外发现应得的证成路径呢？或者这样说，如果不依赖"反应得"的理论框架，是否直接有"个人应得"概念的存在？答案是肯定的。

新证成路径的逻辑起点是正义的前提批判。平等主义者拒斥应得的一个重要理由是公平。在他们看来，即使承认我们所批评的那样存在应得，那种应得也仅仅是不能超越其他人的不公平的利益。这种理由的实质是每个人不应得超越其他人的不公平的天赋、能力和社会环境。这里显然假设了一个重要的前提，即人与人之间是激烈的竞争关系，所以应得的这种社会模式已经被先在地给定了。我们把这种社会模式下的应得称之为"竞争性应得"。"竞争性应得"假定了可分配的善是有限的，给予了一个人的应得，必然会影响另一个人对它的分享。① 人们之间的收入和财富的不平等就是这样形成的。

与"竞争性应得"相对的是"非竞争性应得"。"非竞争性应得"指一个人对某种善的应得并不损害其他人。只有"竞争性应得"才牵涉到公平问题，它也是平等主义者拒斥应得的前提。但是人们应该认识到，即使对某些善的竞争，也仅仅是个人应得的一部分而不是全部。在"个人应得"中，还有很多不同于"竞争性应得"的"非竞争性应得"。"非竞争性应得"有很多表现类型。例如，资源的丰富性且对人们的必然意义：人们应得纯净的空气和净水等。根据自身的努力获得的应得：通过特别的努力工作、依靠具有特殊的道德特性或者是利用实践自己在修建房屋上的创造能力、画画或者其他的生产和提高客体的价值等等。② 这些应得都不是竞争性的，但都能体现"个人应得"的意义。"非竞争性应得"并不涉及公平问题。

"非竞争性应得"的"出场"揭示了平等主义者正义前提的局限。但这种批判意义微弱。通常来讲，社会正义原则产生于资源的"适度

---

① Alan Zaitchik，"On Deserving to Deserve"，in Lawrence C. Becker（edited），*Equality and Justice*，*Volume* 6，2003，p. 197.

② George Sher，"Effort, Ability, and Personal Desert"，in Lawrence C. Becker（edited），*E-quality and Justice*，*Volume* 6，2003，p. 162.

匮乏"①；当资源极大丰富或资源极度匮乏时都无法产生正义原则。当资源极大丰富时，人们对资源的取得不受任何限制，也就没有必要依靠所谓的正义原则来调节。同样，当资源极度匮乏时，正义原则也不会产生出来。正因为资源有限，存在着相当程度的"竞争性应得"，所以才需要正义原则调节。从这个角度上讲，"非竞争性应得"的出场对于正义的建构作用和批判意义都极其微弱。但"非竞争性应得"为我们提供了一种更加广阔的理论思考空间：第一，有没有一种普遍化的解释同时涵盖"竞争性应得"和"非竞争性应得"？第二，哪些应得能够同时解释"竞争性应得"和"非竞争性应得"？

普遍化的解释来自道德哲学中的自由、行为和应得的内在关系。人们不会怀疑三者之间的广泛联系：主体应得其自由选择的后果。在这点上，"按他们的应得对待人的方式是把他们当自主的存在物对待，为他们自己的行为负责。"② 主体的选择在自由的价值和应得的行为后果之间建立有效的关联，任何同选择内容相关的价值都必须同等地属于行为和后果，因而主体的任何行为必然包含着主体的后果应得。正如前文所说，道德行为与责任的内在关联是应得在任何时代和社会背景下得以确立的基本命题和实践原则。因此，无论是"竞争性应得"还是"非竞争性应得"，无论是竞争性社会还是非竞争性社会，都会体现这一基本命题和实践原则。

道德哲学的解释是完备性的，但存在明显不足。一是它无法断言主体是否自主的（被置身于不可抗拒的环境中，如被人用枪指着做的事情）、理性的（可能是无意识的行为导致的后果）、合乎道理的（例如一个人去冰上捕鱼可能一无所获，我们可以说他运气不好而应得，但不能说他因为破冰而应得丢失生命的后果）；二是它对有些自主的行为和结果之间的价值判断存在歧义。如一个人因为救一个小孩而被火车碾去双腿，他是不是应得？可能有人认为他应得，有人认为他不应得那样的后果。退一步讲，即使我们认为道德哲学的解释是完备性

---

① ［英］休谟：《人性论》（下卷），关文运译，商务印书馆1980年版，第536页。

② James Rachels, "What people Deserve", in John Arthur and William H. Shaw（edited）, *Justice and Economic Distribution*, New Jersey：Prentice – Hall, 1978, p. 159.

的，但在社会正义特别是分配正义理论中，也不是我们所需要的。我们已经处在一种制度化的背景下，我们面临的问题是如何寻求和证成规范制度的正义原则问题，解决社会利益及其负担的分配问题。道德哲学的解释往往在前制度的语境下发挥批判性的作用，如价值判断即为如此，虽然它也能够拓宽人们的理论，对于分配正义问题的解决缺乏实质意义。

问题自然过渡到有没有某种应得，它同时涵盖"竞争性应得"和"非竞争性应得"。也就是说，有没有某种应得，既能担当传统意义上的"道德应得"，又能担当当代政治哲学语境中的"分配应得"。实际上，在平等主义者的语境里，"竞争性应得"适于制度，属于分配正义思虑之事；"非竞争性应得"适于前制度，用于道德哲学的批判途径。因此，涵盖竞争性和非竞争性应得的某些应得也可以同时解释"前制度应得"（pre – institutionalized desert）和"制度应得"。有很多自然而然的应得（我们称之为特殊的应得）都能解释上面的问题。其中，主要有两种特殊的应得：一是作为惩罚的消极应得；一是作为勤奋和业绩（merit）的积极应得。

在分配正义中，人们极少将理论聚焦于消极应得。在人们的直觉中，分配正义涉及的东西都是"好的"，所以才叫作"善"。应得作为正义也是如此。人们应得什么总是一种好的应得，至少也应该表达好的价值。但是，消极应得却又是应得内涵中不可或缺的组成部分。在前制度化的道德哲学中，无论对于道德行为还是道德语言，消极应得都具有重要意义。就道德行为而言，消极应得以人应该为自己的行为负责而潜在其中。就道德语言来说，消极应得表达一种价值的否定或贬抑。例如，人们常说的"你活该"（You deserve it）就是如此。在制度化的政治哲学中，消极应得的制度化体现就是惩罚。惩罚是制度所确定的应得模式，它典型地体现在刑法领域。一个人总得为自己的错误行为付出代价，他应得其惩罚。

勤奋在积极应得中最令人信服且争议最少。回想一下前文我们对努力的分析、努力对"个人应得"的确证所提供的重要理由和扮演的重要作用，人们对勤奋的理解和赞同也就水到渠成。归根结底，勤奋可以被理解为持续不断的努力。因此，各种各样的勤奋在特定的历史文化处境里都会被认可。例如，人们会同意劳动者应得勤劳工作的全部收益；学生应得勤奋认真学习获得的高分；常年奔波工作的人应得更多的金钱。这样的事例不胜枚举。而且，这些事例中的勤奋，无论是在制度化还是在前制度化的理解中，都是人们理所当然的个人应得。

业绩是积极应得的重要表现。人们对业绩并不陌生，在古希腊，它就是应得正义的主要内容。在古代的应得思想中，业绩、优秀和德性具有同源意义。这三个词都包含着双重意义：道德意义和行为意义。道德意义表现为一个人所具有的品质包括优点、长处和价值等，行为意义体现为一个人的贡献、功劳和功勋等。因此，业绩本身也就是应得。业绩的双重意义说明它是一个横跨价值领域和非价值领域的概念。① 也就是说，业绩既适用于道德哲学的价值判断又适用于政治哲学的分配正义。虽然业绩在两方面都能彰显应得，但诉诸才能、能力和技能的行为而获得的奖赏、荣誉和机会在今天来说是最有意义的方面。这说明在德性至上的古代社会里，业绩的道德意义更为重要；而在今天主张利益的正义分配语境里，业绩的行为意义更重要，并且它具有一种普遍的性质。

正因为存在个人应得的正义概念，所以，应得在今天仍然具有重要的意义。罗尔斯试图用"完全的"反应得来排除所有的应得在社会正义中的做法，这既为他的理论带来了巨大的困难，同时，也通过这种理论的自身批判反而确立了个人应得的理论空间。这就要求政治哲学家在思考社会正义或建构社会正义原则时，必须为应得留下理论上的一席之地。

---

① George Sher, *Desert*, New Jersey: Princeton University Press, 1987, p. 109.

第五章
应得与道德推理

在第二、第三和第四章中，我们是通过应得思想史角度的考察来批判罗尔斯"反应得"理论的狭隘化和局限化。在对古典应得的考察中，我们是要指出以德性为核心的应得，它虽然体现了罗尔斯批评的"德性之为幸福"道德价值主张同分配正义没有关系，但古典的应得并不仅仅是道德价值的体现。在近代时期，洛克作为自由主义思想的鼻祖，其权利思想影响深远。对洛克的权利思想之内在考察揭示出洛克正义思想中的有关应得的理论影像。虽然，劳动应得是今天所赋予的概念，但在洛克思想中隐含着应得正义观念的背景。在当代正义理论背景中，为了确证应得的存在，一些思想家提出个人应得的概念以批判罗尔斯对应得的全盘否定。

以上这些批判都集中于寻求应得的积极意义和存在的理由，但它们都没有完全直接面对罗尔斯的"反应得"理论，因而我们可以称之为"外在批判"。在接下来的第五、第六和第七章，在对"反应得"的理论分析中，我们将更多地侧重对罗尔斯"反应得"思想的直接批判。这些批判将涉及罗尔斯正义推理中是否一定会导向平等主义的正义理论、罗尔斯能不能离开应得来为其理论立论、平等主义的正义理论是否能够排斥应得等。正因为这些批判的直接相关性，我们把反应得这种形式的批判称之为"内在批判"。

一　道德推理与正义原则

毫无疑问，任何人都具有直觉性的正义观，而且，在相同的历史时代和社会条件下，相信人们的直觉正义观大体上会是一致的。但是，只有思想家能够将这些直觉性的正义观理论化和体系化。正义观的理论化是一个庞大的理论工程，而这个工程的核心是为正义观或正义原则提供强大的理论证明。政治哲学的一个重要任务是对有关正义这些论证和理由合理性的追问。正义的理论证明不同于其他的比如说真理的理论证明。正义属于建构性的理论，它本质上是人类社会根据某种价值和理想而自我建构的结果。诚如人们所说，"这个世界是我们的世界，要把它变成天堂或地狱都在于我们"①。因此，关于正义的理论证明属于规范性的范畴，它追问的是正义原则为什么"应该"如此的理由，尤其是正义原则涉及基本利益为什么"应该"如此分配，而这个理由只能是道德理由。

道德推理是道德理由的思维运用和理论论证过程，是对正义原则的合理性证明的过程。道德推理对于正义原则的证成具有决定性的作用。一方面，采用何种道德推理直接决定了将会有什么样的正义原则。正义原则往往蕴含在道德推理之中，而道德推理当然会决定正义原则的出现和证成。另一方面，道德推理的明晰性和理由充足性直接决定了正义原则自身的合法性和解释力。无可辩驳的明晰性决定了正义原则的被认可和被接受程度，进而决定了正义原则解释力的强弱和解释范围的大小。可以这样说，有什么样的道德推理就会有什么样的正义原则。选取何种正义观和正义原则在形式上也根源于人们的道德推理。

道德推理的明晰性和理论的充足性将为正义原则提供最终的理论根据。因而，道德推理的这种根本性作用及其性质自然会成为哲学的反思对象，它构成人们政治哲学思考时的"理论思维的前提批判"②。其中，道德推理到底从何处开始自然是前提批判的首要的理论对象。

---

① ［英］罗素：《社会改造原理》，张师竹译，上海人民出版社1959年版，第119页。
② 孙正聿：《孙正聿哲学文集》（第六卷），吉林人民出版社2007年版，第2页。

按照道德哲学家的解释，关于正义的所有的道德推理归根结底在于"我应该怎么做"。"我应该怎么做"既是道德推理的逻辑起点，又是道德推理的目的和归宿。"我应该怎么做"有其内在的标准，而内在的标准来源于实践的合理性。人们对实践合理性的理解也就构成了对正义的理解。例如，在实践上是合理的，就是要在计算每一种可能的选择性行为方针及其结果对人自身的损益之基础上行动。在实践上是合理的行为，就是要在有理性的任何个人——即能够有不带任何自我利益特权的公平个人——都会一致同意去服从的那些约束下来行动。能够达到人类终极善和真正的善的方式去行动。① 根据这些实践合理性理解，人们把它们与之相应的正义观分别指称为功利主义、义务论和至善论。由此不难发现，正义观产生于实践合理性的道德推理之中，例如功利主义、义务论和至善论等。对正义观的道德推理自然支持对正义原则的道德推理。道德推理与正义原则的证成两者之间存在着逻辑上的必然性。

不同的道德推理会论证出不同的正义原则。不同的推理起点直接决定道德推理的理论方向。因而，在对道德推理的考察和分析中，推理的逻辑起点成为反思批判的首要对象。在通常的道德推理中，逻辑起点都归因于"应该怎么做"。"应该"表达了道德哲学的价值取向。没有"应该"，道德哲学也就失去了存在的意义，特别是我们在追寻规范人类社会及其实践行为的基本原则时，它总是蕴含了人们的价值理想和应然的信念期望。"应该"也深刻地契合了当代政治哲学关于正义原则的"选择"理念。选择的标准源于应该。对于选择标准的理论阐述就是应该如此的道德推理。因此，"应该怎么做"作为道德推理的逻辑起点似乎不会存在巨大的争论。

逻辑起点包含了推理方向的多种可能性。多种可能性由"实践的合理性"之不同理解所决定。一般来说，实践的合理性和理论的合理性一起构成了正义原则的推理正确性。理论的合理性同纯粹的理论推理有关，它要求人们的推理要合乎逻辑，有充足的理论论证；而实践

---

① ［美］麦金太尔：《谁之正义？何种合理性？》，万俊人等译，当代中国出版社1996年版，第3页。

的合理性往往同那个时代基本的道德理解是同步的。两种合理性中，实践的合理性决定了我们将选取何种正义原则。就如之前所说，如果把实践的合理性理解为规则，则会走向义务论；如果理解为利益的增减，则会选择功利主义；如果理解为终极善，则会义无反顾地趋向至善论。每一种道德学说和政治哲学都能从实践的合理性中找到自己的原初理由和根据。也可以这样说，当代政治哲学关于正义原则的道德推理是否明晰和道德理由充足与否的紧张较量，根源在于实践的合理性理解不同。实践的合理性理解不同，思想家所持有的正义观和主张的正义原则也就不同。

然而，在这些实践的合理性理解中，它们都有一个本质性的特征，即这些实践的合理性都是建立在对未来的期望之中。义务论立足于个人的基本权利分配，功利主义聚焦于善的最大化，而至善主义则关注至善的生活等。由于其合理性建立在对未来的期望之上，因而关于它们的道德推理从其思维方式上看都是"向前看"。将来的预期对于正义原则产生的实践合理性理解至关重要。如果把正义原则具体化为分配正义原则，这个问题就会更加清晰明白。假设人们面对社会利益和负担的分配，他们会选择什么样的正义原则。基于不同的实践合理性理解，人们会"预期"和"选择"不同的分配正义原则。如果预期个人利益的最大化，功利主义的正义原则是不二选择；如果预期每个人的尊严和基本权利的保证，平等主义的正义原则会成为首选，如此等等，这些都符合实践的合理性之内在要求。

二 平等与"向前看"

影响当代正义话语的主要是功利主义和平等主义。二者也是正义原则的道德推理"向前看"的主要体现。平等主义的兴起建立在对功利主义的批判基础上。关于正义原则的道德推理主要是在功利主义和平等主义之间抉择。究其本质上看，两者关于正义原则的批判争论遵循着共同的思维形式和论证方式：道德推理的方向都是"向前看"。不同的是，两者对"向前看"的合理性依据存在差异。因而，从思维推理的清晰性上看，功利主义丝毫不亚于平等主义。平等主义的反驳只能从实践的合理性本身入手。罗尔斯对功利主义的批判实际上都是注重对功利主义的实践合理性批判。因而我们才看到罗尔斯对功利主义的批判都集中在功利的理解、善的最大化之威胁等。在他看来，功利主义无法对功利本身进行衡量，也无法在人与人之间进行功利比较。每个人对功利的理解完全不同，而且每个人对待每种功利的权重也不一样。功利主义对功利的最大化最终会把人视为手段，这与社会本身的目的相违背。一方面，社会的存在是为了人，人才是社会的目的。善的最大化服从人的目的而不是人服从于善的最大化目的。另一方面，在善的最大化追求中，功利主义并不在人与人之间做出严格的区分，它也就无法认真对待个人的权利。最后，功利主义的道德证明最终会失败。特别是对分配正义原则的证明，功利主义只会关注善的最大化而不会关注如何分配。因而，功利主义终将无法提供对正义原则的真正证明。

这些批判已经广为人们所知。但如何对公平的正义之合理性进行说明呢？罗尔斯立足于个人权利。特别是启蒙时代以来所形成的个体主体性的哲学思想和自由平等的民主政治实践传统，个人的平等权利被人们广泛认可。因而，在社会正义的认知层面和实践层面，权利的保障是正义的基本内容。以善的最大化而牺牲权利的思想和行为都是违反正义的要求。功利主义在同平等主义的理论斗争和实践斗争中败下阵来。这表明，在"向前看"的正义原则的道德推理中，平等主义取得了胜利。从正义的话语来看，平等主义以权利为基础重新恢复了康德以来的义务论话语地位，而以功利主义为代表的目的论话语失势。平等主义的胜利预示着双重胜利：一方面，在对实践合理性的理解和解释中平等主义占据支配地位：正当永远优先于善；另一方面，经过平等主义话语的反复塑造和强化，人们对正义原则的理解不自觉地沿着平等主义的理路前进："向前看"的道德推理与平等正义原则相互单向对应。

通过对功利主义的批评和对自身正义原则的推理证明，平等主义给人们呈现了一幅关于正义原则的理论图景：社会正义观是体现平等的正义观，因为"正义总意味着某种平等"；正义原则是体现平等价值的两个正义原则，它包括平等的自由原则和民主的平等原则；① 分配正义的标准是平等，分配正义应该按照平等分配；关于正义原则的证明是道德推理"向前看"的必要途径和必然结果。理论图景决定了理论的框架边界，当代关于正义原则的理解和证明无不是在此背景下进行。这种局面以至于让人们得出这样的结论：当代的政治哲学都是关于平等的政治哲学。② 离开了平等主义的话语背景，人们似乎就再没有讨论正义原则的其他话语，这正是平等主义所期望的理论局面。

理论的塑造是一回事，理论的接受是另一回事。当二者互相吻合时就会产生"正义意味着平等"的理论效果。平等主义塑造了正义的话语不假，关键是平等主义典型地表达了"向前看"的道德推理思维方式，而这种思维方式又非常自然地符合了人们对正义原则的一种思考：在对社会利益和负担的划分中，我们"将会"得到什么和得到多少。对功利主义的有力批判似乎又加深了人们的理论认识，强化了对平等主义的认可度。所以，人们对平等主义的道德推理推崇备至，对平等主义的正义原则也就欣然接受。

然而，功利主义话语的失势并不意味着平等主义的正义原则就是合理的，以平等主义为代表的"向前看"的道德推理并不意味着就是唯一的。就前者来说，功利主义在平等主义的批判中败下阵来只能说明功利主义对实践合理性的理解没有平等主义那样有理论力量，并不能说明平等主义的道德推理就比功利主义的道德推理高明和有力量。就后者来说，平等主义的道德推理是"向前看"思维方式的主要代表，并且平等主义在当代话语体系中起着明显的主导地位，但这同样不能说明平等主义的道德推理方式即"向前看"就是正确的和唯一的。

平等主义对功利主义的批判给人们制造了一种理论假象。表面上

---

① 王立：《罗尔斯"民主的平等"之真实意义》，《社会科学研究》2010 年第 1 期。罗尔斯的第二个正义原则也可以被称为"民主的平等"原则。不同于狭义的"差别原则"，罗尔斯把第二个正义原则也称为"差别原则"，其原因是第二个正义原则所指向的善都属于不能平等分配的善之列，只能按差别原则分配，这是广义的差别原则的理解。相对于平等的历史进程，罗尔斯把平等的实践分为自然的自由、自由的平等和民主的平等。民主的平等也即他所说的狭义的差别原则。但是，罗尔斯强调民主的平等必须依靠公平的机会平等和差别原则来解释，因而，整个第二个正义原则所实现的平等可称为"民主的平等"。

② ［加］金里卡：《当代政治哲学》，刘莘译，上海三联书店 2004 年版，第 5 页。

看，平等主义与功利主义完全对立，并且在理论上似乎也确证了两种理论的本质性不同。人们从平等主义的批判中也认识到功利主义的致命的理论缺陷，从而认同平等主义正义理论的合理性，实际上并不如此。功利主义一次又一次对平等主义的反驳和自我申言并没有显示出理论的穷路，反而获得新的发展。但是平等主义把功利主义作为对手，一方面固然是功利主义几百年来的影响，另一方面则是企图以对功利主义的批判为烟雾掩盖道德推理方向存在多样性的理论实质。

平等主义对功利主义的批判进一步塑造"向前看"道德推理的正确性，从而力图塑造道德推理方向的唯一性。道德推理的方向存在多样性，这本身就表明了存在其他正义原则的可能。正义原则的证明是通过道德推理而进行的。但是，平等主义的批判将道德推理的可能性转化为简单的一元性，进而将简单的一元性强化为平等主义自身推理的唯一正确性。当人们将道德推理的方向转向"向后看"时，平等主义和功利主义的共性本质将暴露无遗，它们都是道德推理"向前看"的当代正义观的主要体现者。正是由于平等主义与功利主义的话语影响，"向后看"的道德推理就被屏蔽起来，从而也就屏蔽了其他正义观的出现。然而，一旦"向后看"的道德推理从这种正义话语的争论假象中脱离出来，平等主义和功利主义就可能在"向后看"的思维方式的检视下被双双颠覆。

三 应得与"向后看"

道德推理的思维方向"向后看"并非空穴来风，更不是无中生有，它蕴含于对实践的合理性理解之中。实践的合理性是道德推理的逻辑起点，它包含了道德推理方向的各种可能性。朝着哪个方向推理取决于对实践合理性本身的理解。如果人们把实践的合理性理解为对未来的某种期望和预期，将会产生"向前看"的推理路径。与之相反，如果我们把实践的合理性理解为已经发生的事情或建立在已经做过的事情及其行为上，将会出现"向后看"的推理路径。

也许，人们会对"向后看"的思维方式予以批判。在一些人看来，分配正义在涉及基本利益划分方式的时候，人们自然会关注"我能分得什么"以及"我能分得多少"等直接的分配问题。因而，"向前看"是理所当然的方式。没有对基本利益的"预期"和"期望"，我们为什么还要思考分配正义的问题呢？问题正是出在此处。人们对利益的预期和期望只是分配正义的心理动机，更重要的理论问题是"为什么就应该如此分配"。因此，不管是对未来的期望还是对过去的追溯，无非都是要寻求"为什么应该如此"的道德理由。"向后看"的推理路径必然会出现在正义原则之道德理由的追问中。

"向后看"的道德推理最明显的体现就是道德哲学中关于应得的正义理论。应得是否能够完全被化归于"向后看"的思维推理方式，这有可能不会为人们所认同。因为在日常语言的使用中，"我应得什么"存在着不同的含义。其中，一些关于应得的判断同样隐含着"向前看"的"预期"或"期望"。例如，人们常说基于人的尊严，我应得平等的对待或应得某种维持体面生活的物品份额，如此等等。如何区分这种应得呢？显然，这些应得的主张并不会将我们为其证明的道德理由指向"向后追问"，也不会把道德推理的方向引向"向后看"。

在"X 根据 Z 而应得 Y"的形式表达中，已经把问题给显露出来。"根据 Z"即道德理由 Z 的无穷回溯给我们造就了一种直观印象，即道德理由及其道德推理都是"向后看"。但在实际的语言使用中，根据 Z 可能就是一个当下的道德理由而不需要回溯。同样，根据 Z 也可能是一个规则。例如，考试分数第一的应得奖学金。A 考试分数第一，虽然他平时也不努力学习，由于运气因素如考试前晚上就刚好复习到了考试的基本内容而其他同学则不怎么重视这些内容，他得了第一，因而他应得奖学金。

上述那些应得的主张似乎都无法确证应得的道德推理会自然导向"向后看"。我们试图从两个方面来回应理论问题：一方面是应得的主张存在不同的类别；另一方面是通过心理动机来区分应得和其他正义观的原初推理。对于应得主张的不同类型，这是应得理论中需要深入讨论的课题。我们将在以后的章节中专门讨论该问题。我们在此处只是指明，不同类型的应得有些是罗尔斯恰恰需要反对的应得，有些应得是建立在其他应得的基础上。而我们追问的应得是能够独立于其他判断的应得。我们把这种应得称为行为（doing）或行动的应得。在个人应得概念中，我们就描述了这样的应得，即个人的行为及其后果是人们判断和主张应得的最终根据。从这个意义上来说，应得的道德推理方式属于"向后看"。

在应得已经成为实践的正义观中，人们是否会考虑心理动机的问题。也就是说，当古代人在思考和践履应得正义观时，他们是否会同当代人一样思考正义的"预期"问题。至少，在目前所理解到的古典应得的正义观中，思想家们不会专注于考虑"预期"应得带来什么。因为，古典应得的实践，首要关注的是实现"优秀善"或"内在价值"。虽然，优秀善或内在价值有可能带来有效性善或外在价值，但人们关注的首要目的不是有效性善或外在价值，而是德性本身。对于下棋来说，下棋下得好才是真正的善，而通过下棋获得冠军并赢得金钱的奖励是外在的善。外在的善是偶然的，内在的善是必然的。因此，作为一种心理动机的期望与古典的应得是有差距的。更进一步说，今天的这种道德推理即对正义原则"证明式"的理论方式根本不会出现在古代人的思考方式中。今天对正义原则的理解都是建立在"个人"对其"利益"的要求上，因而，对于其分配的合理性"证明"都从"个人"的期望心理出发。

但是，应得不一样。如果人们主张"什么是应得的"，它非常自然地会导向"你做出过什么业绩而要求应得"这样的反诘和思考。没有个人的行为及其相应后果的道德判断，人们就很难主张应得什么。例如，古代社会的应得在于"德性"的践行。这种德性既可以指英雄社会的勇敢，也可指角色社会的优秀，当然更有亚里士多德意义上的美德。德性需要践行，应得的主张和根据就在德性的实践之中。从后果上来看，应得什么和应得多少在于德性的实践程度。同样，现代社会的应得与行为后果密切相关。例如，平等主义对不平等的"不应得"主张就来自于不平等的后果同个人的行为结果无关。因为，自然天赋和社会文化因素是偶然任意的，同个人的选择行为没有关系，其后果也不是个人造成的，个人也就不应该承担相应的后果责任。

选择、行为和责任是应得所根据的道德哲学命题式表达。特别是经过启蒙哲学的洗礼，这一命题更被赋予了绝对的高度。个体理性经过启蒙哲学的塑造，取代了外在的权威而独立为王。无论是在认识论层面的客观真理认识和把握，还是在道德政治层面的幸福正义渴望和追求，人都已经无需任何"外在的"标准和依据，而是回转诉求"内在的"尺度和根据。质言之，人是真理的主人而非奴仆，人是道德政治的主动担当者而非被动的接受者。特别是在道德政治的层面，人是自律、自治和自由的主体观念深入人心。因而，人作为自由行动的主体应该承担任何相应的后果责任也相伴而生。诉诸个人的行为和实践的结果，应得至少是在形式要件上获得了充足的理由。人是自主的、行为是自由的、行为的后果责任是人应得的。这更加符合人们的道德直觉：一个人做错了事，应得其惩罚；做出了贡献，应得其奖励。

"行为"（doing）和"应得"（deserving）之间存在的逻辑因果联系，决定了应得的道德推理方向"向后看"。从实践的合理性来看，我们对未来行为的选择判断不是纯粹出自主观的期望。已经发生过的事情和完成的行为构成了人们未来行为的前提和背景，人们的选择必然受某些前提和背景的约束。完成了的行为即"行动"本身就是一种合理性，它决定了我们进一步的行动和计划。在关于正义的实践合理性的理解中，从已经发生过的事实和履行的行为来推导将来的选择和计划，无疑也是实践合理性的必备维度。因而，从道德推理的角度来说，应得的道德推理不是凭空的臆想而是有根有据。道德推理的方向不是直接面向未来，而是先回溯过去。只有在此基础上，才能保证过去、现在和未来道德推理的一致性和连贯性。

道德推理的"向后看"也有助于人们厘清应得主张的合法性。在人们的日常语言使用中，存在着许多应得的主张，而且这些主张相互冲突甚至完全对立。哪些主张是合法的，哪些是非法的，也是社会正义所要解决的问题。如果以个人的行为为标准，主张应得是表达的一种主观的价值判断还是一种内在的根据就能立即区分清晰明白。如果应得的主张来源于人们自己的行为及其后果的判断，这种应得就有其内在的根据而且是合法的。人们需要对这些应得认真对待。也正是在这种意义上，应得的根据寻求呈现出明显的"向后看"特征。这同以平等正义为代表的"向前看"的特征形成鲜明对比。

四 "前""后"之辨与正义之争

道德推理选择何种方向将直接决定何种正义原则的出现。如果道德推理的方向是"向前看",那么,正义原则的选择将会同人们的期望密切相关。如果道德推理的方向是"向后看",那么,正义原则的建立就必定同人们过去的行为紧密相连。站在这个视角来审视当代政治哲学争论中的功利主义就很能说明这点。虽然,平等主义也对功利主义做出了强烈批评,但在道德推理遵循的方向上二者本质一致。当道德推理的方向"向后看",功利主义就会面临根本性的挑战:如果正义的根据和主张在于人们已经实践的行为和结果,功利主义的道德哲学及其正义原则就会首先被剔除掉。功利主义的正义原则其根据在于将来的功利计算,它与过去的事情毫无关系。[①] 道德推理的方向与正义原则的出现存在高度的一致。平等主义以一种巧妙的方式将功利主义塑造为当代正义观的主要批判对象以期将自身置身于事外,进而隐蔽自己的推理本质。但是,从应得正义观的角度来审视,平等主义与功利主义在其思维方式上没有本质的差别,它们应该双双被批判。

同样,对于需要的正义来说,在一定意义上它也可以被视为"向前看"的道德推理形式。虽然,在直观的意义上,需要正义是关注当下的需要,但当下的需要并不能涵盖需要意义的全部。需要既有生物学意义上的需要,也有体面生活意义上的需要。生物学意义上的需要我们可以视为当下的需要,因为它关注的是当下的直接性需要。在这种狭义的意义上,需要既不涉及过去也不投向未来。体面生活的需要则是需要的较高的体现,体现了人之为人的道德要求,或者说一个人能够尊称为人的生活。"体面的生活"其内涵是一个动态的被赋予的历史过程,它随着社会的发展进步而呈现出共同体赋予的相应的规定性内容。体面的生活对将来利益的关切明显不同于当下的生物学需要。体面的生活在对好生活的理解上促使人们不自觉地思考未来利益的划分方式,

---

① George Sher, *Desert*, New Jersey: Princeton University Press, 1987, pp. 12 – 13.

因而，它很容易向平等主义的正义观靠拢。在这个意义上，需要仍然存在"向前看"的思维方式。

从理论的宏观层面来说，"向前看"和"向后看"两种道德推理思维方式的对立，实质上是平等主义正义观和应得两种正义观的对立。虽然人们把平等、需要和应得并列为当代政治哲学理论中最重要的且相互批判的三大"分配正义观"，但是从正义原则的道德推理的本质思维方式上看，根本性的对立还是平等主义和应得两种正义观的对立。不管是平等主义还是应得，正义原则的证成都依赖道德推理得到印证。关键问题是，道德推理究竟应该选取哪一个方向。单纯从实践的合理性理解出发，正义原则的道德推理"向前看"抑或"向后看"都蕴藏于实践合理性的诸多可能性之中。它们都属于道德推理所具有的可能性方向。诸多的可能性之间不存在孰高孰低之分，也不存在谁对谁错之别。这决定了道德推理的方向都具有相当程度的合理性。然而，可能性之间虽没有价值意义上的差别，但存在理由的充足性和选择的合理性分别。这两个因素在我们的理论分析中已经呈现出根本性的不同：道德推理的方向是"向前看"还是"向后看"，正义原则将由此而根本不同，正义的最终根据也就有泰然之别。因而，关于道德推理的方向究竟应该是"向前看"还是"向后看"，人们对此问题的进一步追问和批判，对于我们探求正义的最终根据将具有决定性的作用。故道德推理的两种方向之比较将成为我们关注的核心问题。

实际上，道德推理"向前看"还是"向后看"的分析辨别，本质上是关于平等正义原则和应得正义原则两者之间的正义理由和根据之争。说到底，哪一个正义原则的根据和理由充分，将直接决定人们对正义原则的最终选择。我们先分析代表"向前看"的道德推理且居于政治哲学支配话语的平等主义。平等成为正义原则的重要理由来源于政治的实践传统以及在此基础上的形而上学辩护。政治的实践传统同民主制有关。在民主思想的影响下，现代人倾向把公正和平等等同起来，但甚至直至今日这种观点仍受到各种限制。① 实存的并不意味着

---

① ［英］罗素：《伦理学和政治学中的人类社会》，肖薇译，河北教育出版社2003年版，第22页。

就是合理的。理由的辩护依然不可或缺。平等主义必须寻求坚实的理论根据。

考察和分析平等主义的理由根据，人们就会发现平等主义的最终根基建立在各种形而上学的假设基础上。其中，道德人格和自然权利两种假设最为著名。我们先分析道德人格，平等的基础在于人性，这是人们最直接的想法。从共同的人性中发现平等的根据也几乎是所有道德哲学家采用的理论路径。为了寻求人性中的共性，要么从人的自然属性中寻找一致性；要么人为建构出某种人性理论的同质性，以此把平等的理论基础建立其上。很显然，人们去寻求和发现人类共有的自然特性，即平等地拥有某种自然特性来确立平等的基础是一种很笨拙的方法，因为这种方法根本无法从经验的层面上追寻出普遍的东西。人性必须是理论理性建构出来的观念。在这种理论理性的建构过程中，人们既赋予了人性共同的本质；同时又赋予了人性的绝对性根据。

人性的理论建构在康德那里体现得最明显，而罗尔斯则直接秉承康德的思想。康德的道德箴言"人是目的而非手段"为人们的平等提供了道德根据。康德道德哲学的宗旨是突出自律，但人们往往忽视了自律的前提基础即自主，而自主是作为道德主体的人能够进行理性选择的必需要件。自主的道德主体按照道德的绝对命令实践就是自律，也就是自由。只有具备自由、平等和理性的条件人才能自主，而这三因素恰恰是永恒不变的人性。问题是罗尔斯为什么遵从康德把平等视作人性的构成要件。这正是道德人格的理论建构使然。由于人都具有相同的道德人格，所以每个人都应该是平等的。正因为道德人格的作用，每个人被平等的对待和尊重才成为政治哲学中的实践法则和定然命令。

罗尔斯认为具有道德人格的人有两个特点：第一有能力获得（也被看作获得）一种关于他们的（由一个合理生活计划表达的）善的观念；第二是有能力获得（也被看作获得）一种正义感，一种在正常情况下有效地应用和实行——至少是在一个较小程度上——正义原则的欲望。[①] 简言之，人是具有获得善观念和正义感道德人格能力的存在

————————

① ［美］罗尔斯：《正义论》，何怀宏等译，中国社会科学出版社1988年版，第507页。

物。在道德哲学家看来，具有这两种道德人格能力的人就应该得到平等的正义。这里的道德人格能力并不是完全彰显的，它带有潜在性的特点，也就是说道德人格能力有一个最低标准，即它不会因为某些人或人群具有参差不齐的正义感能力而剥夺其受正义保护的权利，也不会因为生来就缺乏或是因为别的事故导致的潜在性的缺失而被不公正地对待。只要具备了最低的道德人格而不仅仅是道德能力的实现，一个人就有权得到全部正义保证。

然而，问题并没有因此而结束。道德人格不过是人们对人的形象的一次理论重构而已，重构的基础在于人们对人的认识、对人性的理解和对人的道德角色的担当。因而，善观念和正义感的道德人格能力也是人们所需要的理性选择主体和维护正义原则的人的形象。这也是现代思想家对平等人性基础寻求的理论方式，至少罗尔斯是这样做的。这似乎存在一种循环论证。在罗尔斯那里，正义感和善观念都是由两个正义原则决定的，而选择正义原则的主体其人性基础就必须具备善观念和正义感这种道德人格能力。理论的前提预设于目的之中。更重要的是，道德人格的观念仍然遵从形而上学的人性论理论路径，即追求人之背后永恒不变的本质。一旦付诸对本质的理论追求，平等的基础就会陷入理论的两难境地。质言之，我们对人性的理解决定了我们对道德人格内容的规定，如果这种因素不被视为独断的话，那么也有任意性的嫌疑。

但是，诉诸道德人格有一个明显的优点是它赋予人某种绝对性，这至少在道德哲学中存在理论的合理性。人们常说，平等对待体现了一个人的自尊和尊严。自尊和尊严就体现了人的价值的绝对性。因此，人们认为尊重的平等是根本性的，其他平等都从属于它。在此，平等的基础以人的本性的一般事实而获得证明。所以，我们说一个人必须被平等地对待或者说必须尊重他，背后的理由就是道德人格。

平等的另一个理论假设是自然权利。自然权利一直是西方法哲学和政治哲学中的重要观念。自然权利源于神学。当上帝的子民应该平等这一神性光环隐退之后，自然权利以另一种神义论语境阐述人的平等取得了核心地位。不管是神性的证明还是自然权利的观念，其目的都是要说明人之平等的绝对性根据。然而，同是一种绝对性根据的追寻，为什么是形而上学色彩更浓的自然权利而不是道德人格？按照麦金太尔的说法，道德本身还存在一个不断证明的问题。历史文化的不同境遇和不同的道德传统给予道德人格的理论支持是不同的，而历史本身就带有特殊的意蕴，因而导致了权利的道德信念不是最牢固的基础。所以，很多思想家都接受了自然权利的观念。

在主张自然权利的思想家眼里，平等的重要性基础在于权利的首要性。人为什么应该平等是人的权利使然，这些权利与生俱来且不可剥夺。只要是被称作人的存在物，基于自然权利的观念就享有相应的权利。当然，这些自然权利的罗列清单可能不尽一致或者说并不完善，但最基本的权利如自由、生命和财产却是经久不变的，而且这些权利必然为每个人平等地享有。平等理所当然就被视为不可或缺的权利。所以，自然权利关于平等的信念是"承认一个人是人类社会的完整的成员，同时又以与此不一致的方式来对待他，这样的对待是极不公正的"[1]。平等对待体现了权利的绝对性，这种绝对性来源于自然权利的强势意义。

自然权利的强势意义分为两种：第一，当人们说有权利做某事的时候，其意指别人干预是错误的，除非有干预合理性的特别理由；第二，如果某人对某事享有权利，那么，即使否认这种权利符合普遍利益，政府否认这种权利也是错误的。很显然，在这里强势意义的权利有肯定和否定之分。从否定的意义上讲是对他者的制约，权利意味着一种界限，即不能以任何理由干预自己的权利；从肯定意义上看是对自己的主张和诉求，即我们有权利要求政府应该做某事。当然，否定的意义最终都是确立权利的积极意义，它构成个人权利的"王牌"。因此，人要求平等就成为个人权利的必然诉求。

自然权利的论证与道德人格的思路不谋而合。因为，道德人格是人们获得平等的权利的充分条件，除此之外不再依赖任何条件。在这种语境里，道德人格是自然权利的另一种表述。但为什么采用自然权利而不是道德人格这一名称？除了自然权利的终极性基础论证外，它

---

① ［美］德沃金：《认真对待权利》，信春鹰等译，中国大百科全书出版社 2002 年版，第 8 页。

还表明了正义所保护的权利为什么就是恰当的。一方面，"自然的"这个术语的恰当性就在于它表明了由正义确定的权利与由法律习惯规定的权利区别。另一方面，自然权利的观念还包括这种权利一开始就属于个人，即个人特别重视的权利观念。容易由其他价值压倒的权利不是自然权利。①

对于罗尔斯来说，自然权利的观念是形而上学的，而现代哲学是反形而上学的。而且，罗尔斯的正义观念和正义原则也不需要形而上学。但罗尔斯又无法回避自然权利和道德人格近似的绝对观念，因而只能在《正义论》中以脚注的形式注明自然权利观念的意义而试图含混其中。实际上，道德人格和自然权利所依赖的路径没有什么本质的区别，一个是依赖普遍的形而上学人性观念，一个是依赖绝对的形而上学权利观念。回想一下哲学史上关于人性无休无止的争论，也回想一下哲学史关于人的自然本性殚精竭虑式的考察，我们自然就会认同人性的观念和自然权利的观念都是人们建构出来的结果，只不过要诉之于永恒性的特质方显其理论的普遍性。

我们知道，有无自然权利全凭信念，人性究竟为何终在理解。一个是仅凭信念的自然权利，一个是尚无定论的人性论，它们作为形而上学的假设都无法支撑起平等主义的理论大厦。但是，与平等主义较强的形而上学假设相比较，应得的根据就要充分坚实得多，也简单得多。就其理由的简单性来说，人们主张应得似乎不需要什么假设。当然，人们也会指责应得正义观同样含有一个关于人的本质性假设，即这个人一定是一个具有自由意志的人，这当然不假。但是，这个假设是同平等主义所共同具有的假设。如果没有意志自由，也就没有"人"的说法。没有意志自由，所有的道德哲学都将没有根基，也就无正义原则的道德证明之说。只要人是自由的，行为和结果之间就存在必然的联系，应得的判断由此而生。就此而言，应得的理由又具有清晰性。应得什么在于你做过什么，行为及其后果是判断人们应得的根据。

简单性和清晰性在分配正义语境下将会体现得更为明显。就像罗

---

① ［美］罗尔斯：《正义论》，何怀宏等译，中国社会科学出版社1988年版，第508页。

尔斯所直接考虑的，人们应该如何分配基本善才是正义的呢？其标准是什么？理由又是什么？这些追问自然会把人们的正义推理向"前"和"后"两个相反方向引导，同时，关于它们的理由和根据是否充足、清晰和简单也就会一览无余地呈现出来。如果不考虑待分配东西背后的诸多规定而单纯考虑如何分配的方式和标准，① 人们首先就会追问你做过什么、做得如何。也就是说，应得是人们面对分配正义最直接自然的思考。而要提出平等分配的要求，显然需要更多的理由和充分的理论论证。

依赖各种形而上学的假设，加上平等主义的道德推理是"向前看"，对于正义原则的证明就需要更多的理论条件和理论设置。例如，平等主义为了证明平等正义原则定会被一致选择的合理性，不惜费尽心机重建业已消失了几百年的古典契约论。在新契约论中，通过选择环境的诸多假定和选择信息的重重屏蔽，最终在人们的"毫无争议"中选择了平等的正义原则。没有这些限制人们会选择平等正义原则吗？答案是否定的。如果是肯定的，平等主义就不会需要可行性证明。对于应得的证明，各种富含主观目的的"理论装置"就显得多余。应得不需要环境限制和信息屏蔽，信息越充分敞亮对应得的证成越有帮助。在对理论的假设承诺上，应得比平等少得多。在理由的简单性上，应得要比平等简明得多。在人们看来，承诺的假设越多，依赖的条件越多，说明理论自身的解释力越弱，说服力也就越小。

道德推理的前提是假设还是已经发生的事实，对于道德推理本身的运用和理解也会有本质性的差别。虽然，我们一再强调道德推理对于正义原则的证成具有决定性的作用，但是道德推理也并不简单就是道德理论的纯粹思维演绎。立足形而上学的各种假设，再将道德推理的方向趋向未来，这必然会导致"向前看"的平等正义变成纯粹的理论证明。平等主义的原则也是被人们建构出来并反复理论论证的正义

---

① 追寻善之背后的意义和规定，本质上也是将善的道德理由向"后"追溯。例如，诺奇克对"物"背后财产权规定的追溯，沃尔泽关于善之背景意义的追溯都是要突出在分配正义中，一种完全不同于平等主义的分配方式在道德理由上是绝对成立的。至于这种正义观是资格正义还是应得正义，只是展示出总体思维方式下的具体差异。对于我们来说，就其道德理由和思维方式，它们本质上都是应得正义观的体现。

原则。平等的道德推理在本质上是道德证明。[①] 道德证明是论证性的。应得的正义是立足过去的事实，再从过去导向将来，这是个连贯一致的过程。应得的道德推理在本质上是道德解释。道德解释是阐释性的。阐释性的有其前提，前提在于过去的事实；论证性的没有前提，存在的前提也都是各种假设。道德推理是论证性还是阐释性的，这也会导致二者对正义原则所诉求的最终根据存在根本性的差别：平等表面理由十足，但本质上没有根据；应得理由简单明了，根据却坚实牢固。

就道德推理的形式来说允许存在多种。但正义原则涉及基本制度划分基本利益的方式，所以关于正义原则的道德推理就必须清晰明辨，理由坚实根据充分。它与人们解析伦理学方法所遵循的基本原则有着异曲同工之妙。伦理学方法的基本原则应该满足如下的基本条件：（1）它们必须至少与任何其他的道德原则一样的确定，并且（2）它们必须比其他道德原则具有更大的有效性；（3）它们必须是不证自明的，而且，更重要的是，它们的有效性或根据不是从任何其他道德原则中推导出来的。[②] 正义原则的道德推理作为方法来讲也是如此。独立的、有效的和确定性的标准同样适用于证明正义原则的方法，这也可以视为判断正义原则是否充分的重要标准。在这些标准的检视下，平等正义原则的道德推理诉诸较多的理论假设，而且在正义的深层基础上依赖应得的道德观念，因而关于它的推理不具有充分普遍的理由。这再次说明，平等的正义根据远不如应得的正义根据坚实牢固。

道德推理的"前""后"之辨自然导向正义原则选择之争。一个显著的理论效应就是，人们并不必然会像平等主义者坚信的那样选择平等正义原则。对平等正义原则的道德证明也并非完美无缺。在平等正义之外，还存在比它更有理论力量和坚实基础的应得正义。因而，当代正义的话语完全由平等主义支配和笼罩只是表象。应得正义之道德推理思维方式的深度分析有助于人们穿透对平等主义的认知迷雾。在当代政治哲学的擂台中，应得构成了平等主义最有力的挑战者。

---

① 姚大志：《道德证明与现代性》，《吉林大学社会科学学报》2002年第1期。

② ［美］罗尔斯：《道德哲学史讲义》，张国清译，上海三联书店2003年版，第398页。

第六章
应得与道德价值

罗尔斯对应得与分配正义的关系论断也是罗尔斯"反应得"的重要理由。我们简单回顾一下罗尔斯的批判还是有必要的。对于罗尔斯，应得主要反映的是一种道德价值，而道德价值在市场经济的背景条件下并不能作为衡量人们贡献的标准。就像罗尔斯所说，在竞争性市场中，工资的多少取决于一个人的贡献大小；一个人的贡献有大小，但是他的道德价值并不随这种贡献的大小而变化，也不随着他的工资多少而变化；人们的道德价值是平等的，但是"人们平等的道德价值并不意味着分配份额也是平等的"①。所以，正义准则所导致的分配份额与道德价值无关。

利用"道德价值"来反对应得在分配正义中的地位和作用，这是罗尔斯"反应得"理论中最明晰也是最直接的地方；同时，这也是罗尔斯认为应得理论不能作为正义原则的最重要的原因。因而，作为反应得之理论批判，我们也必须直面罗尔斯的这一批评。通过分析和批判罗尔斯对应得的批判，我们试图厘清罗尔斯反应得理论中存在的理论误区和困难。我们暂且不表应得能否完全等同于道德价值的基本判断。我们姑且认为应得表达了某种道德价值，但是，这种道德价值不像罗尔斯所说的那样同分配正义无关，而是存在着密切的联系。这种

---

① ［美］罗尔斯：《正义论》，何怀宏等译，中国社会科学出版社1988年版，第312页。

联系的紧密性会给否认应得与分配正义关系的主张带来巨大的理论困难和逻辑上的不融贯性后果。

一　应得与无知之幕

我们首先来考虑，如果没有应得这一基本的道德价值判断，罗尔斯的整个正义理论能否建立起来。那么，回到罗尔斯的正义理论或者说两个正义原则的建构，如果没有应得作为其道德根据，两个正义原则的根据和理由又会来自何处呢？绝大多数思想家和学者都认为，应得是罗尔斯正义理论的道德理由，它也是支撑罗尔斯"无知之幕"的主要道德根据。罗尔斯对平等立论的一个重要理论就是对自然天赋和社会文化造成的优势的"反应得"。按照罗尔斯所说，在背景制度允许的范围内，分配的份额是由自然抓阄的结果决定的，而这一结果从道德观点来看是任意的。正像没有理由允许通过历史和社会的机会来确定收入和财富的分配一样，也没有理由让天资的自然分配来确定这种分配。[①] 没有一个人能说他的较高天赋是他应得的，也没有一种优点配得到一个社会中较有利的出发点。

这是大家再熟悉不过的了。根据这一基本论断，罗尔斯运用"原初状态"来进行思维的原初推理。当然，原初状态是一个纯粹假设性的理论情境，它是用来探寻一种正义观或正义原则可能被选择的思想实验。因而，人们把它的本质性作用称之为思想实验的"理论装置"。这种想法并不鲜见。至少，在我们所熟知的传统的契约论理论中都存在类似的观点，为了论证一种正义、政府或主权者的合法性，自然状态概念就被设想出来表达思想或实验的推理起点。遗憾的是，传统的契约论者在自然状态的实验性和理论推理的装置性之间存在模糊的理解。他们当然会理解理论装置的作用，正是因为理论装置对于推理的重要性和逻辑的严密性，以至他们把自然状态当成了社会状态的起源本身。

在传统的自然状态中，为了推理的需要，不同的契约论者赋予自

---

① ［美］罗尔斯：《正义论》，何怀宏等译，中国社会科学出版社1988年版，第74页。

然状态不同的特性：有比较糟糕的自然状态，例如霍布斯式的自然状态；也有较为温和平静的自然状态，例如洛克式的自然状态。不管是哪一种自然状态，个人权利（自然权利）的观念始终贯穿其中。因而，对于这些传统契约论思想家，立足权利基础上产生出来的国家、主权者抑或正义观才是合法的。罗尔斯的原初状态同样具有相近的理论特征。罗尔斯考虑的问题是在什么样的条件下，达成的契约是最公平的契约。公平是罗尔斯追求的重要价值，如何使契约是公平的，并且正义也是公平的，罗尔斯需要一个推理的原始起点。原初状态由此产生。所谓原初状态，它是一种其间所达到的任何契约都是公平的状态，是一种各方在其中都是作为道德人的平等代表、选择的结果不受偶然因素或社会力量的相对平衡所决定的状态。①

"原初状态"是恰当的最初状态，这种状态保证在其中达到的基本契约是公平的。而且，原初状态引发了我们对正义的进一步思考，即罗尔斯的正义是"作为公平的正义"。作为公平的正义的直觉观念是：正义的首要原则本身是在一种恰当定义的最初状态中的一个原初契约的目标。② 就像斯泰因伯格（Steinberger）所评价的那样，罗尔斯原初状态的目的是为了在选择正义原则时消除生物性与社会性因素的影响。这些因素被视为任意的、偶然的，因而也是非道德的。③

在原初状态中，如果是那些偶然性的任意性的因素渗透到人们的选择之中，虽然能够达成契约，但这种契约形成的正义观念也必然是微弱的和琐碎的。所谓微弱的，说明这种观念不具有较高的稳定性；所谓琐碎的，说明这种观念不适用于社会基本结构。为了达成正义原则，保证一种公平的正义，必须假定每个人都不知道自己和他人存在于社会中的任何"特殊事实"以及相关信息，人们只能在"无知之幕"后进行选择。对于"无知之幕"的设定，罗尔斯是这样表述的：原初状态的观念旨在建立一种公平的程序，以使任何被一致同意的原

---

① ［美］罗尔斯：《正义论》，何怀宏等译，中国社会科学出版社 1988 年版，第 120 页。

② 同上书，第 118 页。

③ Peter J. Steinberger, "Desert and Justice in Rawls", *The Journal of Politics*, Vol. 44, No. 4, Nov. , 1982, p. 984.

则都将是正义的。其目的在于用纯粹正义的概念作为理论的一个基础。我们必须以某种方法排除使人们陷入争论的各种偶然性因素的影响。因而，为达此目的，我假定各方是处在一种无知之幕的背后。他们不知道各种选择对象将如何影响他们自己的特殊情况，他们不得不仅仅在一般考虑的基础上对原则进行评价。[①]

无知之幕的理论作用在原初状态中显现出来。显而易见，"无知之幕"的设定，有着双重作用。从其限制作用看，是要排除影响人们选择的那些自然的偶然性和社会的任意性因素，保证人们都会选择同一正义原则。从其积极作用看，它使人们有确定的正义理论。"无知之幕"使正义原则全体一致的选择成为可能，而且该原则总是被选择。如果人们知道一些特殊事实，那么契约的结果就不是公平的，甚至连达成契约的期望都非常渺茫。无知之幕的设定是要求每个人从一般的立场去思考正义原则问题。

哪些属于"特殊事实"呢？或者说，什么样的"特殊事实"会影响人们对正义的公平选择？也就是说，"无知之幕"遮盖了什么信息？罗尔斯认为以下三个方面的特殊事实为"无知之幕"所屏蔽。第一，"没有人知道他的理智和力量等情形。"这实际上意味着个人对社会的任意性和自然的偶然性因素一无所知。第二，也没有人知道他的善的观念，他的合理生活计划的特殊性，甚至不知道他的心理特征，像讨厌冒险、乐观或悲观的气质。这表明个人的观念和心理与普遍的选择无关。第三，各方不知道这一社会的经济和政治状况，或者它能达到的文明和文化水平，处在原初状态的人们也没有关于他们处于任何时代的信息。

同"特殊事实"相对的是"一般事实"。在无知之幕下，人们也知道一些基本的信息。其中，一个最基本的信息或者说各方知道的唯一特殊事实，就是他们的社会在受着正义环境的制约及其所具有的任何意义。除了这一特殊事实，他们当然还知道一些一般事实。他们理解政治事务和经济理论原则，知道社会组织的基础和人的心理学法则。

---

① 〔美〕罗尔斯：《正义论》，何怀宏等译，中国社会科学出版社1988年版，第130页。

在一般的信息方面，即在一般的法律和理论方面没有任何限制，这要使正义的观念必须被调整地适合它们要调整的社会合作体系的特征。

对于特殊事实和一般事实的区分，罗尔斯的标准在于他们是否有利于正义原则的一致达成。自然，特殊事实总会影响正义原则的达成，即使是达成了，这种正义原则的稳定性也会是微弱的和琐碎的。一般事实则有利于正义原则的达成且能使正义原则具有相当的稳定性。但是，人们有理由怀疑，仅仅是依据有利于正义原则是否达成，或者就像罗尔斯所说的契约的达成是"公平的"标准来区分一般事实和特殊事实，这是否具有合理性？虽然，罗尔斯强调的公平是每个人的自愿的一致同意，但在无知之幕的后面，哪些信息应该被屏蔽哪些信息不应该被屏蔽，这都同公平的条件如何理解存在莫大的干连。而隐藏在无知之幕后面的正义原则被一致选择的理论目的必然会影响公平条件的理解和设置，即特殊事实和一般事实的划分可能早已为理论目的所决定。

也许人们会认为，理论目的下的特殊事实和一般事实的划分标准不是认识论意义上的，而是价值意义上的。所谓价值意义上的指的是特殊事实和普遍事实所依赖的道德理由。但是，人们同样有理由追问，即使我们可以抛弃基于正义原则一致选择或契约一致达成的认识论立场，那么，特殊事实和一般事实的道德理由又是什么呢？或者说，无知之幕将要降下的那一刻，它应该降落在何处？什么东西应该被屏蔽，什么东西应该被知晓，这不能仅仅源于正义原则的一致选择的理论目的，而是应该源于人们信服的道德理由。因此，基于罗尔斯对"反应得"立场的基本意义，人们自然也就把无知之幕的道德根据归因于"应得"。有学者已经指出，罗尔斯的无知之幕恰恰是被设计用来考虑什么东西是和不是应得的这种概念。实际上，没有这种应得理论，这层理论大幕将失去它的理论根据。

道德上的"应得"和"不应得"两者之间的界限是无知之幕降落的分界线，也是原初状态对其理论的推理运用。因此，在正义原则选择之前，或者说在原初状态中，是否存在一种大家都认可（或共同排斥）的道德价值，这是一个两难的理论问题。如果存在一种道德价值，那么，正义原则的选择乃至正义观念的内涵都受制于道德价值的影响。罗尔斯强调原初状态中人们的"善观念"越弱越好,自然,一种较强的道德价值观不应该出现在原初状态人们的善观念之中。如果不存在一种道德价值,罗尔斯对偶然性任意性因素的排除又失去了重要的理论根据。对于罗尔斯来说,正义原则的证成需要一种道德价值观念为其提供重要的理由。关于应得的道德价值判断才会先于原初状态、无知之幕以及整个正义原则。因而,原初状态下选择出来的正义原则其深层的道德根据也来自应得,这不是没有道理的。

当然,罗尔斯未必会同意人们对其理论的解读和阐释。在他看来,正义原则的真正基础在于人是具有道德人格能力的存在者,而正义感和善观念则是道德人格能力的构成要素。平等正义的基础在于人的道德人格能力之中。既然如此,正义观念的选择为什么还要依赖"反应得"呢?在原初状态的理论背景下讨论应得,人们无非是要表明,罗尔斯的分配正义根本无法排除道德价值。当然,此处的分配正义是广义的分配正义。米勒曾经批评罗尔斯对正义概念的使用存在模糊性。他指出,罗尔斯往往不加区别地谈论"正义""分配正义"和"社会正义"。① 米勒批评得对,但对于罗尔斯来说,这三个词在他的正义理论中大体具有相同的内涵。

根据正义的适用范围,人们可以为正义划分出三个不同的层面。第一个层面是国际正义(international justice),它强调的是维系和调整主权国家之间的国际法的正义和国际关系的正义,罗尔斯谓之理想的"万民法",康德的"永久和平论"也是如此之反映。第二个层面是特殊正义(local justice),它是个体间或私人联合体之间形成的"共同体"的正义原则。第三个层面就是社会正义(social justice),它所指向的是社会基本结构所遵循的正义原则。社会正义的主题是社会基本结构,它是社会主要制度分配基本权利和义务,决定划分由社会合作产生的利益的方式。② 这些社会主要制度是政治结构、经济结构和社会安排,它们规定了人们的权利和义务,影响着人们的生活前景即可能希望达到的状态和成就。

---

① [英]米勒:《社会正义原则》,应奇译,江苏人民出版社 2001 年版,第 306 页。
② [美]罗尔斯:《正义论》,何怀宏等译,中国社会科学出版社 1988 年版,第 17 页。

罗尔斯强调的是社会正义,而社会正义关注基本善的划分问题,因而社会正义主要又指分配正义。分配正义有广义和狭义之分。从制度层面来说,广义的分配正义既涉及政治制度中的基本的政治权利和义务的分配,又涉及经济制度中的收入和财富的分配。而狭义的分配正义主要指收入和财富的分配。也就是说,广义的分配正义包括罗尔斯的两个正义原则,而狭义的分配正义原则主要指第二个正义原则,特别是差别原则。罗尔斯强调道德价值与分配份额无关,即道德价值与分配正义无关。这里的分配正义同时指向广义的和狭义的分配正义。

就广义的分配正义来说,道德价值与分配份额无关,这与罗尔斯的自然天赋等"不应得"的道德判断是契合的。这表明,即使是在分配正义原则或分配正义观念被思虑之前,道德价值也不能染指其中。然而,我们对其原初状态中的道德价值观念的分析表明,没有应得这一基本道德价值,罗尔斯的正义观就很难成立;没有应得这一道德根据,无知之幕也很难设立。所以,在分配正义的道德推理之前,应得作为道德价值就伴随其中。接下来我们将要表明的是,就狭义的分配正义来说,道德价值也无法被简单地排除在外。相反,分配正义与道德价值存在很大的相关性。

二　应得与差别原则

罗尔斯正义论的一般观念是:所有的社会基本善——自由和机会、收入和财富及自尊的基础——都应被平等地分配,除非对一些或所有社会基本善的一种不平等分配有利于最不利者。一般正义观由两个正义原则来体现:第一个原则　每个人对与所有人所拥有的最广泛平等的基本自由体系相容的类似自由体系都应有一种平等的权利。第二个正义原则　社会和经济的不平等应这样安排,使它们:①在与正义的储存原则一致的情况下,适合于最少受惠者的最大利益;并且,②依系于在机会公平平等的条件下职务和地位向所有人开放。①

---

①　[美]罗尔斯:《正义论》,何怀宏等译,中国社会科学出版社1988年版,第303页。

罗尔斯正义论中一般正义观念的重点在于解决善的不平等分配而不是平等分配，相应地，正义原则关注的重点是第二个正义原则而不是第一个正义原则。在第二个正义原则中，差别原则又是最重要的正义原则。不管是正义的一般观念还是正义原则，罗尔斯从平等到不平等的理论转变是不清晰的。质言之，差别原则在罗尔斯的整个理论中存在着非融贯性和不一致性，这与他的"反应得"立场存在巨大的反差。

在原初状态的理论分析中，我们指出整个正义原则所依赖的道德基础即是作为道德价值的应得概念。因而，我们强调广义的分配正义同道德价值存在密切的相关性。更为重要的是，原初状态中的应得概念运用，或者说，从道德的不应得来看，罗尔斯的一般正义观念导向的应该是一个平等程度非常高的正义原则。或者说，在原初状态下，通过对一系列的任意性因素的排除，正义原则应该体现彻底性的平等。就像一般正义观前半段所强调的那样：所有的社会基本善——自由和机会、收入和财富及自尊的基础——都应被平等地分配。但这不是罗尔斯理论的着眼点，实际上的正义观关注的是不平等的分配：除非对一些或所有社会基本善的一种不平等分配有利于最不利者。我们现在要追问的是，在原初状态下的道德推理中，又是什么因素应该被纳入进来而必须考虑到不平等的分配呢？

按照罗尔斯的分析，导致人们不平等的原因主要是自然天赋和社会历史的因素。既然它们在原初状态的推理中已经被排除掉，那么，还有什么因素能够影响不平等呢？这里面可能存在着如下的解释：第一种解释是在原初状态的推理中，可能还有些影响到人们不平等的因素被忽略掉了，或者说人们的思维总是有限的而不能思虑到所有的事情。总体来说，导致不平等的因素应该被分为两类，主观的和客观的。在罗尔斯的分析中，只有客观的方面而缺乏主观的方面。主观的方面同个人的态度相关，例如个人的勤奋或懒惰、努力或懈怠、积极工作或赋闲在家等。这些都能导致人们之间的不平等。但对罗尔斯来说，主观因素的考量反而为不平等制造了相当程度的合理性。那些社会最有利者会将不平等的原因归于人们的主观因素，从而为不平等辩护。而且，人们的主观因素最终受制于社会环境。因此，罗尔斯将不平等的因素都归结为客观因素。由此推之，在原初状态的推理中，还需要考虑客观因素。但是，客观因素又是以"道德的不应得"而被排除掉了。因而，第一种解释可能行不通。

第二种解释是"理想"与"现实"之间"反思的平衡"之结果。就理想性而言，社会正义最好能够实现彻底的平等。真正体现平等价值的正义原则应该是要求社会基本善无条件的平等分配。然而，事实上，社会已经存在着巨大的不平等。为什么不采取这样的方式：将社会财富统一起来再平等地分配给所有人呢？所有人从直觉上认为就不可行。在人们看来，"社会的进步和效益与完全平等的状态也不投合。如果社会因此而停留在一种原始平等的水平线上，甚至对放开竞争后处境将最差者也是不利的，故而彻底的平等主义者大概也不会完全否认人们之间差别的合理性"①。从现实角度考虑，完全的平等几乎不可能，因而，一种不平等的分配在什么条件下依然是正义的就成为正义原则的折中考量。

第二种解释依然存在问题，即理论的非对称性问题。原初状态中的"反应得"考量是基于理论的普遍性和理想性，其正义观念依然是体现了"彻底的平等"。但在反思的平衡方式下，实际的考量则基于特殊性和现实性，因而正义观念是有"差别的平等"。人们在此考虑的问题是，有差别的平等这一观念如何在原初状态中同彻底的平等观念融合起来的？人们如何接受彻底的平等和差别的平等都是正义的观念呢？显然，这是存在疑问的。而且，在无知之幕的作用下，有差别的平等这些本应该是在无知之幕打开后才知道的信息怎么会在无知之幕前显现出来？

第一种解释和第二种解释所导致的理论问题都从不同程度上体现了差别原则与应得之间的融贯性问题。从普遍的"反应得"立场看，正义应该是彻底的平等，差别原则不应该出现；但从差别原则看，正义事实上又不得不与不平等妥协，因而，完全的"反应得"又存在问题。从逻辑推理的融贯性和一致性来说，罗尔斯的考虑是矛盾的。为了保持理论的融贯性和逻辑的一致性，人们不得不在应得原则和差别原则

---

① 何怀宏：《公平的正义：解读罗尔斯〈正义论〉》，山东人民出版社 2002 年版，第125 页。

之间进行取舍，即要么承认应得对整个正义原则的奠基性作用而否认差别原则，要么承认差别原则而否认应得原则的作用，因为应得理论（原初状态基于它）和差别原则（它自身基于原初状态）是不相容的。①

　　然而，无论哪种解决方式都会给罗尔斯正义理论带来颠覆性的问题。如果站在应得的立场而拒斥差别原则，这显然是有违罗尔斯正义理论的初衷：差别原则是解决社会不平等的主要原则，也是改变最不利者地位的主要原则。如果站在差别原则的立场而拒斥应得原则，那么，罗尔斯的整个正义理论都将颠覆。拒斥应得原则将极大地破坏原初状态，没有应得原则，原初状态没有任何意义，至少说，原初状态的设置所依赖的道德理由就失去了作用。而且，我们也寻找不到解决不平等的重要理由。那么，是什么原因造成罗尔斯会有如此的理论问题呢？或者说，罗尔斯在基于反应得立场而考虑一种彻底性的平等中，是什么原因迫使他要考虑不平等的问题？大多数人认为罗尔斯主要的考虑是正义原则的达成，即在现实情况的考量中，各方是如何进行利益的博弈而形成理性妥协的结果，即正义原则的达成。② 这种考虑仅涉及纯粹契约的达成，而不愿意涉及契约背后所依赖的道德理由。托马斯·斯坎伦（Thomas M. Scanlon）的契约论路径就是如此考虑。

　　但是，如果没有反应得的道德理由的支持，正义原则、原初状态以及无知之幕都将会受到冲击和破坏。一种平等的正义观正是立足于反应得的基础上才能建立和证成。基于此，我们能否从罗尔斯所说的道德理由中来分析，为什么在现实中有些不平等的原因必须予以考虑，即这些因素符合应得的概念，因而才有必要在原初状态中予以考虑。因为有了应得的考虑，所以罗尔斯在思考一般性的正义观时才会有相互不一致的结果，即所有的善应该平等地分配，除非不平等地分配有利于最不利者。彻底的平等是完全的反应得要求，而差别的平等则是应得的体现。从一种彻底的平等过渡到有差别的平等，而且这样的正义观在原初状态中被一致选择出来，罗尔斯考虑的主要因素在什么意

---

　　① Peter J. Steinberger, "Desert and Justice in Rawls", *The Journal of Politics*, Vol. 44, No. 4, Nov., 1982, p. 986.

　　② Samuel Scheffler, "Responsibility, Reactive Attitudes, and Liberalism in Philosophy and Politics", *Philosophy & Public Affairs*, Vol. 21, No. 4, Autumn, 1992, pp. 299 – 323.

义上同应得的道德理由存在一致性呢？

罗尔斯认为效率必须考虑在正义原则内。当然，罗尔斯所说的效率有两种，一种是分配的效率，另一种是生产的效率。分配的效率主要指"帕累托改善"，生产的效率保障社会经济的增长和财富的增加。分配正义同时受这两种效率的约束。分配效率的约束是指一种分配使一部分人境况改善同时又没有使其他人境况变坏，这种分配才能称之为有效率的分配。生产效率的约束指一种正义的分配不能影响社会财富的增加。人们在解释差别原则时，主要的关注点在"帕累托改善"上。但是，人们忽视了罗尔斯隐隐约约透露出的对生产效率的考虑，在我们看来，这是他为什么在一般正义观念中会出现同彻底的平等相矛盾的有差别的平等的重要原因。

人们可以通过两种正义的分配方式来体现生产效率对差别原则的决定性约束。第一种分配方式即完全彻底的分配。例如一块蛋糕，按照理想的正义观念，它应该按照人数被平等地分配给所有人。在这种状况下，如果分配是不平等的，假定不平等的分配就会使一些人（最不利者）得到的份额比平等分配更少，使另外一些人（更有利者）得到的比平等分配更多，那么，与平等分配的情况相比，最不利者的处境变得更坏了。显然，这种不平等的分配不是正义的。

第二种分配是差别的不平等分配。在这种分配方式下，假定"某种原因"使得蛋糕的大小同分配方式之间存在密切的关系，也就是说，同第一种分配方式中的蛋糕大小固定不变相比，第二种存在某种分配方式使蛋糕变大。现在就假定这种分配方式是不平等的分配，即一种不平等的分配能够使所分配的"蛋糕"变得更大了，它不仅会使更有利者得到的份额比原先更多，而且也会使最不利者得到的份额比平等的分配方式下更多。在这种情况下，尽管最不利者现在所得到的份额少于更有利者，但是与原先相比，他们的处境变得更好了。从分配的效率来说，不平等的分配也是有效率的；按照差别原则的观点，不平等的分配也是正义的。

两种分配方式，作为理性的人们自然会选择第二种分配方式。而作为正义的道德推理，第二种分配方式也能得到理论的辩护。我们现在追问的是，是什么原因促使思想家考虑第二种分配方式而不是第一种分配方式？应该是时候把这个所谓的"某种原因"揭示开来。这个原因是生产效率问题。罗尔斯本人并没有说生产效率问题，而是说"刺激作用"问题。他认为，在财产私有制的民主社会里，企业家比工人具有较好的前景。按照差别原则，企业家较好的前景只有有利于工人（最不利者）时才是允许的。他们的较好前景将作为这样一些刺激起作用：使经济过程更有效率，发明革新加速进行等等。最后的结果则有利于整个社会，有利于最少得益者。我将不考虑这些情况在多大程度上是真实的。问题是若要使这些不平等在差别原则看来是正义的，就必须对这类情况作出某些论证。①

这类情况的某些论证，或者说关于刺激作用的考虑，与其说是站在最不利者角度来说的，不如说是站在社会较有利者角度来申言的。如果社会的刺激作用被忽视，有可能社会整个生产都会停滞下来。例如平均主义的分配影响生产的积极性，"分配蛋糕"逐渐减少。人们的直觉是，一个社会应当避免使那些状况较好的人的边际贡献是一个负数。② 因此，对于那些社会较有利者来说，效率更高和创新更快会产生出更大的"蛋糕"，它既会使自己得益，也会使最不利者受益。当然，这种刺激作用也会产生另一个后果，即使财富和经济力量转移到那些能够更有效地利用它们的人的手里。③ 不管是哪种情况，生产效率都是正义原则必须考虑的重要因素。所以，人们认为，"与其说是差别原则，不如说是财富和收入的较大平等将会随着经济效率、产出和生产力的需求而出现较大的变化。"④

生产效率的提高和生产刺激作用的加强，无疑都在反映着人们心中直觉性的正义观念：承认人们的应得。或者说在市场经济和财产私有制的语境下，贡献应得应当被考虑在内。在我们看来，这是罗尔斯为什么在一般正义观中会同时考虑彻底的平等和有差别的平等这看似

---

① ［美］罗尔斯：《正义论》，何怀宏等译，中国社会科学出版社1988年版，第79页。

② 同上书，第104页。

③ Philippe van Parijs, "Difference Principles", in Samuel Freeman（edited）, *The Cambridge Companion to Rawls*, Cambridge, UK：Cambridge University Press, 2003, p. 203.

④ R. George Wright, "The High Cost of Rawls' Inegalitarianism", *The Western Political Quarterly*, Vol. 30, No. 1, Mar., 1977, p. 74.

矛盾的思想。究其原因，正义原则的达成固然是一方面的原因，而正义原则所依赖的道德理由则是另一方面的重要原因。这个理由是人们在考虑普遍的"反应得"基础上同时考虑"应得"。因此，真正在原初状态下考虑有差别平等的道德理由即是"应得"。可以说，在一定意义上这才符合道德语言的使用，即人们不仅要考虑正义观中的"反应得"（道德上的不应得），还应该考虑正义观中的"应得"（道德上的应得。）只有这样来分析，我们才能从道德理由的角度来解释一般正义观中的不一致，而不是完全出自契约的达成这一单纯的目的。

差别原则的平等主义倾向同时考虑到社会最不利者和社会较有利者双方。对于最不利者，差别原则尽可能向平等方向倾斜。因而，最不利者对自然天赋等提出的道德理由是互惠合作和共同资产；这些理由在一定程度上对应着"反应得"。但是，罗尔斯并没有天真的就认为这些共同资产就应该被无条件的平等地分配，相反，仅仅是最大程度地有利于最不利者。对于社会较有利者，差别原则则向其不平等方向反拉，他们对自然天赋等提出的道德理由是一定程度的"应得"。罗尔斯显然承认了一定程度的应得，否则，也就不会出现差别原则。因此，人们才有理由认为，应得与不应得的双重考虑，作为先于正义原则的基本道德价值判断，早已经为罗尔斯所接受并运用到正义原则的道德推理之中。

三　应得与公平的机会平等原则

罗尔斯对"应得"的考虑同样在第二个正义原则中的"公平的机会平等"原则中得到体现。相比于差别原则热烈的关注度，人们对"公平的机会平等"原则探讨较少。在大家看来，公平的机会平等原则已经作为一种常识性的正义观念被广泛接受和认可，因而，大家把分析的焦点集中在差别原则上。实际上，公平的机会平等原则所带来的理论问题同样令人深思。我们首先来分析公平的机会平等原则在整个正义原则中的独特位置，从而引发应得在整个"差别原则"中的作用。

关于两个正义原则的理解，大多数人都是从社会结构和作用两个方面进行的。罗尔斯明确指出，正义原则是用来指导和调整权利和义务的分派，调整社会经济利益的分配。正义原则之所以包括两个方面即两个正义原则，是因为社会基本结构大体上可以分为两大部分：第一个正义原则适用于一个部分，而第二个正义原则适用于另外一个部分。① 社会基本结构是指"政治结构和主要的经济和社会安排"②，人们的前景部分是由"政治体制和经济、社会条件决定的"③。从罗尔斯的大体规定中，社会基本结构主要是指社会制度。它们主要包括思想和良心自由的法律保护、竞争市场、生产资料的个人所有、一夫一妻制家庭结构。所以，根据罗尔斯的这种规定，人们自然就从社会基本结构来分析两个正义原则。

对于社会基本结构来说，它总体上可以分为政治和经济两个领域，这既是罗尔斯的大体区分，也是目前学者较为一致的理解。对应正义原则，第一个正义原则适用于政治领域，它主要规范的是公民基本的自由如政治上的选举自由、集会自由和言论自由；思想自由和良心自由；以及个人的自由和个人的财产权利等。质言之，政治领域涉及基本自由和权利的问题即平等的基本权利（自由），主要保障政治平等。第二个正义原则适用于经济领域，它主要规范财富和收入，当然也包括权力和责任。第二个正义原则要保障经济平等。但是，这种解释存在着相当程度的理论缺陷。我们知道，第二个原则中的"公平的机会平等原则"并不涉及经济平等问题，它反而关注的是政治领域内的权力和责任的问题。

如果把社会基本结构理解为基本的制度，这是最符合罗尔斯的本意，那么，两个正义原则的制度安排是第一个正义原则适用于政治法律制度，它确保人们的基本权利；第二个正义原则适用于经济和社会制度，确保人们的经济和社会利益。但是，制度的阐释路径也无法解释公平的机会平等原则。究其本质来看，公平的机会平等原则对应的制度依然归属于政治法律而不是社会经济。这个原则所分配的东西是

---

① ［美］罗尔斯：《正义论》，何怀宏等译，中国社会科学出版社 1988 年版，第 57 页。
② 同上书，第 5 页。
③ 同上。

权力和机会，而权力和机会往往同政治法律制度紧紧联系在一起。也就是说，公平的机会平等原则应该和平等的自由原则同属于第一个正义原则。

不管是社会领域还是制度，基本结构框架下的正义原则解释都不能清晰地厘定"公平的机会平等"原则在两个正义原则中的独特位置。为此，罗尔斯提出一种宪政主义的解释来区分两个正义原则之间的不同。罗尔斯认为，第一个正义原则适用于宪政实质问题，而第二个正义原则所适用的东西不属于宪政实质问题。这是一个基本区别。由这个基本区别产生出四个次级的区别：（1）第一个正义原则应用于立宪大会阶段，第二个正义原则应用于立法阶段；（2）第一个正义原则所解决的宪政实质问题是更为迫切的任务，而第二个正义原则所解决的问题则不是；（3）第一个正义原则所面对的宪政实质问题是否得到了解决，这是比较容易判断的，而第二个正义原则所面对的问题是否得到了解决，则是不容易判断的；（4）对于第一个正义原则所适用的宪政实质问题是什么，这点有可能达成意见一致，而对于第二个正义原则所适用的问题是什么，则很难达成意见一致。①

宪政主义的解释其前提是宪政实质标准的清晰性和确定性。但实际上，宪政标准并没有泾渭分明的清晰界限。第二个正义原则中的公平的机会平等原则和差别原则在某些方面都涉及实质问题。差别原则肯定要求为公民规定某种最低社会保障，而这种最低社会保障应该属于宪政实质问题，尽管宪法不必规定具体的最低社会保障数额。社会最低保障数额是随着社会的整体财富水平变化而变化的。公平的机会平等原则也要求职位和官职向社会所有公民开放，不允许存在特权阶级，而这些内容也都应该明示于宪法之中。因此，就宪政实质标准的性质而言，人们看不出两个正义原则之间的本质性区分。更根本的问题在于，关于什么是或不是宪政实质问题，人们之间存在争议，很难达成共识。②

----

① ［美］罗尔斯：《作为公平的正义》，姚大志译，上海三联书店2002年版，第76—78页。

② 姚大志：《罗尔斯》，长春出版社2011年版，第31页。

针对解释的困难，一些学者提出新的解释，即平等主义的解释。在他们看来，罗尔斯正义理论的核心问题是平等。因而在其广义的分配正义中，罗尔斯一直都主张应该按照平等分配，即所有的社会价值（基本善）原则上都应该加以平等分配。即使是出现了不平等分配，那么，这种不平等也仅仅是能给最不利者带来最大程度的平等才能是正义的。因此，从平等主义的角度来解释正义原则安排或许更能体现罗尔斯的精神。对于基本善来说，它可以分为两类，一类是无限的，如自由和权利，它们可以被平等地分配；另外一类是有限的，如机会和权力、收入和财富，它们则无法平等地分配。按照罗尔斯的想法，能够加以平等分配的东西都应该平等地分配，而不能够平等分配的东西的不平等分配应该有利于每一个人，特别是最不利者。正义的第一个原则是平等分配的原则，正义的第二个原则是不平等分配的原则。第一个正义原则表达的是平等的自由，公平的机会平等原则表达的是平等的机会，差别原则表达的是民主的平等。三个正义原则都表达的是"平等"。①

平等主义的解释较为清晰，但是仍然无法解释公平的机会平等原则的独特地位。诚然，第一个正义原则表达的是完全平等的分配；第二个正义原则表达了一种不平等的分配，那么正义原则就应该化约为简单的两条正义原则，即彻底的平等原则和差别的平等原则，但为什么在整个差别的平等原则中又独立出"公平的机会平等"原则呢？我们只能是这样理解，公平的机会平等既不能表达彻底的平等，又不能与完全的差别原则等同，因而它需要一个独特的理论位置。但是，独立的理由是什么呢？我们认为这个理由同样是来自应得。

为解释清楚这个问题，我们有必要对差别原则的含义做出区分。总体来说，差别原则在罗尔斯看来也有广义和狭义之分。广义的差别原则意指正义原则中的第二个正义原则，即公平的机会平等原则和差别原则；而狭义的"差别原则"则是特指第二个原则中的"差别原则"。对于罗尔斯来说，能够被平等分配的善就按照平等的标准分配，不能够平等分配的就按照差别原则分配。很明显，第二个正义原则就

①　姚大志：《罗尔斯》，长春出版社 2011 年版，第 32 页。

是要解决不平等的分配。我们要追问的是，为什么公平的机会平等原则从属于广义的差别原则？这要从正义原则所对应的基本善分析入手。

在平等主义的解释中，我们曾说过其清晰性优点，这种解释的路径立足点就在于基本善。正义原则划分基本善，而基本善的清单主要包括"权利和义务，权力和机会、收入和财富以及作为自尊的基础"①。在一般性的表述中，罗尔斯将权利和义务化归于自尊的基础，而将权力和机会、收入和财富提升到显著位置：所有的社会基本善——自由和机会、收入与财富及自尊的基础——都应被平等地分配，除非对一些或所有社会基本善的一种不平等分配有利于最不利者。②这种变化一方面说明了权利和义务在立宪民主制下已经不是问题，能够实现充分的平等；另一方面表明正义的根本问题还是在于权力和机会、收入和财富这些无法平等分配的善。

在罗尔斯明确列举的三组善中，权力和机会这组善比较特殊。这里的权力既有政治权力的含义，同时也有某种职位所对应具有的权力含义。不管是哪种权力，它都能体现出权力作为特殊善的首要特征：分配的基础。也就说，权力是其他善的分配基础。善的分配必须依赖能分配的承载实体，即能够完成分配角色和功能的实体，这就是政治权力。权力的第二个特殊性在于它在众善中的支配性地位。它是能够带来其他善的善。权力能够依靠强力来支配其他善的分配，也就能够决定其他善的最终归属所在。自然，权力也就会同摇钱树一样带来其他的众多的善。因而，在所有善中，权力又是最重要的善。权力的第三个特殊性是其稀少性。不同于权利和义务，也不同于收入和财富，权力作为善是稀少的，甚至是短缺的。稀少和短缺是权力的独特魅力，也是它的价值，同时也是其存在的条件。权力同很多东西一样，只有在稀缺中才会显现出价值。权力的普遍化就会导致价值的虚无化。所以，人们在要求权力实质平等的过程同时就是权力丧失的过程，也是权力失去价值的过程。正因为如此，权力的稀缺必然导致占有的不平等。

---

① ［美］罗尔斯：《正义论》，何怀宏等译，中国社会科学出版社 1988 年版，第 62 页。
② 同上书，第 303 页。

正因为权力具有独特的魅力，人们才追求并占有权力。但是，无论人们以何种理论分析，其最后结果都是权力为少数人占有而形成实质上的权力不平等。罗尔斯主张平等，但从平等看待权力，权力平等的直观内涵指每个人都应该实际地掌握权力。因此，在这种意义上，权力平等意味着不同的公民或公民团体应该拥有平等的权力，或者意味着公民和实际掌握权力的政府官员拥有平等的权力。但是，前者这种横向比较是没有意义的，它对民主的要求显然太低。因为，即使是在极权主义的独裁制度中，公民也有平等的政治权力，也就是说谁都没有政治权力。从后者的纵向维度来看，权力平等也是不可能的。不管是在任何国家，都无法实现真正的权力平等。要想一个公民拥有与政府官员相同的权力，显然不可能。因此，不论从横向维度还是从纵向维度来看，权力平等的观念都很难成立。

面对权力的实质不平等，不同学说给予不同的理论解释。其中，最经典的学说当属阶级理论。在这种语境下，国家是阶级对抗的工具，与之相关的权力属于特定的阶级集团。权力被打上阶级的烙印之后，不但使得权力的形成充满暴力，而且建立权力体系后的权力运行其对抗性质也变得特别明显。权力的支配与被支配、服从与被服从、影响与被影响的本质关系表露无遗。从阶级的观点解释权力，这一方面揭示了权力自身的垄断性质，另一方面也揭示了整个社会关系的不平等。就权力性质来说，由于其特有的属性意味着它只能是被部分人垄断。如果每个人都掌握权力，权力自身的特征和属性根本无法彰显，而且也有悖权力的内在要求。就权力的社会关系来说，实际上表征了不平等的关系。既然权力是支配与被支配的关系，那么社会关系就是不平等的控制关系。一个阶层掌握权力就意味着形成对另一个阶层的控制与支配关系，而且它充分展示了权力与阶级之间的同构关系。所以，权力的本质和阶级之间是一致的。

代替阶级学说的是历史后果论的解释。该种观点认为，如果要求每个人都掌握和支配权力，必然会带来巨大的政治灾难。事实上，在人类历史的进程中的确出现了人人要求获得权力而导致的政治灾难，它把人们带入到对权力平等的深刻反思之中。这一典型事件就是充满了血腥和残酷的法国大革命。法国大革命固然有非理性的政治激情的因素，但其真正影响人们革命思想的却是卢梭式的自由观念。在对自由的理解上，西方一直存在着两种传统：一种是以洛克为代表的自由传统，即消极自由传统；一种是以卢梭为代表的自由传统，即积极自由传统。消极自由的目的是保障权利，积极自由的核心是追求权力。每个人都追求权力，都实践着平等的积极自由，结果就是不可避免的类似于法国大革命政治狂热下的政治灾难。很多思想家都从这一历史事件中获得了深刻教训，对于权力的实质平等都怀有深深的忧虑，所以他们对权力平等的积极观念都持批评态度。①

当然，也有人从社会分工和政治效率等方面辩护。一方面，权力的实质不平等安排是社会分工的结果。权力的实质不平等不是自然的事实，而是社会发展的结果。这意味着权力的不平等跟人们的社会认知、道德取向和政治观念是一致的。也就是说，它是人们的观念要求所决定的，包含着政治主体的选择。具体来说，不管是在古典时期还是现代时期，社会的安排都是分工合作。分工合作不但要求超越个人之上的公共权力服务职能的形成，而且也决定了权力体系的不平等安排。随着社会的发展，社会高度分化、分工越来越细，对专门人才的要求越来越高，这意味着一部分人将进入政治领域内，他们将获得和支配权力。同样，对于权力体系来说，独立的政治领域形成，需要管理职能专门化和专业化，一部分从事专门管理的人和阶层出现。因此，权力的不平等是社会发展自然而然形成的结果。

另一方面，社会分工提升社会效率，权力的实质不平等又是管理效率化的内在要求。随着民主社会逐渐成熟，阶级对立逐渐弱化，权力也就更多地体现为服务功能。权力的有效运行和高效率的运作就成为服务功能的内在要求。因此，从效率来看，国家的权力体系是否能够有效地运作，国家的政策是否能够迅速执行，以及整个政治体系是否能够呈现高效率的态势，都决定了权力只能由少数人掌握支配。换句话说，如果每个人都以实质平等的要求分享到权力，带来的第一个

---

① 以赛亚·柏林对消极自由和积极自由的划分可以被看作是法国大革命自由观念的思想反省。在柏林看来，我们在回到贡斯当意义上的古代人的自由已经不可能，而且现代社会也无法实践积极自由，相反，消极自由才是现代社会的真正的自由观念，即自由与权利的内在一致是现代社会的政治观念。

结果是获取权力本身的过程变得无休无止，无法建立权力体系；第二个结果就是管理烦冗，效率极其低下。马克斯·韦伯（Max Weber）所分析的科层制度就深刻地揭示了现代社会的特征。而且，很明显，科层制度的技术化影响了社会的方方面面。①

在分配正义语境下，权力的不平等分配只能从权力之善的特殊性来解释。其中，权力之善的稀缺使得它不可能被平等地分配给所有人。从上面所有的分析理论中人们也知道，每个人要平等地获得权力和支配权力不可能实现，不论是从理论还是从现实来看，掌握、享有和支配权力的都只是极少数人。因此，权力和机会这组善属于不能平等分配的善。依据罗尔斯的正义观念，如果一种基本善不能按平等标准分配，那就按差别原则分配。在这种意义上，权力和机会符合广义的差别原则要求。但是，权力和机会又不能按照狭义的差别原则真正实施，权力不像财富和收入那样可以按有利于最不利者的标准分配。权力自身自有其分配标准，即它只能按照资格和能力分配。权力总是同一定的资格和能力内在相关，这是权力之善的另外一个显著性特征，这决定了权力和机会同权利和义务、财富和收入的本质性不同。

在现代的权力体系下，权力更多的是以国家公职的形式体现出来。居于什么样的国家职位，就会有相应的政治权力。公职的获得必须满足公职的要求，也就是只有同该公职要求有相应的资格或能力的人才能够获得。资格是突出的品质或与一个特定职位有关的品质。② 能力则是该品质中最重要的因素。这似乎跟柏拉图的观点不谋而合，即权力应该由那些最知道如何使用权力的人拥有。柏拉图的主张隐含着形而上学的观念，即只有对"国家之谜"绝对洞察和对政治生活全面知晓的人才有资格胜任。同时，柏拉图的辩护最终会走向"精英统治"。在人们看来，精英统治意味着权力体系的封闭和排斥。但是，今天对资格和能力的要求已经被具体的技术化取代。某方面的专长、超越一般人的能力、特有的技能知识最终使一部分人获得了相应的职位。而

① 王立：《权力的张力：从平等的视角看》，《社会科学研究》2012 年第 2 期。
② ［美］沃尔泽：《正义诸领域：为多元主义与平等一辩》，褚松燕译，译林出版社 2002 年版，第 188 页。

且，现代社会在一定程度上限制"精英统治"。为此，人们提倡"形式的机会平等"原则。

这种形式的机会平等是一种基于自由市场制度的平等，它取消了封建等级制度的阶级差别和固定地位，将人看作完全自由的个体，而这种自由个体作为劳动力在市场中尽其所能地从事竞争，来获取机会和职位。就此而言，这种机会平等完全是形式的：所有人都拥有同样的法律权利进入所有有利的社会地位。但是，在这种机会平等中，个人的职业前景（以及权力和机会、收入和财富等）总是受到家庭出身、自然天赋以及幸运与不幸的影响，从道德的观点看，这些自然的、社会的影响是偶然的和任意的。那些家庭出身较差、天赋能力较低和更为不幸的人们在追求权力和职位时总是处于不利的地位，形式的机会平等将导致不平等的结果。罗尔斯由此认为，形式的机会平等依然体现的是"职业向才能开放的原则"①。

同形式的机会平等原则相对，公平的机会平等原则主张一种更加实质的机会平等原则。国家和社会通过正义的制度和社会经济安排，通过增加教育机会、实行再分配政策和其他社会改革措施，为所有人提供一种平等的出发点。这样，对于那些具有相同能力和愿望的人，他们应当具有同样成功的职业前景，而不论其家庭出身和社会地位是什么。在公平的机会平等原则下，权力体系向所有人开放。它摒弃了社会的偶然性因素对权力的限制，如拒绝种族主义、拒绝性别歧视、拒绝地位差异的社会影响，只要是政治公民就有资格参与到权力体系中去。

公平的机会平等原则较之形式的机会平等原则是巨大进步。但是，人们需要明白，社会虽然为所有人提供了实质性的机会平等，但对于结果而言，它依然是"机会平等"的形式化体现。人们有资格参与到权力体系中去却并不意味着就能进入这一体系，只有一部分人有可能获得权力。机会平等原则本身就预示着结果上的不平等。所以，对于权力来说，其平等原则的体现是每个人都有平等的机会获得权力，而

① ［美］罗尔斯：《正义论》，何怀宏等译，中国社会科学出版社 1988 年版，第 72、108 页。

对于权力的结果却不能约束。用迈克尔·沃尔泽（Michael Walzer）的话说："人们所分享的不是权力，而是得到权力的机会和场所。每个公民都是一个潜在的参与者，一个潜在的政客。"① 这也就意味着，权力体系在本质上依然是"精英统治"。但是，它是"完美精英主义"，即一种"公平竞争的精英主义"②。

权力和机会虽符合差别原则的要求，却不是按照差别原则分配，而是按照资格来分配。资格是应得的特殊形式。正如人们所认为的那样：公职应该由最有资格的人来担任，因为资格是应得的一种特殊情况。人们也许应得、也许不应得他们的特质，但他们应得那些与他们的品质相符的职位。③ 因而，在罗尔斯那里，差别原则因为应得（资格）的原因对权力这种基本善的约束基本上是有名无实。所以，我们才会在正义原则中看到，权力虽是不平等的善，但却不受"差别原则"的实质约束而以"公平的机会平等"原则卓然独立。只有通过应得，我们才能解释公平的机会平等原则在整个正义原则中的独特位置及其根本性原因。

罗尔斯对道德价值在分配正义中的评价可能基于一个重要的误分：道德价值与行为后果相分离。在罗尔斯看来，在市场经济下，我们无法衡量道德价值。诚如，工资的多少取决于一个人的贡献大小；一个人的贡献有大小，但是他的道德价值并不随这种贡献的大小而变化，也不随着他的工资多少而变化。这似乎表明，一个人的行为本身（他想体现出内在性的善即道德价值）和行为结果（内在性的善带来的外在性善即市场贡献）是可以分离的。当然，市场在计算贡献率时不会参照道德价值，但不能以此断定道德价值同分配没有关系。在我们看来，应不应得是一回事，应得多少是另一回事。前者是性质问题，后者是数量问题。

为了避免"道德价值同分配正义无关"的判断反伤到自己的理论，罗尔斯又规定了道德价值是在正当的前提下才有意义。人们意识

---

① ［美］沃尔泽：《正义诸领域：为多元主义与平等一辩》，褚松燕译，译林出版社2002 年版，第 414 页。

② 同上书，第 171 页。

③ 同上书，第 176 页。

到，道德价值与分配正义无关，应得体现了道德价值，因而应得同分配正义无关。同样，平等也是一种道德价值，分配的份额也不会随着价值的变化而变化，因而平等也与分配正义无关。既然如此，我们为什么还要求分配应该尽可能的实现平等呢？这自然不是罗尔斯所想要的，他主张只有在正当确定之后即两个正义原则确定之后，道德价值的概念才能被采用。正如我们在分析无知之幕时所指出的那样，没有道德价值上的"反应得"，两个正义原则（正当）基础何在呢？

通过原初状态下无知之幕的道德根据剖析、差别原则的融贯性解释以及公平的机会平等原则在正义原则中的独特位置分析，它们都表明应得在罗尔斯正义观和正义原则中的重要作用。可以说，离开了应得，罗尔斯的正义原则就失去了理论根基。而且，对于"整个"差别原则的考量无不同应得相关。因而，简单地因道德价值与分配正义无关将应得排斥在分配正义原则之外的做法缺乏充足的理由。

第七章
应得与责任

对正义原则道德推理"一元性"的质疑，对道德价值的简单排除，这些都将罗尔斯的"反应得"理论自身的许多问题暴露无遗。同时，通过对"反应得"理论的理论再批判，应得正义观自身也被赋予鲜明的时代特色进入到当代政治哲学的正义理论之中，为人们展现了正义理论更为广阔的理论背景和令人慎思的思想深度。立足于道德哲学的重要命题，即应得与责任（responsibility）的内在联系来申言和主张应得，这是"反应得"理论再批判中的又一路径。责任问题能够进入到正义理论之中，并不是人们非要申言应得正义观人为的主观目的所致，而是在罗尔斯正义理论的分析和阐释中必然呈现出的理论结果。通过对个人责任问题的揭示，人们再次强调了应得之于正义理论所不可或缺的理论地位和作用。

一　分配正义与责任

道德哲学的某些基本命题总是在政治哲学中扮演着基础性的作用。例如，正当与善的关系问题直接决定了正义理论的性质及其正义原则的建构。同样，应得与责任的问题也将正义理论自身的完善性置于争论的重要位置。一种分配正义理论能不能不考虑个人责任而得以建构，这既是人们对罗尔斯正义理论中一些核心问题和原则的质疑，也是人们借此思考和肯定应得的思想努力。时至今天，责任已经成为正义理

111

论中的重要问题，而且，当代新的正义理论发展表明，离开了责任谈论正义问题都将是不完善的。

责任问题在正义理论中的彰显同样与罗尔斯的理论贡献分不开。在我们看来，罗尔斯至少从三个方面向我们揭示出责任问题在正义理论中的作用。理论的三个方面都同罗尔斯最基本的道德判断"自然天赋和社会文化造成的优势之不应得"有关。我们已经在前面提及过，罗尔斯对平等正义观立论的一个基本根据是，自然天赋和社会文化等任意性的偶然性的因素造成的不平等是人们不应得的。

关键问题是为什么这些所谓的偶然性任意性因素在道德上是"不应得"的？罗尔斯的理由归根结底就一个，即自然天赋和社会文化的因素对于每个人来说都意味着"偶然性的拥有"，而这种偶然性无法形成道德的必然性，因而人们无法提出"应得的主张"。就像他所说，自然天赋和社会文化的因素对于每个人来说都是偶然的任意的，每个人拥有或不拥有的概率都是一样的。它们类似"抓阄"式的安排结果，拥有或缺乏都不具有道德上的必然性。既然社会文化和自然因素在道德上都是偶然的任意性的而不具有必然性，那么，人们也就没有任何理由要求社会分配的份额向这些因素倾斜。按照罗尔斯所说，在背景制度允许的范围内，分配的份额是由自然抓阄的结果决定的，而这一结果从道德观点看是任意的。正像没有理由允许通过历史和社会的机会来确定收入和财富的分配一样，也没有理由让天资的自然分配来确定这种分配。[①] 因此，这些任意性和偶然性因素造成的不平等是人们"不应得"的。这正是罗尔斯"反应得"理论的"原本"，而其他相关的"反应得"观点都是根据该理论"原本"而来的"摹本"。

罗尔斯的"道德的不应得"判断首先向我们揭示了一个推理的困惑性问题：应得的道德判断与分配正义不对称。这也是正义与责任（应得）问题向我们展现出来的第一个理论维度。在人们的道德话语使用中，我们都会有语言的使用规则和语义环境。特别是在罗尔斯的正义语境中，人们更应该小心翼翼地对待其正义所包含的重要意义。罗尔斯使用"道德的不应得"这一术语，其本身的目的是将应得牢牢

---

① ［美］罗尔斯：《正义论》，何怀宏等译，中国社会科学出版社1988年版，第74页。

限制在道德价值的使用范围内，将应得仅仅理解为一种道德价值判断，从而否认应得作为一种分配正义的可能性存在并同时排除它在分配正义中的作用。但是，罗尔斯在使用"道德的不应得"时，并没有认真区分这一道德判断同他的分配正义之间的联系。或者说，"道德的不应得"与"分配正义"之间并不存在道德理由上的对应关系。

通常来说，表达人们应得或不应得的道德判断所对应的正义话语应该是体现"奖赏"或"惩罚"性质的"报应性正义"。只不过，奖赏是积极的报应，而惩罚是消极的报应。我们从亚里士多德关于正义的明确规定中就可以体会到这点。按照麦金太尔的解释，亚里士多德的正义概念有广义和狭义之分。广义的正义是指法律所要求的一切事情，也就是说，是指每一位公民在与其他公民的关系中所有德性的践行。这里一方面是正义与法律的一致，另一方面是正义与德性的统一。狭义的正义则有两种，一种是分配正义，一种是矫正正义。矫正正义具有恢复正义秩序的功能，而这种正义秩序部分地被某些非正义的行为破坏了。分配正义在于遵守分配原则，而这种分配原则界定了矫正正义所保护的秩序。

矫正正义要求，如果分配存在着不正义，那么必须加以矫正。什么是分配的不正义？对于亚里士多德来说，按照德性而行，就是按照中道而行，也就是按照两种极端之间中间状态而行，而极端则是邪恶。正义作为德性是中道，正义的中道就是应得。不正义作为邪恶则是正义的两个极端，一个极端是欲求比应得更多的东西，这也被称为贪婪，另一个极端是容忍比自己应得更少的东西。前者与后者相比是一种更大的邪恶。因此，矫正正义是否定性的，是对缺少德性的人的约束。

对于罗尔斯来说，分配正义原则被建构之前，不存在任何应得的道德观念，应得的正义应该被排除。但是，"道德的不应得"这一判断的提出，本身就已经假定了某种"报应性正义"（类似于亚里士多德的"矫正正义"）观念的存在。从其直接的相关性来说，分配正义所依赖的道德基础不应该来自"道德的不应得"；"道德的不应得"对应的是"报应性正义"。正如迈克尔·桑德尔（Michael J. Sandel）所指出的那样，道德的不应得是与报应性正义相一致的，而不是与分配正义相一致的。① 在他看来，在分配正义之前，罗尔斯断言的"道德的不应得"已经存在一种报应性的正义。② 因而，应得或不应得在罗尔斯那里已经是一种先于平等正义观存在的正义观念。

由分配正义和报应性正义的不对称问题进一步引发出第二个问题，即是否存在前制度应得的问题。这是正义与责任问题向我们展现的第二个理论维度。桑德尔对罗尔斯问题的质疑被人们称之为正义理论的"对称性担忧"。这种担忧的真正目的是，罗尔斯反对"前正义的分配应得"会使他拒绝"前正义的报应性应得"，而且会实际上拒绝任何前正义的应得概念。③ 这是问题的真正实质。即使我们承认罗尔斯对于自然天赋所持有的基本道德判断，那也只能是承认罗尔斯利用"道德的不应得"拒绝的是"分配的应得"。相反，"道德的不应得"则以"前正义的报应性应得"为基础，它并不能被道德的不应得拒绝。这的确是两个不同的正义观念。

但是，罗尔斯并不认可这一说法。在他看来，分配正义与报应性正义的关系不属于平行的关系，而是分配正义要在体系上高于报应性正义。报应性正义是正义原则确定后的概念，它主要体现为刑法的作用。在一个组织良好的社会，除了保证问题使刑法成为必需之外，其他方面不再有对刑法的需求。就大部分情况来说，刑法的正义属于部分服从的理论，而分配正义属于严格服从的理论，也属于理想方案的思考。因而，"把分配的正义和惩罚的正义看成是相对的两端这是完全错误的"④。罗尔斯进一步用财产法和防盗法来比喻分配正义与报应性正义的关系。他认为，"这个情况类似于那种实质性的财产法和防盗法之间的关系。防盗法所处理的犯法和过失预先假设了财产制度，财产制度是为了优先和独立的社会目标而建立起来的。对于一个社会来说，把奖励道德价值的目标作为第一原则来组织自身，就像为了惩

---

① ［美］桑德尔：《自由主义与正义的局限》，万俊人译，译林出版社 2001 年版，第110 页。

② 参见 ［美］罗尔斯《正义论》，何怀宏等译，中国社会科学出版社 1988 年版，第306 页。

③ Jake Greenblum, "Distributive and Retributive Desert in Rawls", *Journal of Social Philosophy*, Vol. 41 No. 2, Summer 2010, p. 174.

④ ［美］罗尔斯：《正义论》，何怀宏等译，中国社会科学出版社 1988 年版，第 304 页。

罚盗贼而建立财产制度一样"①。

用财产法和防盗法这种关系类比分配正义和报应性正义是否恰当这尚存疑虑。按照罗尔斯的理解，分配正义与报应性正义之不同主要在于其道德基础的优先性。但是，同是作为社会制度框架的财产法和防盗法，这种道德的优先性却是模糊不清的。更为重要的是，对报应性正义的理解，恰恰同罗尔斯所说的"道德的不应得"相违背。作为报应性正义体现的刑法，其主要作用是维系和保证人们履行自然义务。这些自然义务包括不允许人们破坏其他人的生活、损害他人身体或者是剥夺他人的自由和财产。刑法对拒不履行自然义务的人的行为惩罚，其倾向性"是一种坏品性的标志，在一个正义社会中，法律惩罚只是落在表现了这些错误的人身上。"② 回到罗尔斯对自然天赋的道德判断上，人们对自然天赋不应得是因为这些品性的偶然性，那么，人们又是依据什么理由来惩罚那些"坏品性"的人呢？这些"坏品性"同"好品性"如自然天赋一样也是偶然的因素。好的品质是人们不应得的，而坏的品质也是人们不应得的。因而，人们不应该承担这样的惩罚。

社会如果是一个足够好的社会，也许不会存在着任何惩罚，刑法也可能不会存在。但即使是比较理想的社会，即使是在罗尔斯所考虑的良善有序的社会，惩罚的社会正义依然存在。一旦人们认可了惩罚的存在，其基于应得的"报应性正义"也就必然存在。虽然罗尔斯会坚决否认分配正义同报应性正义之间的关联，但是从理论的对称性来看，道德的不应得与分配正义之间的确存在明显的不对称性：自由主义否认分配正义原则参照了一个前正义的应得观念，但是，在我们的报应性正义思考之中，它又允许前正义的应得可能存在一个合法的空间。③ 更为重要的是，罗尔斯对"道德的不应得"之基本判断也并不意味着根本不存在一种前制度的应得。在谢弗勒（Samuel Scheffler）

---

① ［美］罗尔斯：《正义论》，何怀宏等译，中国社会科学出版社 1988 年版，第 302 页。

② 同上书，第 304 页。

③ Samuel Scheffler, "Justice and Desert in Liberal Theory", *California law Review*, Vol. 88, 2000, p. 979.

看来，即使是在分配正义理论中，罗尔斯对前正义的应得拒斥和对合法期望的强调都不意味着一种纯粹的制度应得的理论。这也就是说，应得并不是仅仅在制度的理解上才是合法的，这也并不意味着没有合法的前制度应得的观念。

从正义理论的对称性和前制度应得（前制度正义）是否存在引发出关于责任问题思考的第三个理论维度，人们是否应该为自己的不平等负有一定的责任。如果说从"道德的不应得"判断中推论出一种"报应性正义"的存在，那么，基于应得的责任问题就自然而然显露出来。退一步来说，即使人们再三否认分配正义与报应性正义之间的内在关联，人们对不平等之后果与责任问题的直接追问也会将责任问题呈现在大家面前。只要责任问题在社会正义理论中无法回避，应得的正义观也就在正义理论中无法回避。罗尔斯对不平等原因的分析正是人们思考责任问题的理论突破口。

无论是对自然天赋等原因的分析，还是对社会文化等因素的思考，罗尔斯对不平等原因的分析都呈现出一个共同的理论特征：尽力将所有原因都归结为与个人自由意志无关的因素。一方面，这些原因因为其偶然性和任意性特性，任何人都无法提出一种道德上的必然性要求。对于那些拥有者，因为偶然性而在道德上是不应得的。那么，与此对应的是，那些因缺乏自然天赋的人也不应得其造成的不平等后果。另一方面，人们已经被先在地决定了拥有什么或缺乏什么，也就是说，自然天赋等因素对人们来说具有先在的"客观性"，拥有或拒绝都无法体现个人的自由意志。当然，一种被先在决定了的"客观性"其后果在道德理由上也属于个人"不应得的"。

首先我们面对的问题是罗尔斯对不平等原因的分析是否完备。这个问题追问的实质是所谓的"偶然性"因素界限在哪里的问题。诚如上述分析的那样，罗尔斯虽将不平等原因分为两大类，但本质上它们都属于同一类，即个人无法选择和决定的客观因素。诚然，客观因素是不平等原因的重要构成，也许也是最主要的原因构成，但这并不意味着它是唯一的构成。与客观因素对应的是主观因素，而且主观因素如果也是影响不平等后果的重要原因，那么，罗尔斯的分析将是不完备的。在《正义论》中，罗尔斯显然并没有考虑主观因素。他只是假设了具有"一般的"普通的心理动机的选择者，而且选择的旨趣仅仅是限制在"基本善"的层面。但是，一个人如果选择把闲暇作为自己生活的全部意义而过着穷困潦倒的生活，国家和社会是否还应该把他作为"社会最不利者"阶层而给予"差别原则"式的财富和收入补偿？

毫无疑问，每个人都不会同意这样做，反而认为这种境况是这个人"应得的"。实际上，这种情况在现实生活中屡见不鲜。但人们要追问的是理论家在对正义问题进行思考的过程中，为什么单单考虑客观因素而忽略主观因素呢？对于罗尔斯来说，这可能有两个原因，而且两个原因都同思维的"还原化"有关。一个原因是要为不平等的解决寻求非常坚实的道德理由。试想，如果在不平等原因的考虑中顾及主观因素，那么，社会对不平等后果的解决在道德理由上就会大打折扣。罗尔斯是想要解决社会所有的不平等，而不是部分的不平等。这里面不允许出现例外，因而，他只能是将不平等原因归结为单一的"客观化"。

另一个原因在于主观原因可以还原为客观原因。就像罗尔斯所说，一个人愿意做出的努力是受到他的天赋才能和技艺以及他可选择的对象影响的。在其他条件相同的情况下，天赋较好的人更可能认真地做出努力，而且似乎用不着怀疑他们会有较大的幸运。[①] 在罗尔斯看来，影响人们不平等的根本因素还是社会基本结构。社会基本结构采取何种正义原则不但在制度层面影响着基本利益的分配，同时，在心理的善观念层面影响着人们的行为。也就是说，个人的生活意义、合理的生活计划以及由此而来的主观选择，都是受制于这个人所处的社会文化环境。

主观原因被还原为客观原因，罗尔斯的目的就是要免除那些因个人原因而遭受不平等状况的人的"责任"。但是，罗尔斯本人并没有用责任来解释。在这里，罗尔斯理论的不对称性依然体现出来。对于罗尔斯来说，自然天赋问题主要针对的是那些拥有它们的人。应得或

---

① ［美］罗尔斯：《正义论》，何怀宏等译，中国社会科学出版社1988年版，第301页。

不应得也是针对它们的拥有者而言。对于那些缺乏的人，罗尔斯并没有解释如何对待。然而，应得或不应得的最终目的是为缺乏者造成的不平等立论。如何从拥有者跳转到缺乏者，这之间并不清晰。罗尔斯想当然地认为拥有者不应得，而缺乏者也不应得不平等的后果。理论的不对称性自然会排除责任问题。因为拥有者自然具有某种优势，在分析原因时也就落在诸如自然天赋客观原因上。如果从缺乏者分析原因，一方面既要分析客观原因，另一方面也要分析主观原因。这正是罗尔斯在分析不平等原因时所采取的巧妙路径，即从分析拥有自然天赋的人入手而排除了缺乏自然天赋的人之个人责任问题。

但是，"道德的不应得"又先在地承认了道德责任的问题，就如同分配正义已经对称地存在报应性正义一样。不管是自然天赋分布的随意性还是作为拥有者具有的客观性，罗尔斯无非是表明这些因素同个人的行为都没有关系。罗尔斯之所以敢断言那些本已经拥有自然天赋的人在道德上不应得，最重要的理由就是这些自然天赋同他们个人的行为没有任何相关性。对于罗尔斯来说，应得什么由正义原则决定，那么，在正义原则建立之前的不应得又由什么决定呢？很显然，个人的行为扮演着决定性因素。用通俗的话说，你没有做过什么，你就不应得什么；你做过什么，你才应得什么。对于自然天赋，你不是通过个人行为而拥有它，所以你不应得其分配优势；你不是因为个人行为而缺乏它，所以你不应得它带来的不平等后果。既然行为是人们用以判断自然天赋的不应得的重要道德依据，那么，道德责任问题也就在"道德的不应得"这类"前制度"判断中平行而至。

二　道德主体与道德责任

切断道德责任与分配正义的内在联系，对于罗尔斯来说也许还有其他尚未言说的深层次理由。但是，人们有理由相信罗尔斯最直接的目的是要从"前制度的"层面排除应得在分配正义中的作用。然而，给人们展现出来的问题是，道德责任与分配正义的内在关联非但没有被罗尔斯的处理方式掩盖，反而在一系列的理论问题中彰显出因其缺失所带来的重重困难。总体来说，这些困难都会体现在罗尔斯正义理论中的"道德主体"身上。

"道德主体"在罗尔斯那里被称之为"本体自我"，而"本体自我"也是罗尔斯选择理论的最终基础。罗尔斯基本上承袭了康德的人性论，主张"人的本性是一种自由、平等的理性存在物"①。当然，这是康德哲学对人的政治哲学解释，而它更深层次上在于人的道德哲学解释。康德在《道德形而上学原理》一书中指出"人是目的的道德观念"。它是作为一条最高的实践命令之一：你的行动，要把你自己人身中的人性，和其他人身中的人性，在任何时候都同样看作是目的，永远不能只看作手段。② 罗尔斯把自由、平等和理性视为人性，目的在于避免康德伦理学中的不尽人意之处。康德哲学中的人具有先验的性质，而且康德的选择观念会带来伦理学上的难解之题。

康德的道德哲学是义务论的，义务论主张人按必然的法则行事。康德认为这个必然法则是人作为实践理性的存在物而自我遵从的结果。法则不是外在的，外在的意味着受因果必然性制约和强制，所以无所谓自由地遵从。法则应该是内在的，即自己为自己制定律令，这种自我遵从就是自由。但法则本身是什么，康德没有给出具体的内容，而是给出了一个形式判断：即人只要按照道德律行动。如果一切按道德律行动，人就是自由的，人也就实现了自我。这种自我在康德那里是先验的自由意志。康德认为人的本性是自由，但自由并不是现实的规定，而是先验的规定，那就是意志。意志自由必然意味着选择，只要是自我选择，都是道德的。但是，这个选择只是一个空洞的形式。西季威克（Henry Sidgwick）认为，根据道德的观点，圣人和恶棍的生活都同等的是（作为本体的自我）一种自由选择的结果，都同等的是（作为一个现象的自我）因果律的承担主体。所以康德无法解释，为什么一个过着邪恶生活的恶棍，不是以一个过着一种善良生活的圣者表现其个性和自由选择的自我的同样方式，表现他的个性和自由选择

---

① ［美］罗尔斯：《正义论》，何怀宏等译，中国社会科学出版社1988年版，第251页。

② ［德］康德：《道德形而上学原理》，苗力田译，上海人民出版社2005年版，第48页。

的自我的。

鉴于此，罗尔斯认为有必要对自我进行修正性的规定。如果仅以一种形式的命题规定自我，这个自我显然离实际太远，选择也就仅仅是选择而已。但自我也不能离现实太近，如果太近会受许多因素制约而根本无法选择。罗尔斯把能体现这种规定性的自我称之为"本体自我"。本体自我不是形式的道德哲学规定的人性，而是政治哲学的规定人性，即"自由、平等和理性"的存在物。① 这样，"如果一个人通过他的表现自我的行为实现了他的真正自我，如果他的最高愿望是要实现这个自我，那么他便将按照那种能表现为一个自由的、平等的理想存在物的本质的原则来选择行为"②。

如果人按这种本质实现自我，我们的选择就不是纯粹自我选择（避免康德的形式原则），也不是受限制的选择（避免经验主义的局限），而是能达成一致的选择。所以罗尔斯说，把本体自我的个人选择假设为一个集体的选择。自我争取平等的力量在于那些已选择的原则务必是其他自我都可以接受的，因为所有人都同样是自由的、有理性的，所以每个人在采用伦理王国的公开原则时都必须具有平等的发言权，这意味着作为本体的自我，每个人都同意这些原则。罗尔斯批评了西季威克的推理，认为恶棍的原则将不会被选择，因为它们不能表现这种自由选择，不管单个的自我可能多么想选择这些原则。所以罗尔斯强调一致同意很好地表现了甚至一个单个自我的本质。

"本体自我"的概念承诺了"自我优先于目的"这一原则，它实际上揭示出政治哲学的本体论前提：自我作为目的优先于正义。人是目的成为政治哲学的终极价值，而人作为该种价值的体现就是自由、自主和自律。自由和自主，就是说，人不受自然偶然性和社会任意性的影响，不受任何客观必然性的支配而具有自由选择的能力。对于罗尔斯来说，真正重要的不是前者，虽然主体"要以这种选择自由来表现他们作为理智王国的有理性的平等成员"，更重要的是自律。自律

---

① 罗尔斯在后期哲学中对人性的理解以及对于基本善等方面的规定都逐渐脱离康德的道德哲学框架，而是以政治社会里的公民来论述的。

② ［美］罗尔斯：《正义论》，何怀宏等译，中国社会科学出版社 1988 年版，第 254 页。

为罗尔斯正义论确定了一种契约主义，正义原则本质上是"本体自我"面对各种可能性而自由选择的结果。自律强调了正义原则的选择性，这意味着对正义原则的选择是出自人作为平等的理性存在物的自由选择，更是人作为"本体自我"的选择，即出自人的本性的选择。就此而言，"正义原则也是康德意义上的绝对命令"。①

对本体自我的规定注重自由选择。然而，罗尔斯对本体自我所赋予的这种道德色彩却在对正义原则的解释中逐渐淡化。首先，自由作为道德主体的本质属性没有得到体现。道德责任的缺失和不平等原因的分析就已经折射出道德主体自由的缺失。罗尔斯将不平等原因全部归结为客观因素，这里面已经排除个人意志和主观因素在正义原则中的作用。而且，即使作为积极的主观因素，如努力、勤奋和进取等，罗尔斯也不会承认它们的直接作用，而是进一步将其还原为自然天赋和社会基本结构的深层次影响。罗尔斯的处理方式不免给他带来理论上的矛盾，一方面，通过这种还原方式的处理，力图排除个人的主观因素而赋予社会解决不平等的充足道德理由；另一方面，在正义原则的选择过程中赋予主体充分的自由。一种被排除主观意志的道德主体与能体现自由选择的道德主体存在着理论上的巨大不一致。这种不一致的根源，正好是在"自然天赋的不应得"之基本道德判断中，人们发现了罗尔斯正义语境下的本体自我的另一面：完全的决定论隐藏在主体后面。

正如我们所分析的那样，道德责任的缺失揭示出道德主体完全的被动性和受制性。人们知道，个人不必为自己的行为承担任何责任，其前提是这个人的自由意志受到约束或者说完全无法体现。完全的客观决定自然就不能体现主体的自由意志，因而，主体也就不必承担其行为后果。而且，只有在完全的决定论下，个人的主观因素不管是积极的还是消极的才可能完全被还原为客观因素。受环境完全宰制而丧失主观性的主体已经完全不符合罗尔斯所期冀的自由选择的主体要求。诺奇克批评道："只有把关于人的值得注意的所有事情都完全归因于某些'外部'因素，这条论证路线才能够成功地阻止援引人的自主选

---

① ［美］罗尔斯：《正义论》，何怀宏等译，中国社会科学出版社 1988 年版，第 252 页。

择和自主行为（以及他们的结果）。所以，对于一种希望支持自主存在物拥有尊严和自尊的理论，特别是对于一种（包括关于善的理论）极其依赖人的选择的理论，贬低人的自主和人对其行为的首要责任是一条危险的路线。人们怀疑，罗尔斯的理论预先假设和依赖的这种不崇高的人类形象是否能够与人类的尊严思想相吻合，而罗尔斯的理论目的就是导向和体现这种人类尊严的观点的。"① 罗尔斯赋予本体自我以自由，但完全的决定论从根本上否定了本体自我的自由。这恐怕是罗尔斯"完全的反应得"理论所呈现的直接理论后果。

其次，道德责任的缺失使人们失去了认识通达道德主体的路径。如何理解和认识道德主体在当代政治哲学中存在着重要的分歧。罗尔斯对本体自我的特性规定，其目的是希望主体摆脱偶然性因素的影响而做出真正的理性选择。如果人们对罗尔斯的初衷持有一种同情的态度，人们也有可能同意主体的自由选择的确应该排除一些偶然性因素的干扰。但是，罗尔斯给人们留下了一个重要的理论问题——我们需要何种途径来理解和认识道德主体。对于罗尔斯来说，人们仅需记住康德式的建构主义方式，主体是"应当"被如此规定的特殊存在。康德式的义务论者认为，"首要的问题不是我们所选择的目的，而是我们选择这些目的的能力。而且这种能力先于它可能确认的任何特殊的目的，它存在于主体自身"②。这种独立于实践理性客体的主体概念，给道德法则提供了基础。与纯粹的经验基础不同，它既不期待目的论，也不期待心理学，而是牢固地建立在主体基础之上，因而，道德法则来自主体自己遵从自己的绝对命令之中。罗尔斯用"本体自我"的概念就是要阻止人们利用经验的条件和属性，例如人的文化心理、历史背景以及自身的身体属性等所谓偶然性的东西来认识主体，从而塑造出不受任何经验条件和偶然性因素的约束，单纯为选择而选择的"纯粹"主体。

社群主义者抓住了罗尔斯道德主体的理论漏洞，认为古典自由主义的"原子式个人"假设在当代自由主义理论中再现。一个没有任何

---

① ［美］诺奇克：《无政府、国家和乌托邦》，姚大志译，中国社会科学出版社 2008 年版，第 256 页。

② ［美］桑德尔：《自由主义与正义的局限》，万俊人等译，译林出版社 2001 年版，第 8 页。

特殊经验规定性的主体只能是悬浮于空中的虚无缥缈的幽灵式主体。人们所处的社会条件对塑造个体价值和政治安排的影响是深刻的，主体的存在永远无法摆脱社会条件的影响，因而，自由主义力图排除各种偶然性因素的干扰而塑造一个完全中立的和独立的主体根本上就是一种理论幻觉。这种主体只能是脱离经验与经验无关的形而上学的"先验自我"。这种先验的自我完全独立于情境或经验之外，只能成为飘浮在空中的无根基的"自我"。脱离了经验的自我，其存在的根基和它确定的道德立法如何适切于各种现实的境况就必然成为问题。在社群主义者看来，罗尔斯的本体自我不应该是先验自我，而是有各种目的所形成的"构成性自我"。本体自我应该是部分的由人们的欲望、爱恋、仁爱和目的等构成的主体，主体总是在这些因素的影响中成长，并且主体在这种影响中修正自我。

社群主义的理论目的当然是要将道德主体的存在导向共同体。我们暂且不去评判共同体是否能够得到证成，但社群主义者的批判的确为我们如何看待正义理论中的道德主体提供了重要的理论路径。如果任何经验性的东西都被罗尔斯视为同主体选择无关的因素，那么，排除同"选择"必然相关的后果"责任"是无论如何也无法被人们认可的。一方面，没有道德责任的选择自由只能是沦为纯粹主观的"意志自由"。意志自由只具有自由的形式而没有实质，因为没有人会认为一个人的意志不自由。自由总是在"阻碍"或"约束"条件下才能彰显其意义。在人们的道德伦理生活中，任何人的自由选择都会伴随着道德责任的考虑。即使是强烈主张人的本质就是自由的让－保罗·萨特（Jean－Paul Sartre），也不得不对其漫无边际的自由本身做出了限制。自由的约束和实践限制是责任。另一方面，道德责任是人们理解道德主体及其主体选择行为的必然途径。人们可以通过道德责任一窥道德主体之堂奥。一旦考虑到道德责任，道德主体必然会对选择对象、选择目的和选择理由做出自己的行为、态度和认知反应。由此而呈现的理论后果是，在正义理论的选择之前已经存在同正义原则规定下的"制度应得"相对应的"前制度应得"。

最后，道德责任的缺失，最终将会重创道德主体的个体性。自由主义对其基本价值的承诺都建立在个人主义的基础上。但是，罗尔斯对道德责任的忽视和拒绝会损害自由主义对个人主义的尊敬。第一，对偶然性的拒斥和道德责任的忽视，道德主体必然都是以同一张面孔呈现。为了能使正义原则的选择是真正的选择，作为本体自我的构成来说，必然性和偶然性之间存在必要的界限。依据偶然性的选择都不是真正的选择，这是罗尔斯的初衷。但是，偶然性和必然性的界限在哪里却并不清晰。罗尔斯的处理方式是尽可能地将各种偶然性都排除在外，剩下一个理想的能自由选择的真正的自我。但是，人们发现，将自我的某些属性都视为偶然性，不但将自我本身推向一种空洞形式的自我，而且，在一定程度上将自我本身都取消掉而仅仅成为一个形而上学的概念符号。

按照诺奇克的反驳，如果从任意的东西中所产生的东西不具有任何道德意义，那么任何一个特定个人的存在也都不具有道德意义，因为从道德的观点看，众多精子使一个卵子受精（据我们所知）完全是任意的。这对罗尔斯立场的精神实质而非字面意义提出了另外一种更含糊的批评。每一个现存的人都是这样一种过程的产物：成功的这个精子并不比失败的数百万个精子是更应得的。我们是否应该按照罗尔斯的标准所判定的那样，希望这个过程更公平，希望这个过程中的所有"不平等"都加以矫正？对于在道德上谴责这种使我们得以存在的过程的任何原则，对于会削弱我们存在的合法性的任何原则，我们都应该感到担忧。① 诺奇克的反驳虽然听起来有点尖刻，但其蕴含的批判性道理是值得人们注意的。许多被人们在道德上视为偶然性的东西也许并不是真正的偶然性。也就是说，这些偶然性是思想家以同一性眼光审视人之后得出的偶然性。如果我们把人看作是真正独立的个人，那么，这些所谓的偶然性反而是个人真实存在的必要条件。

失去了这些所谓的偶然性，我们如何来识别这个人就是这个具体的且同他人不一样的人呢？或者说，众多的偶然性在人身上的体现才能使每个人以不同的身份和面目展现自己。而且，这些所谓的偶然性所构成的本体自我所进行的选择也许才是真正的属于个人的个体选择。

---

① ［美］诺奇克：《无政府、国家和乌托邦》，姚大志译，中国社会科学出版社 2008 年版，第 271 页。

承认个体的真实性选择，伴随而来的就是道德责任的考量和承担。然而，偶然性被排除的同时，道德责任也就相应的被排除了。众多的属于道德主体自身的构成性的偶然性全部被还原为客观环境下的必然性，人当然也就没有道德责任之说。没有个体性、没有道德责任的道德主体是什么样的面孔呢？答案只能是这样：千篇一律的同一性面孔。

　　第二，道德责任的缺失，不但不能突出道德主体的自由选择，反而显示出主体选择的被动性。实际上，道德责任在道德主体的社会行为中扮演着至关重要的角色。人们使用类似道德责任等这样的责备或表扬的概念，它不仅具有社会的效用，即规范和引导人们的社会行动和道德实践，而且还要服务于各种情感和态度的表达：感恩、怨恨、愤怒、赞赏以及责任。这些情感和态度对于大多数的我们所深度评价的人际关系的参与都是本质性的。这些情感我们称之为"反应态度"。当我们不把一个人看作具有参与一般人际关系的能力的主体时，这些反应态度往往就会被"客观态度"所抑制和替代。[①]

　　选择主体的选择必然会彰显自己的反应态度。但是，罗尔斯尽可能弱化具有个体性的反应态度而代之以"客观态度"。例如，在善的理论中，罗尔斯尽量强调"善的弱理论"。对于选择主体来说，心理动机越弱越好；对于善而言，主体仅关心基本善。不管是弱的心理动机还是基本善，罗尔斯都是尽力弱化主体作为个人的主观态度。但是，罗尔斯也许从来没有明确的思考，因而也就没有令人信服地排除这种可能性：其一，我们关于社会利益和负担的适当分配的判断，除了我们形成一体的反应态度，还有可能服务于作为载体（利益和负担）的表达态度。其二，这种有问题的态度有可能建立在一个假设上，即个人在一定意义上是负责任的主体，那意味着他们某些类型的行为方式影响着他们的分配份额。[②]

　　人们对善的判断和理解，充分地表达了主体的动机、意志和生活观念。因此，对于主体来说，对善的选择并不仅仅是因为"善"是

---

　　① Samuel Scheffler, "Responsibility, Reactive Attitudes, and Liberalism in Philosophy and Politics", *Philosophy & Public Affairs*, Vol. 21, No. 4, Autumn, 1992, p. 312.

　　② Samuel Scheffler, "Responsibility, Reactive Attitudes, and Liberalism in Philosophy and Politics", *Philosophy & Public Affairs*, Vol. 21, No. 4, Autumn, 1992, p. 316.

"好的"才去选择，而是人们的整个生活计划的体现，它既包含着对将来生活的一种好的期望，同时，也是对将来生活的一种责任担当。就像人们所说，选择过什么样的生活是你的选择，同时也是你的责任。责任来自于你自己在选择过一种你期望的生活。就此来说，罗尔斯对基本善的解释和限定未免随意和狭隘：基于不同的个体的生活计划，人们需要的善是不同的，权重也是不一样的。同时，罗尔斯也忽略了善乃是主体的一种主动的表达方式，善不是孤零零地悬在那里而简单地让主体去选择，主体赋予了善以意义。

第三，道德责任的缺失，充分显示出罗尔斯也没有认真对待人的个体性。我们知道，人的个体性或差别性是罗尔斯反对功利主义的最有力的武器。功利主义在衡量善的时候，往往会以功利最大化作为社会的整体目的而行动。在这一过程中，功利主义把个人的偏好视为社会的整体偏好叠加，个人被视为增加最大化善的手段而不是目的，在最大化的原则下，个人利益往往以增加和服从最大利益而被侵犯和牺牲。所以，罗尔斯批评功利主义没有认真对待人的差别性。当代自由主义引以为傲的一点是个人拥有极其重要的权利，正义禁止以社会整体利益之名而侵犯个体权利。而且，权利也不能以权利最大化之名而牺牲部分权利。权利功利主义的做法也会被自由主义者坚决反对。就像诺奇克所说，个体的实体性存在在道德意义上具有"权利的边界约束"。权利保证了主体的个体性，这是罗尔斯式的自由主义者认为公平的正义优越于功利主义的显著特质。

但是，从道德责任的角度看，罗尔斯所宣扬的自由主义的个体差别性就有可能落空。试想，一个免去了个人道德责任的选择主体在道德政治生活中是否是真正的个人，答案是否定的。当然，人们会以是集体责任还是个人责任来反驳。个人的自然天赋和社会环境都是人所依赖的生活处境决定的，其后果在一定意义上应该被视为社会的一种集体责任而被承担，因而社会才需要以制度的方式解决所有的不平等。集体责任的凸显和个人责任的隐退不但不能突出主体的个体性，反而否定了主体的个体性。质言之，在罗尔斯的政治哲学中，本体自我的设定一开始就包含着对主体自主性自我否定的因素。正如有人评价道："怀疑个人主体，怀疑自由意志，从而不愿意保卫具有显明观念的

'前制度的应得'。当代政治哲学家对应得的忽视实际上它就是可能被认为是对这种方法的反对，这种方法是同时代的政治哲学家——他们总是避免任何对应得的依赖性，然而严重使用其他的道德观念，包括权利的观念、正义、平等诸如此类。当在自由意志与决定论的情况下，然而，似乎受到现代自然观最直接威胁的道德观念即是应得和责任的观念。这是因为当人们在看待一个人的时候，所有的道德观念特别是应得和责任的道德观念，都非常明显和直接地依赖于对一个主体的人所应该包含的东西的理解。"①

如何理解人，这本身就是哲学史上争论不休的理论问题。虽然存在着巨大的争议，但是，人们都不会否认人的自由本性。特别是经过启蒙哲学的洗礼，人的自由已经被提升到绝对的高度并成为思想家的基本共识。作为康德式的义务论者，罗尔斯自然也赋予了人以自由的本性。然而，康德对人之本性的规定同时也包含着人之责任（义务）的理解。可是，在罗尔斯的理论中，人们却很难发现这点。罗尔斯本人对人的形而上学本性报以一定程度的疑虑和担忧。他并不想采取传统的形而上学进路探讨人性，而是极力在政治哲学的框架内来理解人，即在自由和平等已经成为被人们认可的政治价值的前提下，一个理性的政治公民会做出怎样的公共选择。很遗憾，罗尔斯无法脱离形而上学的影响，而且，这种形而上学的信念在其理论中一再突显：人们总是被预期能够履行他们的职责、承担行为的责任和真正地形成自己的预期，在一定程度上仅仅只有假定在自由意志存在那种非强的决定论才能够说得通。罗尔斯采取了这种策略，即将形而上学扔出门外但又从窗户悄悄请入，在这里，它正当地（而且也可能是必然地）成为优势。②

三　平等与责任

道德责任的缺失，对自由主义理论的冲击和挑战是基础性的，因

① Samuel Scheffler, "Responsibility, Reactive Attitudes, and Liberalism in Philosophy and Politics", *Philosophy & Public Affairs*, Vol. 21, No. 4, Autumn, 1992, p. 310.

② Saul Smilansky, "Free Will, Egalitarianism and Rawls", *Philosophia*, Volume 31, Issue 1 (10/2003), p. 132.

为它直接影响到自由主义最根本的主体理论。正因为如此，一些学者明确指出，自由主义不管是政治的保守主义还是经济的保守主义都是建立在一个被还原为个人主体和责任的概念上。① 罗尔斯之后的诸多的正义理论，逐渐开始重视责任在正义中的作用和角色。一种新的理论趋势开始形成：正义理论的建构必须考虑责任问题。

实际上，最早批评罗尔斯没有重视责任问题的思想家是诺奇克。整日无所事事的懒汉和终年辛勤劳作的劳动者不应该拥有同样的分配份额，这种不平等是合乎正义的。遗憾的是，诺奇克却没有在其"持有正义"理论中将该问题彰显出来。真正在正义理论中直面责任问题的哲学家是罗纳德·德沃金（Ronald·Myles·Dworkin）。一方面，作为坚定的平等主义者，德沃金承袭了罗尔斯正义理论的传统并高举平等主义的大旗。不同于罗尔斯将平等同各种其他价值平衡统一在正义之中，德沃金把平等的价值置于至上的美德地位。平等被置于如此之高的地位，在德沃金看来，这是因为平等体现了伦理学的"重要性"原则。平等是判断社会正义与否的重要标准和尺度，这是平等重要性的最主要体现。不平等意味着社会的不正义，德沃金与罗尔斯在这一观点上一致，所以，他们都主张不平等应该加以解决。不同的是，罗尔斯主要诉诸"道德的不应得"和其他道德理由，而德沃金则诉诸政治的正当性。人们关于平等的基本政治信念来自政府合法性的道德判断：我设想我们所有人都同意政治道德如下假定，政府必须关心它统治下的人们，就是说，把他们当作有能力经受痛苦和挫折的人；政府必须尊重它统治下的人们，就是说，把他们当作根据他们应该如何生活的理性概念有能力组织起来并采取行动的人。政府必须不仅仅关心和尊重人民，而且必须平等地关心和尊重人民。② 由于每个人的人生意义同等重要，它要求政府和人们平等对待每一境况和个人。因此，政府是否做到了对人们平等的关切和对待、是否做到了对人们应尽的义务和责任，是政府合法性的重要道德判断。在这种意义上，平等的

① Samuel Scheffler，"Responsibility, Reactive Attitudes, and Liberalism in Philosophy and Politics"，*Philosophy & Public Affairs*，Vol. 21, No. 4，Autumn，1992，p. 301.

② ［美］德沃金：《认真对待权利》，信春鹰等译，中国大百科全书出版社 2002 年版，第 357 页。

关切是政治正当性的一个前提。① 这就是正义原则所遵循的伦理学"重要性"原则的体现。

另一方面，个人责任是伦理学原则的另一体现。对于德沃金而言，正义理论的前提是必须遵守伦理学的两个原则，一个是重要性原则，即平等原则；另一个是个人责任原则，即应得原则。真正的正义理论应该同时体现伦理学的重要性原则和个人责任原则，二者缺一不可。德沃金强调具体责任原则既不是一条形而上学原则，也不是一条社会学原则，目的是使人们免于再次陷入决定论和自由意志的形而上学争论。个人责任原则是一条关联原则：它坚持认为，就一个人选择过什么样的生活而言，在资源和文化所允许的无论什么样的选择范围内，他本人要对做出那样的选择负起责任。该原则不对任何伦理价值的选择表示认可。它不谴责传统而平淡的生活，也不否定新奇而怪异的生活，只要这种生活不是因为别人断定这是某人自己要过的正确的生活而强加于他的。② 因此，就个人责任原则而言，虽然德沃金强调每个人的人生意义和生活计划都同等重要——这也是德沃金强调平等重要性原则的重要理由，但是，每个人都有对自己的人生意义理解和生活计划的安排。个人选择什么样的生活方式以及如何生活，既是他自由选择的体现，也是其责任的体现。这也就是说，每个人对自己的这种人生意义或生活计划都负有具体的和最终的责任。确切地说，是他这个人在过这种生活。③ 平等原则承认每个人生活的同等重要性，同样也认可个人对其生活的具体选择，自然也就包含对个人选择责任的尊重。

责任问题在正义理论中非常重要，人们可能会认可。如何将责任问题融入分配正义理论之中，这是许多思想家在推进正义理论的研究过程中不得不面对的理论问题。在我们看来，个人责任原则和平等原则作为正义理论所必须依赖的两个伦理学原则是相互平行的。就像德

---

① ［美］德沃金：《至上的美德：平等的理论与实践》，冯克利译，江苏人民出版社2003年版，前言第5页。

② 同上书，前言第6页。

③ ［美］德沃金：《至上的美德：平等的理论与实践》，冯克利译，江苏人民出版社2003年版，前言第6页。

沃金自己所说，个人责任原则与平等的重要性原则同等重要。但是，两个伦理学原则如何统一在正义理论之中呢？不同于其他的平等主义者，德沃金以"起点平等"的正义理念来解决二者的融合问题。当人们在思考正义起点的时候，即在资源最初划分方式思考的时候，平等原则和个人责任原则就同等平行的共同发挥着作用。也就是说，资源划分既要"平等分配"以体现平等重要性原则；还要满足个人选择而体现个人责任原则。

问题是怎样实现起点平等？按照德沃金的说法，如何才能做到资源平等？德沃金设想了一个资源平等分配的理想状态，即有名的"荒岛理论"。一群幸免于难的人在一个荒岛上，岛上资源丰富，没有人烟，任何救援只能发生在多年以后。按照平等原则，任何人对岛上的资源都不拥有优先权而只能平等地分配。如果分配仅仅是如此简单，德沃金的资源平等理论也就没有什么出奇之处。按照平等的本原意义，所有的资源都应该均等地分给社会成员。问题是有些资源根本无法均等分配，例如仅有的几棵果树就不能分割成若干份；更重要的是，某人并不喜欢被分配的某些资源。例如他喜欢打高尔夫球而需要分到比平等份额较大的一块草地而不是其他资源。若非如此，他就会感到没有被平等对待。这意味着平等分配没有顾及个人的自由选择和偏好。

为了克服这种困境，德沃金设计了一种类似现代社会的"拍卖"程序。假设岛上的贝壳平均分给每个人充当货币，岛上的每一件单独的物品都被列为要出售的一份，接下来拍卖者为每份物品定价，看看这种价格能否"清场"。拍卖结束后，人人都表示自己很满意，物品各得其主。在德沃金看来，拍卖充分体现了个人责任原则：一方面，拍卖本身意味着每个人的独立选择，选择这而非选择那是个人的自由权利；另一方面，这种选择意味着人们对自己生活的总体看法，即人们购买什么样的资源同人们要过一种什么样的生活是密切相关的。资源平等很好地体现了伦理学的个人责任原则，但它如何体现伦理学的平等原则？也就是说，资源平等必须解决由客观因素所造成的不平等。在实际生活中，影响人们不平等的客观因素包括运气、残障和个人天赋。例如，某人运气不好，分得的资源受到了巨大的自然灾害影响而一贫如洗；某人天生残障，他应该需要更多的资源才能在总体生活前景上与他人大致相同；某人生来就有超常技能，能轻而易举地获得巨额财富。如何来解决这三种客观因素造成的不平等？

在运气问题上，德沃金真正需要解决的是"无情的运气"问题。无情的运气是风险如何产生的问题，它不同于选择的运气。究其底，选择的运气反映的是主观因素，无情的运气反映的则是客观因素。选择的运气所指向的是个人责任原则，无情的运气则指向平等原则。也就是说，无情的运气带来的不平等是由于个人无法避免的客观因素造成的，人们不应该承担它所造成的后果，它不是个人责任原则的涵盖范围。这样的不平等应该解决，但如何解决？特别是选择的运气与无情的运气并没有截然的区分，而只是程度的差别，如何把二者纳入一个分配体系中加以解决？德沃金借助现代西方社会典型的防范风险的"保险"模式来解决。这正是德沃金思考问题的独特之处。

在面对不确定的意外风险和自然灾害影响时，大家遭遇事故的平等几率都是一样的，每个人都会同意保险的做法，保险市场得以建立。人们可以通过购买保险来避免无情的运气所带来的任意性和偶然性影响，当然购买保险的费用得从最初拍卖资源中扣除。依据赔率或对风险几率的估计，人们就会决定购买多少数量的保险。如果人们坚信自己不会遭受意外而把这部分资源用于其他用处而没有购买保险，那么人们应该为这种选择付出代价。资源平等要求人们为他们的生活付出真实的代价，它保护而不是谴责这种差别。[1] 保险的实质在于对意外的风险所造成的不平等予以解决，但它更深层次上依据个人的选择。投保与否，人们可以通过计算其机会成本。如果因选择问题导致了不平等，那么人人就无话可说，无怨可抱。照此思路，残障和个人天赋的难题也就可以迎刃而解。残障问题和个人天赋问题本质上都可以转化成"无情的运气"问题来处理，即把有残障的人或缺乏自然天赋的人当作因无情的运气而被预先剥夺了某些资源。因此，残障的问题和自然天赋的问题也可以用"保险"的方式来处理。德沃金主张人们建立一个虚拟的保险市场，用保费固定的强制性措施为每个人保险。这

---

① ［美］德沃金：《至上的美德：平等的理论与实践》，冯克利译，江苏人民出版社2003年版，第79页。

样考虑的依据源于，假如将来各种残障风险中的每一种对于每个人是平等的，他们会购买什么样的保险。天赋技能虽不同于残障，但可以把它理解为程度的不同，即人们没有某种技能被视为一种常见的残障。既然如此，类似残障的保险方案同样可行。

显然是受到了罗尔斯"原初状态"思想的启发，德沃金借助一种修正的"无知之幕"来描述"虚拟的保险市场"：假定人们不知道自己究竟有怎样的自然天赋（处于无知之幕中），但却假定每个人都有同样的可能性受制于种种自然劣势（打开无知之幕之后出现的）。人们要想免受残障这样的自然缺陷所造成的不平等就可以用自己平等份额中的资源来购买保险。由于每个人遭受残障风险的几率是同等的，所以社会能够以收税或其他专为这种费用而采取的强制性手段获得一定的资金作为险费提供给残障者。这样一来，有残障的人就会有多于其他人的资源可以支配。德沃金的潜在之意是"使人们尽可能分享由于初始优势、运气和先天能力的各种差异他们本来应当分享但实际上没有分享的各种资源"①，通过这种措施来达到起点上的平等。

德沃金对责任问题在正义理论中的构建产生了巨大的理论效应：离开了责任问题而谈论平等的正义理论是不完善的。因而，越来越多的思想家在思考平等问题时都不得不同时考虑责任问题。德沃金之后的可行能力平等理论、新福利主义平等理论以及严格的运气均等主义都无不面对责任问题。阿玛蒂亚·森（Amartya Sen）的"可行能力平等"如同人们所分析的那样，既对罗尔斯式（包括德沃金）的平等理论过多地注重"平等通货"中的客观的物质因素——不管是平等分配的基本善还是资源——而造成的"拜物教"倾向极其不满，也对以前的福利平等主义的主观性因素——满足、幸福和快乐等——而带来的任意性大加挞伐。可行能力平等理论是要把个人对资源的转化运用能力和个人的选择能力同等地纳入进来考虑：如果一个有责任能力的人所享有的自由（从'能力集'比较的角度看）并不比别人少，但却浪费了不少机会并最终沦为比别人处境差得不能再差的地步，则据此而

① ［美］德沃金：《原则问题》，张国清译，江苏人民出版社2005年版，第271页。

来的社会安排可能就不会出现'不公正'的不平等。①

面对因责任问题而引发的理论责难，对于那些对福利平等理论持有同情并坚守的理论家来说，一种"福利机遇的平等"可以被视为对责任问题的新的回答。福利是偏好的满足，且这些偏好是在充分的相关信息、平静的心态、清晰的思考和不犯理性错误的基础上形成的。②福利的获得多少并不是从结果上来检验，而是在形式上有同等的机会。"决策树"理论的建立有助于平等和机会的双重体现。"决策树"代表个人所拥有的福利机遇，每个人都可以对其中可能关涉到自己生活的福利加总，而每个人都面临这些选项的有效等价排列，此时其福利机遇是平等的。福利机遇的平等重在选择，每个人的选择必须考虑其成本，而成本就是你必须承受的代价（责任）。

严格的运气均等主义者基本上承袭了德沃金的两个原则：排除非选择性运气的影响；人应为自己的选择结果负责。许多原生运气例如家庭背景、教育程度以及人的各种自然能力是人们不平等的主要根源，这些原因造成的不平等应该加以矫正。但是，一些非原生性的运气则需要个人承担责任，例如赌博就是明显的选择性的运气。无论是运气好坏，赌博的结果都不会纳入平等主义的视野之中。相反，平等主义的分配正义反而要承认个人对此选择所承担的责任。就总体理念而言，运气均等主义的基本理由同德沃金高度一致，只不过，运气均等主义者明确将运气与责任作为正义理论的主题来阐述。③

责任问题的彰显体现了正义理论中的一个重要的思维转向。在以前的认知观念里，社会不正义的这种状态都主要归结为社会或个体的客观原因。例如，卢梭将人类不平等的根源归结为私有制；卡尔·海因里希·马克思（Karl Heinrich Marx）也将社会的不平等归结为资本

---

① ［印度］阿玛蒂亚·森：《论经济不平等/不平等之再考察》，王利文等译，社会科学文献出版社 2006 年版，第 355 页。

② Richard J. Arneson, "Equality and Equal Opportunity for Welfare", *Philosophical Studies*, Vol. 56, 1989, pp. 82 – 83.

③ 安德森认为，这一谱系上的人物包括德沃金（但德沃金本人拒绝承认运气均等主义的标签）阿内逊、罗默、埃里克·拉克斯基、托马斯·内格尔、G. A. 柯亨等人。［英］伊丽莎白·安德森：《平等的意义何在?》，载葛四友编《运气均等主义》，江苏人民出版社 2006 年版，第 228 页。

主义的私有制；罗尔斯更是将不平等归结为社会和个体的客观因素。在这些观念里，个人的责任原则总是有意无意地被忽略。忽略的主要原因在于，那些由客观因素造成的不正义都是"不应得的"，从而为人们矫正社会正义和改造社会提供强大的道德理由。实际上，这种强大理由还有另一个维度，既然存在不应得的道德判断，那就必然存在应得的道德判断。责任正是该理论域下的问题体现。因而，在正义原则的建构过程中，应得如影随形，无处不在。

第八章
应得的基础

    对罗尔斯的"反应得"之多重批判使人们意识到，无论是从道德哲学的角度例如对道德推理、道德理由和道德责任的分析，还是从政治哲学的角度例如对劳动、贡献和努力的承认，或者是从理论自身的融贯性所呈现出来的理论问题来看，这些都表明了一个基本的观点或共识，即在社会正义的思考中人们必须面对应得正义观以及如何处理平等正义观与应得正义观的关系问题。理论的批判性较之于理论的建构性来说相对要容易得多。对于主张应得的思想家来说，他们可以从应得的角度对平等主义提出方方面面的批评。

    但不可否认的是，平等正义观毕竟是以一种高度理论体系化的完备方式呈现出来的。而且，从各种反应得之批判中，人们的最终目的并不是要全面否定平等正义观，而是强调在平等主义的正义观中应该要考虑到应得的作用。但是，当思想家直面应得如何发挥作用时，应得正义观之建构性要求也就必然体现出来，这才是应得正义理论所面对的颇为艰巨的理论问题。面对这一问题，我们有必要先行考虑到应得的基础性问题，即当人们要求在社会正义的理论考量中，应得自身所蕴含的真正理论力量是什么，或者说，人们主张应得，其根据和基础何在？从这些基本的理论根据上我们如何来判别各种应得主张的合法性？只有厘清了这些基本问题，我们才能在分配正义理论中合理地主张什么是我们真正的应得。

一　正义的比较性特征

应得能不能作为分配正义原则，首先会面临平等主义者的一个重要批评：应得不具有类似于平等那样的分配正义特质，因而无法担当和扮演分配正义的功能和角色。该批判性观点来自谢弗勒，他认为平等的正义观是集体性的（holistic），而应得的正义观是个体性的（individualistic）。① 罗尔斯早已给予了当代社会正义的基本观念清晰的阐释：在一个合作良序的社会里，社会如何划分其社会基本善——权利和义务、权力和机会、财富和收入以及维护人的自尊的基础之方式。在罗尔斯的正义语境里，分配正义本身就带有集体性的性质。集体性和个体性之分，实际上是要突显出分配正义具有比较性的（comparative）典型特点。按照正义即应得的原初定义，梭伦把应得的正义观念更加明确化：正义就是给一个人以其应得。就此而言，应得的正义观的确是个体性的，而且具有非比较性的（noncomparative）特点。相反，平等的正义观不一样。平等或不平等，它要求必须在人与人之间做出比较才能阐明。这也意味着，平等自身就有比较性的特征。从比较性来看，应得正义观缺乏平等正义观所固有的内在的特征，而比较性也是分配正义的一个特质。

首先，我们需要分析在当代正义语境下的分配正义是否具有比较性的内在特征。当然，正像弗莱施哈克尔所指出的那样，严格的分配正义这个词是罗尔斯所刻意使用的。② 虽然，历史上不乏分配正义的若干思想，但是，明确有分配正义的概念却是 20 世纪 70 年代的事情。确切地说，罗尔斯的《正义论》使得分配正义（distributive justice）作为哲学概念而被使用、认可和研究。概念的确立必然相应有确定的含义，否则，它就不是概念而仅仅是名称。罗尔斯的分配正义主要是在社会基本结构的层面上来使用的，因而，罗尔斯也将其分配正义称之

---

① Samuel Scheffler, "Justice and Desert in Liberal Theory", *California Law Review*, Vol. 88, No. 3, 2000, p. 984.

② Samuel Fleischacher, *A Short History of Distributive Justice*, Cambridge: Harvard University Press, 2004, p. 80.

为社会正义。在罗尔斯那里，特别是在社会制度的意义上，分配正义与社会正义几乎具有同等的内涵和外延。

罗尔斯使用分配正义概念的另一个思想背景是自由主义的政治哲学。自由和平等是自由主义所奉行的最重要的两大政治价值。其中，平等被罗尔斯视为重要的又未曾真正解决的政治价值。一方面，罗尔斯正义理论的主要旨趣就是解决平等，这是其理论的最终目的；另一方面，罗尔斯正义理论的使用语境就是平等主义的政治哲学，这是其理论的现实境遇。这两方面决定了他在使用分配正义概念的时候，实际上是把平等作为分配正义的唯一表征来看待。当然，多元主义者认为分配正义存在不同的标准。就像我们在正义的话语里所简单分析和介绍的那样，分配正义存在诸如需要、应得、平等以及功利主义、至善主义等多种形态。然而，人们如果认可弗莱施哈克尔的说法的话，罗尔斯的分配正义同平等自然的高度一致也就确证了的确存在思想和语境上的双重背景。所以，我们在分析分配正义是否具有比较性之内在特征的时候，自然可以通过分析平等的内涵和使用是否具有这一特征即可。

平等究竟意味着什么，人们要清楚地回答这个问题将面临一项艰巨的理论工程。在当代平等主义的各种关于平等的争论中，人们存在着巨大的分歧，由此衍生出不同的平等观。就像德沃金所说，大家很可能认可平等的观念，但什么是平等则回答的五花八门，莫衷一是。因为，要将平等的观念具体化为概念，就必须给予平等确定的内容。但是，在迄今所知的政治哲学思想史上，人们没有给予平等确切的且大家均认可的内涵。正因为如此，斯坦福哲学在线在关于平等词条的解释中，也仅仅是给予平等一种形式性的解释：平等表示对应性，即在一组不同的物体、人、进程或环境存在至少一方面而不是所有方面的相同特质。[①] 之所以强调一方面而不是所有方面，这是因为避免平等与同一性的混淆。平等强调的是相似而非同一。这是一个非常有意思的形式性定义。但不管怎么说，平等展示两者之间的比较性特征还是显而易见的。

---

① http：//plato. stanford. edu/entries/equality/#DefCon.

当代分配正义的平等是关于某种善的平等，森谓之为"平等的通货"。由于对平等通货的理论视角不一样，平等可以分为资源平等（罗尔斯的基本善平等也可以被视为广义的资源平等）、机会平等和福利平等（包括功利主义）等主要形式。不管是在哪种平等观里，关于平等的基本含义都不会有太大的变化。一方面，平等在表述人与人之间的关系时具有本体论地位，即每个人在道德人格和道德价值上是平等的。这种人格和价值上的平等不需要任何理论证明。相反，如果主张人是不平等的，那倒需要更多的理论证明。平等的证明和不平等的证明存在着理论的不对称。对于平等，人们通过直觉认可它的价值，即每个人的平等并不需要过多的理论证明。相反，人们要主张不平等，这就需要做出令人信服的理论说明。因而，两者在理论证明的要求上是完全不对等的。另一方面，从平等的道德人格引申出人应该被平等地对待。人应该被平等地对待，这种要求本身就意味着在社会政治的现实生活中，人们没有被平等地对待。或者说，人们在很多方面是不平等的。因而，平等主义的真正问题是如何解决这些不平等。在分配正义上要求关于某种或某些善的分配平等——这些善是判断人们之间不平等的主要指标。

平等主义的最大争论不在于平等的价值问题，而在于分配善的平等问题。这也就是说，争论的焦点不是为什么要平等的问题，而是关于什么的平等问题。① 在平等的基本含义的理解中，平等自然具有比较性的特征。顾名思义，平等或不平等本身就是人际比较的关系性范畴。只不过，人们基于比较的参照物不同而有不同的关于某物的平等或不平等。在罗尔斯的政治哲学中，基本善被视为人际比较的参照点。社会最不利者是那些"对基本善具有最低期望的人"。与此相对，社会较有利者则是属于那些对基本善具有较高期望的阶层。分配正义要解决这样的不平等，即社会应该平等分配基本善，除非一种不平等的分配有利于社会最不利者。因而，因为平等自身所具有的比较性特征，罗尔斯的分配正义自然也就具有比较的内涵。有些人认为平等具有工具性价值也是依据平等的比较性特征。

---

① ［印度］阿玛蒂亚·森：《什么样的平等？》，《世界哲学》2002年第2期。

其次，分配正义具有比较性的特征，我们也应该分析应得是否具有相应的比较性特征。如果有，应得也就具有分配正义的内在特征，如果没有，应得也就无法充当分配正义原则。从比较性特征看，部分学者认为应得的原初观念就决定了它不具有这一特征。我们有必要再次分析"正义就是给予一个人其应得"的基本判断。如果单单是这样的表述，应得的确缺乏类似平等正义那样的比较性特征。但是，无论是在古代社会还是在现代社会，人们对应得正义观的践履和主张都具有相应的社会环境。

我们知道，小到语词的使用，大到语义的理解，它们都离不开具体的使用环境。维特根斯坦（Wittgenstein）已经指出，语词的意义取决于使用的方式。一种正义观，无论是在古代还是现在，都不是仅仅针对特定的个人而言的。古代应得的实践离不开重要的社会政治环境，即共同体这一特殊的基本结构。在政治与伦理不分的时代，共同体既是一种伦理共同体，同时也是政治共同体。人们对应得什么和应得多少存在高度共识。虽然，人们看到在《荷马史诗》和希腊神话的各种表述中，正义似乎总是针对某个特定的英雄来说的，但是，英雄总是要容身于整个社会之中。英雄的德性是勇敢，如果英雄在战斗中表现出了勇敢的德性，他就应得属于英雄的荣誉以及伴随而来的其他奖励。具有同样表现的人 B，如果也履行了英雄 A 的所能称得上勇敢的行为，他也同样应得类似于 A 的荣誉。给予一个人的应得是正义的；那么，一个人的应得没有被给予就是不正义的。当共同体的社会结构瓦解后，现代社会的立宪民主制成为基本的社会结构。在这一背景下，人们对分配正义的理解就更不可能是针对特定个人而言的。特别是在社会正义的层面上，人们所谈论的分配善所指均是涉及每个人都必需的基本善。人们对应得的强调，早已远离了古代社会的实践环境，而是在今天"社会正义"的层面来主张应得，它仍然会在社会整体的背景条件下来使用。在我们看来，当代的正义观都是集体性的而非个体性的。

人们在判断一个人应得什么的时候，自然的比较总是伴随其中。第一，当面对竞争性的善的分配时，比较是必然考量的因素。竞争性的善意味着这些善是有限的和稀缺的。一个人多得必然意味着另一个人少得。例如，在 100 米短跑竞赛中，跑得最快的选手可获得冠军称号，同时获得冠军称号相应的高额奖励。实际上，在竞赛的事例中，关于应得的解释是很复杂的事情，它涉及关于应得的三个方面的问题。一是选手自身的实际的行为问题，即他本身相对于其他选手来说的确是跑得最快的。但不管怎么样，事实上他就是跑得最快，得了第一。二是比赛规则的问题。比赛规定，跑得最快获得第一名的人可以获得"冠军"称号，而且给予与荣誉相一致的其他奖励。至于比赛背后的这个人，他有可能得到了刻苦的专业训练、具有短跑的天赋以及较好的运气（抓阄抓到了相对有利的跑道）等，这些都与比赛的结果认定没有关系。三是"冠军"称号的排他性，即作为荣誉的善无法共享，属于完全个人的善。实际上，这三个因素是在表达着性质不同的应得。这暂且不表。我们分析的是它们都具有共同的特征：作为行为，跑得最快；作为规则，最快者得冠军；作为善，属于个人拥有；它们都是在人际比较（速度）的基础上做出的应得判断。

第二，在面对一些非竞争性的善的分配时，比较的因素也在不同程度上体现出来。所谓的非竞争性的善，它意味着这种善具有相对的充足性，不会因为 A 的获得而影响到 B 的获得。但是，这种相对的充足并非没有条件。例如，英国为了表彰其国民在某些方面的突出贡献而授予一定的爵位。爵位的授予本身没有人数限制，但是，授予谁则具有一定的比较性意义。例如，去年 A 被授予男爵爵位，今年 B 也被授予男爵爵位。这里面有两重比较，一是授予的机构会比较当年的获得者是否具有先前获得者相近的贡献；二是普通的人们也会自然地比较 A 和 B 是否具有相同或相近的东西而获得该荣誉。如果 B 同 A 相比相差太多，即使是爵位没有人数限制，人们也不会认可 B 应得这样的荣誉。

第三，在面临惩罚性正义时，应得表面上是个人性的，但实际上也是比较性的。一个人做了错事而受到法律的惩罚，人们认为是这个人应得的，符合惩罚性正义的要求。惩罚的结果当然由这个人本人来承担。因此，从表面形式上看，个人面临惩罚性正义时，的确是个人性的。但是，惩罚的形式和后果却是具有比较性的。一方面，当面临同样的情况时，人们会比较两者之间适用的程序问题，即同样的情况是否适用于每个人。如果两者行为性质一致却按不同的法律罪名制裁，这显然是不正义的。另一方面，惩罚的结果同样也会具有比较性特征。在同一件相似的事情上，A 的处罚明显重于 B 的处罚，人们也会认为是不正义的。① 相同的事情，相同的对待。这也是应得自身所含有的正义特征。

同样，托马斯·霍卡（Thomas Hurka）在分析各种应得的形式中都发现了这点。他将应得分为道德应得、矫正性应得和分配应得。② 在他看来，不但矫正性应得（惩罚性正义的体现）和分配应得具有明显的比较性特征——矫正性应得存在程序和结果的比较特征；分配应得因为在市场经济的环境下，应得结果更具有比较性的特征，就连道德应得同样具有比较性特征。我们都知道，有德性的人应得幸福，这是应得正义观中最基本的含义和内容，也是罗尔斯最不赞同的应得。一个人的德性有多高，应得的幸福有多少，这些可能都是模糊不清的。但是，如果 A 的德性高而得到了痛苦，而 B 的德性低却获得了幸福，这种明显的比较意味还是一目了然的。

人们还可以通过更多的不同方面来确证应得同现代分配正义的比较性特征存在一致性。实际上，在我们看来，只要在当代正义语境下来使用各种正义概念，自然都是在"集体性"意义上来使用的，而不是简单地运用于个人正义。就拿需要的正义来说，相对于其他正义观，需要的比较性特征更弱。这是因为需要是同每个人"自己的"和"当下的"生活感受密切相关。从直接性意义上来说，需要是自己的，别人的需要与自己无关；需要是当下的，我们不会去强调将来的需要。即使是这样，它依然不会影响需要正义的本质性特征。需要具有规范性，不是个人欲望的反应，不是人道主义的要求，而是正义的主张。需要强调公民"有尊严生活"的"最低水平"或"基线标准"。最低水平或基线标准在形式上是绝对的，但在内容上是变化的。人们通过比较不同的共同体、国家和社会历史而确定相应的满足需要的内容。所以，需要也不简单是个体性的，需要的标准和基线是不停变动的。

---

① David Miller, "Comparative and Noncomparative Desert", *Desert and Justice* (Edited by Serena Olsaretti), New York: Oxford University Press, 2003, p. 34.

② Thomas Hurka, "Desert: Individualistic and Holistic", *Desert and Justice* (Edited by Serena Olsaretti), New York: Oxford University Press, 2003, p. 45.

最后，我们应该进一步分析比较性特征是分配正义的唯一特征还是重要特征。单从分配正义本身来说，它的确含有比较性的特征。没有比较性，人们也就不需要提出各种形式的分配正义观。正因为牵涉社会各种善的分配，人际比较的各种因素都会参与其中。特别是对于平等主义的正义观来说，平等和比较性似乎具有天生的一致性。平等具有比较性，但并非比较性是平等所具有的唯一特征。在对应得的分析中，人们发现应得同样具有该特征。同样，同平等主义相竞争的还有诸如需要和功利主义等正义观，都具有相同的比较性特征。就此而言，比较性并非平等的唯一特征。因此，仅仅用这个标准来批评应得不具有分配正义的形式要求显得理由不充分。

更为重要的是，人们并不会以比较性作为支持分配正义原则的重要理由。在很大程度上，比较性是正义的工具性特征而非内在特征。正义的价值应该具有内在性特征而不仅仅是工具性特征。既然比较性是重要特征而非唯一特征，那么，对于分配正义来说，它所呈现出的问题是，分配正义的理由是内在性的理由还是外在性的理由。外在性的理由由比较性特征而来，如果没有比较性，分配正义将没有支撑的理由？显然不是的。分配正义显然具有内在性的理由。也就是说，分配正义所体现的价值应该是内在性的价值而非工具性的价值。如果分配正义的确表达了一种内在价值，对于应得来说，其内在价值在何处？这个问题的实质是，应得具有分配正义的比较性特征，但对于应得来说，比较性特征仅仅是应得的一方面，更重要的另一方面是应得具有作为正义的真正的内在价值。这个内在价值才是应得的真正的基础。

二　内在根据

应得的基础在本质上追问的问题是，应得在当代政治哲学语境下作为正义主张，其根本的道德理由是什么。人们不会想当然地认为某人应得什么但是却不需要任何理由。如果人们说 A 应得好的对待而又没有任何特殊的理由，这显然是非常荒谬的。没有基础的应得不是应得。① 或者说，没有理由的应得不是应得。人们说某人应得什么，首先直接追问的是"因为什么"。同样，平等主义者在主张平等时，人们自然地也会追问为什么。我们在前面曾注重强调，各种分配正义自身的论证和相互之间的批评竞争归根结底都是关于道德理由或道德根据的充实与否。

应得的基础在哪里，真正的理由何在，这是应得自我证成的主要路径。同时，应得的基础和根据也是它自身同其他分配正义观念相互区分的重要特征。如果人们认为对这些问题的追问显得过于笼统的话，我们可以采取一种较为简洁的形式来分析这一问题。费因伯格（Joel Feinberg）把应得的基础形式化为这样的逻辑命题：S deserves X in virtue of F，即主体 S 根据 F 而应得 X。其中，S 代表主体，X 代表对待的模式，而 F 则是指与主体 S 相关的事实。② 在这个形式化的表述中，S、X 和 F 构成了命题的三元要素，其中，根据 F 就是我们追问的根本问题。

形式化的表述有可能带来应得基础无限回溯的难题。阿兰·柴特齐克（Alan Zaitchik）已经指出过该形式命题导致的问题。因为当人们在追问 F 基础的时候，F 的后面可能依赖 F1，而 F1 的后面还要依赖 F2 的解释，如此以至于无穷。③ 在这连续的回溯中，人们有可能找不到 F 的基础；即使找到了所谓的基础，在人们眼里也许是荒谬而不可理解的。④ 因此，按照这样的形式来表述，根本不存在任何形式的应得。为了避免这个问题，乔治·谢尔（George Sher）将这种个人化的逻辑命题改编成两个人之间应得什么的比较性命题。如此一来，应得什么就在两个人之间进行比较而寻求到相对稳固的基础。当然，这不失为较好的解决路径。但对于主体 S 根据 F 而应得 X 来说，该命题主要表达个体性的应得，他追问的是这个人为什么应得某善的内在根据而不是比较性根据。因而，在形式化的命题表述中，F 本身是同 S 和

① Joel Feinberg, *Doing and Deserving*, New Jersey: Princeton University Press, 1970, p. 58.

② Ibid., p. 61.

③ Alan Zaitchik, "On Deserving to Deserve", in Lawrence C. Becker (edited), *Equality and Justice*, Volume 6, 2003, pp. 191 – 192.

④ George Sher, *Desert*, New Jersey: Princeton University Press, 1987, p. 27.

X 联系在一起形成的共同意义。F 自身可能就是 S 的基础，F1 的回溯只是在形式上呈现出来的命题。所以，虽然 F 在形式化命题中是我们解决的主要问题，但是它必须在整个命题结构中来理解。

对于 S 根据 F 而应得 X，我们知道，S、F 和 X 作为结构的三元必须在结构中作为一个整体来理解。但是，为了将这个结构中的三元因素阐释得更加详细清楚，我们需要对其中的因素都逐一解释，然后再从整体上分析应得的内在根据和基础。主体 S 指向谁在我们此处所讨论的应得中具有一定的阈限。或者说，我们讨论的应得主要指向个体性的人。在人们的日常语言使用中，关于 S 的应得判断或表达有很多。就像罗尔斯分析不同的应得时所列举的一个事例，一场球赛下来，球队 A 应得胜利。类似的事例会很多。费因伯格分析很多这种形式的应得主张：艺术品应得尊敬、问题应得细致思考、法案应得通过等。在各种应得的表述中，有些与分配正义无关，例如艺术品、问题、法案等。而他们最大的共同点在于，应得的主体 S 都不涉及个体的人。这正是应得主体分析中所呈现的问题，即在何种意义上主体 S 是我们在分配正义中所讨论的主体 S？

在分配正义语境下，人们自然就会认为分配正义的主体所指是社会中真实的人。在理论的推理和论证中，思想家为了问题的简化会将社会中的个人理解为不同阶层的代表，但是，主体是人且具有道德性是无疑的。同样，应得在分配正义中的语言使用也是指向人。但是，在人们的日常语言使用中，一些非人格的东西也在充当着主体的角色。为了区分开这些应得主张的使用，人们用"个人应得"这个词来特指"S 根据 F 而应得 X"这样的应得。个人应得概念的使用表明，一方面，人们应得什么是基于主体自身的内在基础而不是人们所附加的外在理由。而艺术品、问题、法案或竞赛所依赖的理由本质上是取决于人们的道德判断和规则判断。个人应得的基础或根据在于主体自身而不是其他。另一方面，主体应得什么表明主体自身具有价值属性，这是主体中人和物两种性质的根本不同。某物应得什么在于人赋予物价值属性，而人的价值属性就在于人自己。

个人应得强调主体的内在根据是这个人自己的而非其他人的。或者说，主体具有某种属性且这种属性是他自己固有的而非其他主体具有的，并且是他应得 X 的基础。人们在使用这样的应得主张就会自然而然地区分两种相似的应得主张：第一种是表达应该（ought to）的判断，但人们也常常使用应得。第二种是表达应该拥有（should have）的判断，人们更会使用应得来代替。对于前者，S 应得什么和 S 应该得到什么不一样。S 应得什么自始至终存在同一个主体，而 S 应该得到什么则有可能主体发生了转换。主体具有某种属性是基于这个主体而非那个主体的属性，也就是说，这个属性是属于我的而非你的。例如，一个努力学习的学生应得较高的分数，其基础在于这个学生一直以来的努力。但是，我们不能说为了使他生病的妈妈高兴而应得较高的分数。这明显是针对不同的主体来说的。对于前者，学生应得高分数是因为其努力；而对于后者，语言表述的主体是老师。老师应该（ought to）给予他高分数以免使他生病的妈妈更加伤心。后者明显是应得的误用。总体说来，构成主体应得基础的事实必须是关于那个主体的事实。①

对于后者，应得（deserve）和应该拥有（should have）的区分则比较困难。因为两者表达的意义十分相近，所以人们总是不加分别的使用来表达相同的意义。②人们关于应得的判断，如果是基于主体 S 的属性和特征来说，这是其应得；而应该拥有也是基于 S 的相关特征和属性来判断其应得，两者表达的可以是同一个意义，可以互换。但是，如果应该拥有不是基于 S 自身的因素，而是依据其他同 S 无关的因素来判断 S 应该拥有什么，这也只能是表明价值判断的主体想表达某种价值倾向，但此时绝对不是应得。因此，我们认为，应得（deserve）和应该拥有（should have）的区分其重要根据依然在于主体自身。

主体 S 应得的对象就是 X。费因伯格把应得的对象 X 划分为五类，它们分别是：1. 各种奖项的报酬（rewards of Prizes）；2. 品级的分派；3. 奖赏和惩罚；4. 赞扬、责备和其他非正式的反应；5. 赔偿、责任

①　Joel Feinberg, *Doing and Deserving*, New Jersey: Princeton University Press, 1970, p. 59.

②　Jeffrey Moriarty, "Desert and Distributive in ATheory of Justice", *Journal of Social Philosophy*, Vol. 33, 2002, P. 131. 亦参见 [英] 米勒《社会正义原则》，应奇译，江苏人民出版社，第 150 页。

和其他形式的补偿。① 很明显的是，在应得对象的这些清单中，人们通常关注最多的两类善即荣誉和经济利益并没有体现出来。荣誉更能彰显应得的日常用语的普遍性特征，而经济利益在分配正义语境下更是争论的焦点。而且，同后来的一些学者列举的属于应得之善的清单相比，费因伯格的清单内容也明显偏少。对于费因伯格而言，荣誉和经济利益可以被归入为其中五项中的一项或某些项的组合下。② 只要将这些善的特征阐述清楚，荣誉和经济利益的性质也就同样得到解决。而关于应得之善的范围问题，我们也只有清晰应得作为分配正义判断的基本特征时才能给予相应地界定。

在一定意义上，上述五项清单在性质上可以简化为一项即"尊敬"与"怨恨"。一方面，通过这些清单中列举的善，人们发现这些善几乎都带有相互的对比性质，用简单的话说就是"好的"和"坏的"。这表明关于应得的判断主要体现为道德性质的判断。正因为这样，费因伯格才认为应得具有一种自然的道德观念。另一方面，从这些善中体现出它们同主体的内在联系。也就是说，这些善总是同主体密切相关。这也再次印证了这点，在应得判断的结构中，主体 S 自身就表达了一定的价值性质。因而，人们在使用 S 应得什么的时候，这个 S 是具有道德属性的人。基于这两点原因，我们才认为上述五项清单可以简化为一项，即表达了一种"普遍化的尊敬"和"普遍化的怨恨"。只不过，前者常以奖励来体现，后者常以惩罚来体现。

不管对象 X 的范围在哪里，对于主体 S 来说，对象 X 同其 S 自身表达了一种"相称"（fitting）的特征。相称既是一种性质上的相称，也是一种数量上的相称。性质上的相称表明主体应得的对象不能模糊混淆。从上面的广义区分来说，不能尊敬和怨恨性质不分。例如，本应对一个人的行为给予表扬，但因为某些原因反而给予其责备或处罚。近些年在中国社会出现的"扶人而被判赔偿"的事件，已经将应得这些基本的道德判断和道德信念彻底地击碎。数量上的相称同性质上的

---

① Joel Feinberg, *Doing and Deserving*, New Jersey: Princeton University Press, 1970, p. 62.

② Samuel Scheffler, "Justice and Desert in Liberal Theory", *California Law review*, Vol. 88, 2000, p. 968.

相称是一致的，即数量上的相称是性质上的相称的进一步细化。同样的行为在同等的条件下，应得对象在数量上是一致的。例如，在一场体育赛事中，组委会规定凡是冠军得者将获得 50 万元奖励。那么，凡是获得冠军荣誉的都能获得这 50 万元奖励，人们不能因为冠军项目的不同或获得冠军的人员不同而随意改变奖励的数目。

在"S 根据 F 而应得 X"的判断中，F 无疑具有决定性的作用，它决定了主体 S 应得什么即 X 而且为什么应得 X。"为什么应得"就是我们所要追问的应得之基础问题。在这形式化的表述中，F 是与主体 S 相关的事实，而只有 F 与 S 的内在相关性才决定了 S 应得 F 带来的 X。但这种内在相关性是什么意思呢？第一种解释根源于内在的善，即 S 应得 X 是一种内在的好。用卡甘（Shelly Kagan）的解释是：在其他条件不变的情况，如果一个人得到了他应得的，这是一件好事情。我相信在人们得到他们的应得里存在一种内在价值。① 不可否认，应得也会有工具性价值。当人们得到他们的应得时，没有人会怀疑这里面会有随之而来的各种形式的欲望影响，这也就是说，这里面有工具价值的体现，但是，更为重要的还是内在价值。人们得到其应得，这本身就是一种善。

第二种解释在于理由，即基于其自身的目的，存在一定程度的理由使得 S 应得 X。F 是 S 应得 X 的根本理由，这是人们通常语义里追问"应得的基础"所体现的最主要的意义。费因伯格也是按照这个思路来追问应得的根据。所以，在他看来，虽然不是在决定性的意义上，但是至少在一定程度上存在主体 S 应得 X 的理由。而且，这个理由人们又最愿意使用应该来表达：应该给予人们的应得。因而，从整体上呈现出来的应得判断就具有了道德意义上的约束性。

两种解释都是在追问应得的根据即 F 自身的性质。依据这两种解释，人们把应得的判断也就分为相应的两种：基于内在善的应得和基于理由的应得。② 到底是哪一种解释能够更好地揭示应得的根据，或

① Shelly Kagan, "Comparative Desert", *Desert and Justice* (Edited by Serena Olsaretti), New York: Oxford University Press, 2003, p. 93.

② Nathan Hanna, "Two Claims about Desert", *Pacific Philosophical Quarterly*, 2013, 94 (1), pp. 41 – 56.

者像某些人赞成应该同时接受两种解释，人们的观点不一。对于我们
而言，第一种解释自足于内在善，但这种内在善并没有揭示出 F 面临
的根本问题。给予人们的应得当然是一种内在的好，但人们为什么应
得和应得什么的实质问题没有触及。但是，第一种解释给人们提供了
有益的启示，即应得的根据不是向外求而是向内求。只有根据是内在
性的，所体现的价值才会是内在性的。第二种解释直击 F 的本质问题
即理由问题。只有当理由清楚明白，应得的根据才会清楚。但是，理
由的清晰性应该同时包含理由的确凿性。在一定意义上，应得的理由
或根据是以自身为基础。这表明，第一种解释的启示性问题在第二种
解释中具有重要作用。这也就是说，应得的根据是内在的、是自身的、
是不再需要继续回溯的。因此，这两种解释的性质决定了应得的根据
性质。

在"S 根据 F 而应得 X"中，F 如何才能展示内在性的根据呢？
一方面，F 的根据性诉求要避免向外求而具有内在性，那么，F 的根
据显然来自 S。另一方面，F 也表明了 S 和对象 X 之间的一致性，即 X
本身就是 S 自身的结果。依据这两个性质，人们把 F 理解为 S 自身所
具有的某种特质或 S 自身做过的某种事情。正如费因伯格所说，如果
一个人应得某种对待，他必须且也是必然地根据他所具有的某些特征
（characteristics）或先前的行为。① 在他看来，没有这样的应得的理由
或根据，人们提不出任何应得的主张。受此影响，后来的学者克雷尼
格将应得的基础进一步明确为：应得能够被归因为以某些人拥有的特
质为基础或者以某些人做过的事情为基础……这意味着应得是以主体
过去的行为或主体自身的某种内在特征为基础。②

人们之所以强调主体具有某种内在的特征，其目的无外乎是强调
这个特征是主体所具有的且它决定了主体应该拥有与此特征相一致的
某种东西。一方面，"主体的内在特征"称谓区分开了主体 S 的特征
和主体创造出来的特征。例如，我们来比较罗兰应得一等奖因为其绘

---

① Joel Feinberg, *Doing and Deserving*, New Jersey: Princeton University Press, 1970, p. 58.
② John Cleinig, "The concept of desert", *American Philosophy Quarterly* (8), 1971, p. 75.

画作品和罗兰的绘画作品应该等到一等奖两句话。直观来看，两个句子的差别在于主语的不同。前者是罗兰，后者是罗兰的绘画作品。但是，两个句子表达的语义是不同的。前者是因为罗兰画出了很好的作品而应得一等奖，其根据在于罗兰自身高超的绘画技巧和风格。后者是因为作品本身的性质而应该获奖，其根据在于罗兰创造出的绘画特征。我们用这个句子来表述相同性质的语义就可以更加清晰。例如，这部作品（罗兰的绘画集）应该出版。另一方面，主体的内在特征具有一定的个体性。之所以称之为内在特征，是因为这个特征是这个主体主张应得 X 的根据而不是另一个主体也应得 X 的根据。而且，内在根据与 X 之间存在一致性和对应性。

但是，主体的某种内在特征这个说法未免模糊。现在我们面临的问题是，一个人天生就具有的某种自然特征是不是内在特征？例如，一个人天生就长得帅，而且，大家公认为他是最帅的人，那么，他是否应得所有漂亮女孩的青睐？虽然，这个例子不太恰当，毕竟青睐这种善与分配正义的善是不同的，但我们可以设想这样的社会结构，青睐也是待分配的善，那么，这个人的帅是应得其青睐的理由吗？如果是，理由是什么？如果不是，理由又是什么？如果人们认为他的确应得青睐，因为帅是主体自身的属性（别人不具有），而且青睐与帅又存在高度的一致性和相关性，那么，这个理由只能来自于人们所说的内在特征。

但对于罗尔斯来说，自然特征显然不是应得的根据。自然特征是任意性的因素所致，在道德意义上不具有必然性。因而，人们提不出任何关于自然天赋的道德要求。就此而言，人们主张自然天赋的应得毫无道德根据。人们主张应得，特别是应得自身天然地就具有道德观念的性质，因而它的根据是坚实的同时也是在表达着一种道德判断。因此，内在特征具有某些"道德性"。实际上，思想家都没有具体分析什么是内在特征，但他们的例证都或多或少的将主体行为形成的某种特征而不是自然特征称之为内在特征。按照麦金太尔的说法，内在特征同实践相联系。因而，在这种意义上，应得的根据即主体自身具有的特征或先前的行为可以广义地形式化为主体的行为这一个根据。

用通俗的话说，应得的根据在于主体以前做过什么事情。罗尔斯之所以认为自然特征不是应得的道德根据，其深层原因就在于自然特征同这个人自身的行为没有任何关系，自然特征不是人们行为的结果。这正是罗尔斯反应得的主要理由。实际上，从罗尔斯的反对理由中，人们意识到罗尔斯对应得根据的一种暗示，即基于行为的应得才具有道德根据，依据主体的行为并提出与该行为相一致的应得主张才具有内在根据。这也是罗尔斯反应得理由中所揭示出来的最有价值意义的地方。我相信，罗尔斯在一定层面上呼应了费因伯格等关于应得基础的基本观点和思想。当然，人们也可以继续追问，为什么主体的行为就构成了应得的基础？或者说，当人们追问应得的基础，为什么回溯到主体行为时就戛然而止呢？理论的确定之点似乎存在理论上的自明和实践上的共识。主体的行为应得与其行为相应的后果就属于这样的自明性判断。

应得的根据在于主体的行为，它向人们揭示了应得另一个本质性特征：应得是"前制度的"应得（pre - institutional desert）。应得的基础在于主体，这从逻辑和时间上都表明主体的应得要先于任何形式的制度和规则，也就是说，主体的应得主张本身就是一种道德判断，它不需要其他的道德判断为其申言，反而它是其他道德判断（主要是各种形式的正义主张）的基础。而且，人们所使用的其他应得，例如基于制度的应得和某种规则的应得都必须以行为应得为最终根据。应得的前制度特征又决定了应得具有显著的批判性特征。当我们对某人的应得甚至是其他形式的正义判断提出质疑时，无形中它具有批判其他判断的力量。就像米勒所说："应得是一个前制度的概念。当我们援引它时，十有八九是在根据关于构成对个别行为的合适反应的在先的观念对我们的制度运作的方式进行评价。应得是一个批判性的概念：当我没说'他应得这个'或'她不应得那个时'，我们恰恰是在对我们的制度在特定的场合或一般的场合分配利益的方式提出挑战。"①

---

① ［英］米勒：《社会正义原则》，应奇译，江苏人民出版社 2001 年版，第 157 页。

三 道德力量

把应得的基础奠基在主体行为身上，其目的是为应得寻求到可靠的内在根据。这一内在根据是否能够获得足够的道德力量（moral force），这是应得的基础之追问中产生出来的另一个重大问题。在一定意义上，如果它所获得的道德力量越强大，说明应得的基础也就越坚实稳固。反过来一样，如果应得的基础足够坚实，它所产生的道德力量也就越大。当人们在追问正义的基础时，潜在之意也是在追问该种正义观的道德力量是否充足；当人们追问正义观所依赖的道德力量时，实际上也是质疑正义是否有牢固的基础。因此，正义的基础和道德力量展现的是一个问题的两面。实际上，道德力量的问题分析是对正义基础的再解释。奠基在主体行为基础上的应得是否有足够的道德力量呢？为了说明这个问题，我们拟从两个方面来进行探讨：一是通过比较应得与其他正义观的基础来阐释其道德力量；二是直接分析应得的基础所体现出来的道德力量来证明其道德力量的充分性。

首先，我们从"S 根据 F 而（ ）X"的形式来分析与应得相竞争的主要的几种正义观，从而比较它们的基础及其所体现的道德力量。在我们看来，费因伯格使用"S 根据 F 而应得 X"的形式分析有一个最大的理论好处，即应得的基础直接引向主体。也就是说，正义的根据是向内追寻而不是向外诉求。因此，从形式上，一些正义观的内在根据是否存在和是否真正有内在特征也就可能会一览无余。

与应得这种形式分析极其相近的正义观当属需要。按照正义的个体性或集体性标准，需要典型属于这种以个体性特征为内在特征的正义观。不同于应得，需要的主体表述带有很大的主观性。因此，我们采取的理论进路是确证有些需要并非个人的主观意愿表达，而是具有相当程度的"客观性"和"普遍性"。很明显的是，客观性和普遍性来自于需要所指向的善。如果善具有一定的普遍性和客观性，例如基本需要所罗列出来的一系列清单，那么，主体的主张就有相应的普遍性和客观性。既然主体的主张具有普遍性和客观性，它自然就有"应该被满足"的道德力量。

从形式上看，需要的主张也一定是关于主体的，这与应得的主张是一致的。只要我们不把自己设想为与分配正义无关的旁观者，我们就不会因为别人的需要或物的需要提出分配正义的主张。在正义的基础和内在根据的追溯上，需要也的确具备向内寻求的形式要件。但是，需要的内在根据与应得的内在根据又存在本质的不同。关键的一点在于主体能否给其正义主张提供完全的理由。一方面，我们从字面意义上就可以看出，在需要的主张中，主体的需要是自身无法满足的，因而它才向他人或社会提出满足的要求。如果他能够满足自己的需要，也就没有需要主张的提出。在这种意义上，需要的证成还要依赖他者。另一方面，由于需要自身无法满足而又必须满足，因此，一个人的需要主张意味着对他人来说具有义务性质。这种义务是道德义务还是法律义务，这取决于思想家所赋予需要理由的强弱。如果是社会出于公民基本权利的理由，这是较强的约束力，属于法律义务；如果是处于人道主义的考虑，这是较弱的约束力，属于道德义务。

需要被人们认为是可接受的正义原则，或者说，需要被认为的确具有道德力量，它至少应该包括两个基本要件：一是需要指向的善具有客观性，而这种客观性显然来自于社会的共识和制度建构内容的认可；二是需要的满足本质上要求他人负担这种义务，而且这种义务要得到他人的认可和接受。就这两点来说，需要的理由虽然从形式上来自于主体，但实质上依赖他人。这与应得的根据明显不同。应得的根据直接来自于主体，但它不依赖他人或社会，而就在于主体行为自身。S 根据 F 而应得 X，这个 X 不是来自他者，而是主体行为的后果；F 也不依赖他人，而依赖 S 自身是否坚实牢固。

应得正义观的最大理论对手是平等正义观。平等正义观的基础能否使用类似于应得或需要的形式化表述来追溯其内在根据呢？这正是我们着重要分析的问题。如果说需要虽然缺乏令人信服的内在根据但依然能使用类似于应得那样的形式化分析，那么，对于平等而言，我们几乎难见人们使用这种形式。对于"S 根据 F 而（ ）X"，人们发现很难将"平等"放入到括号中。凭直觉人们就能意识到，如果是主体根据 F 而平等得到 X，而这时的平等所依赖的基础 F 无论怎样理解都离不开主体同他人的人际比较。对于主体而言，首先比较自己同他人在某些方面的不同和相同，然后提出平等的要求；对于主体所主张平等分配的善 X 来说，更是由比较而要求的结果。

　　在人们看来，就这样一个形式化的表述就能分别应得和平等的确存在本质的不同。应得的形式化可以将应得的基础指向主体这一内在根据，而平等却无法运用这一形式，因为平等的本质性特征是比较性。而且，就平等所指向的善而言，即 S 主张平等分配 X，作为善的 X 与主体之间可能存在直接联系，也可能不存在直接联系。对于后者来说，如果某种善 T 仅仅因为 A 有而 B 没有，但出于个人尊严或其他原因的比较性，B 要求具有同 A 一样的 T，哪怕 T 对他的生活没有任何直接性的意义。同样的问题回应了人们对罗尔斯基本善的批判。对于某些人来说，他真正需要的善可能并不是罗尔斯所说的"基本善"，恰恰是基本善清单之外的某些善。这些善对他来说才具有真正的首要（primary）意义。

　　应得的形式化分析表明应得的本质特征不是比较性而是个体性，虽然，它在很多方面也的确具有比较性的特征。从价值的角度看，应得的价值包括比较性价值和构成自身原因的内在价值，但内在价值是应得得以证成的主要原因。同样，平等主义者也希望为平等寻求到内在价值而不仅仅是比较性价值，而且人们也希望平等具有内在性价值，但是，这却是非常困难的事情。我们可以借用托马斯·内格尔（Thomas Nagel）所列举的一个假设性的例证来说明这个问题。假定人体的基因发生了突变，人们的每一次怀孕都是双胞胎，且其中一个总是双目失明。同时假定这个社会的医学相当发达，而且社会政策规定将其中有视力的小孩的眼睛移植一只给双目失明的小孩以实现两个孩子在视力上的平等。① 作为一个平等主义者，他是否认可这种社会政策？主张优先主义正义观的思想家德里克·帕菲特（Derek Parfit）再次引证了这个事例。② 这个事例当然是设计出来的极端事例，但正好可以突出问题的尖锐性。

---

　　① Thomas Nagel, *Moral Questions*, Cambridge: Cambridge University Press, 1979, pp. 123 – 124.

　　② Derek Parfit, "Equality or Priority?", *Equality and Justice (edited by Peter Vallentyne)*, volume 1, New York: Routledge, 2003, p. 310.

这个极端的例证至少可以说明两个理论问题。第一个就是平等的内在价值或平等的理由问题。如果是出于平等自身的内在价值，即平等本身就是好的，而不平等本身就是坏的，那么，在人们的直觉观念中，为什么不可以移植一只眼睛给失明的孩子而两个人都能同享光明呢？人们以此事例评析平等出于内在价值的辩护没有真正的道德力量。由平等内在价值的追问方式，人们意识到，平等的重要基础不是导向主体，而是对平等本身的一种价值论证。就此而言，平等的基础和应得的基础的确存在本质的差别。

第二个问题是善与主体的关系问题。在正义基础的形式分析中，善不是外在于主体而是同主体密切相关。作为失明的孩子，光明是其生活意义的全部，所有的额外的其他补偿都不足以抵消失明的痛苦。对于这个孩子来说，光明才是基本善。如果是出于内在价值的平等，为什么失明孩子要求的平等（眼睛移植），即使是对那些强烈主张平等的平等主义者来说也不会认可呢？当然，人们大多数都会通过善的性质这种理论方式来反对这样的平等，即人体器官因为个人所有权限制不在平等分配之列。但是，依靠善的性质来反驳并不具有普遍的理由。在这个社会里，某种善不能平等分配；但在另一个社会里，这种善可以平等分配。为什么不能在眼睛这种善上做人际比较呢？这说明，人际比较是有边界的，并不是所有的东西都能从平等的角度去审视。

S 因为 F 而应得 X 的命题形式，其追溯的道德根据或道德理由就在于同 S 密切相关的特征，平等的主要理由自于 S1 同 S2 之间的人际比较。在这种意义上，平等的确不具有内在根据，虽然人们并不愿意将平等的价值完全建立在比较的意义上。因此，从平等的本质性特征即比较性来判断应得是否具备分配正义的品格明显地是将正义的基础这一最重要的问题掩盖起来，从而将应得拖到有利于平等特质的理论范畴。但是，当人们追问正义基础的问题时，平等正义观必定会面临基础不坚实的理论质疑。

当我们运用这一形式来分析功利主义时，也会遭遇到同平等相同的理论难题，即很难为其寻求到坚实的基础和有力的道德力量。正像罗尔斯所说，功利主义并不太注重功利在人与人之间的分配问题，而是以功利最大化为目标。这就决定了功利主义并不能提供一套令人信服的分配正义理论。平均功利主义理论试图矫正古典功利主义单单追求功利最大化，进而强调功利平等分配的一面以突显功利主义也关注分配正义，但因为涉及人际比较的问题，平均功利主义同样无法避免古典功利主义的问题。因此，向内追溯正义根据的形式分析也不适用于功利主义。

究其本质，"S根据F而（）X"的形式，其根据F是明确指向主体自身的，即S、F和X它们三者具有内在的本质性联系。这种反向内求本质根据的思维方式同平等主义、功利主义以及需要正义观明显不同。平等主义和功利主义分配之善的出发点是"向前看"，即预期哪一种分配正义原则在将来的分配之中能最大程度地获得更多的善。它们对正义根据的寻求方式很大程度上都是向外寻求。需要正义观对善的要求的立足点在于当下，即主体出自于当下的基本需要而提出的主张。因此，它总会陷于需要与主观欲望难以准确区分的泥沼。应得对善的思维方式是"向后看"，它是通过主体自身的特征或发生过的行为来确定主体的应得。所以，从正义是否具有基础和伴随而来的道德力量来看，应得相较于平等主义、功利主义和需要都是充分坚实的。

有人认为，对于大多数的应得主张来说，它们都不同程度的具有道德力量。因为，这些主张总是潜在地表达着"应该"的道德判断。虽然，我们曾分析"应得"和"应该得到"还是有着一定的区别，而且，应得作为前制度应得本身就赋予道德力量。但从道德的语言使用角度和表达的道德评价来说，"应该得到"是人们从应得中刻意强调的道德力量。通过完成应得与其他正义观的简单比较，我们现在就转而直接面对应得的道德力量及其充分性这一问题。人们虽然承认应得自然地具有道德力量，但是，人们描述和理解道德力量的理论方式可能不一样。而且，这些理论方式直接影响应得道德力量的强弱。受优先主义者将平等分为"目的论的平等主义"（Teleological Egalitarianism）和"道义论的平等主义"（Deontological Egalitarianism）以区分平等的道德辩护理由属于何种性质影响，有人也将应得区分为"目的论的应得"（Teleological desert）和"道义论的应得"（Deontological desert）。①

"目的论的应得"和"目的论的平等主义"都是要强调分配正义的应得或平等具有内在价值，因而其理论主张和实践要求无疑都具有强大的道德力量。然而，两种目的论的正义却产生了相反的结果。对于目的论的平等主义来说，它力图通过确证平等的内在价值为平等辩护。目的论的平等主义认为平等本身就是好的，不平等本身就是坏的。② 就此而言，目的论的平等主义比较关注平等的程度问题。平等的程度越高，平等的价值也就越大。因此，在目的论平等主义者的思想视阈中，所有的不平等都没有道德力量，因为它们本身就是坏的而不具有任何价值。目的论的平等主义虽然极力确证平等的价值，但在内格尔和帕菲特关于"双胞胎是否应移植眼睛"的极端例子的质疑和反驳下瓦解。"目的论的应得"或许由此能够证明自身的内在价值。作为目的论原则的应得是与评价结果或事情的状态相关的原则。持目的论应得观点的理论家相信，如果一些人没有得到他们应得的东西，这本身就是坏的或不公正的；当应得不被满足这样的一个结果有可能被视为坏的或不公正的，即使是这样产生出来的后果没有人应该为之负责，或即使是关于这样的结果没有什么可以做。③ 目的论的平等表明，否定一个人的应得本身就是错误的，不管这个人的应得是出自于个人的行为还是出自于其他原因。

当目的论的平等主义被拒斥后，道义论的平等主义进入到人们的批判视野。道义论的平等并不相信平等自身具有内在价值，而是认为平等的主张依赖其他道德理由。这表明，道义论的平等主义并不认为不平等本身就是坏的，而是只有在故意产生或维持某种不平等，或者不平等涉及不正义的行为时，这种不平等才是坏的。依据同样的理由和解释，道义论的应得认为，在这种情况下，应得被主要用来评价和

① Serena Olsaretti, Introduction, *Desert and Justice* (Edited by Serena Olsaretti), New York: Oxford University Press, 2003, p. 8.

② Derek Parfit, "Equality or Priority?", *Equality and Justice* (edited by Peter Vallentyne), volume 1, New York: Routledge, 2003, p. 310.

③ Serena Olsaretti, Introduction, *Desert and Justice* (Edited by Serena Olsaretti), New York: Oxford University Press, 2003, p. 8.

引导行为而不是评价事情的状态，使得人们没有得到他应得的情况下——如果是没有人为这样的结果负责和没有什么可做的而使之改变——不是坏的或不公正的。道义论的平等主义在寻求平等之外的其他理由，而道义论的应得同样要追溯源于应得之外的原因。

总体来看，从目的论的平等主义过渡到道义论的平等主义，这是因为道德理由存在自身的理论局限。不同于平等，从目的论的应得到道义论的应得，这里面只是存在审视角度的不同，或者说是对于应得不同作用的道德审视。在目的论的应得中，应得自身具有内在价值，它体现道德评价，这是应得获得道德力量的重要基础。而在道义论的应得中，它要发挥道德引导功能。这种引导功能是伴随着主体行为的评价。因此，在我们看来，关于应得的道德力量，无论是基于目的论的还是道义论的，都融合在主体的行为之中。它们并不是互不相干，而是基于不同角度的审视。这与平等主义的两种道德力量的解释完全不同。

在 S 根据 F 而应得 X 的形式中，应得的目的论和道义论都能体现出来。只不过，在这种形式分析中，行为的指向意义更加明显。主体应得其行为而来的 X 本身就是好的，否定主体的应得本身就是坏的。也就是说，这一形式本身就表明了应得的内在价值。同样，主体的应得其根据在于行为，因为我们对行为本身的评价也有道德的引导功能。因此，人们在提出目的论的应得和道义论的应得后指出，它们的区分部分是以是否涉及"义务"为标准，而不是以道德力量的来源为标准。目的论的应得表达了一种自然的应该，例如，圣人应得幸福；总是遭受坏运气的人应得好的前景。但是，这些自然的应该并不表明人们有义务来保证他们应得幸福或前景。相反，男女应该同工同酬。这里面就涉及义务，这种义务确保这样的制度安排。由这样一个简单的事例说明两者存在着基本的不同。基于目的论的解释依然是道德力量的首要来源，脱离了目的论的道义论的解释将会失去最重要的根基。没有目的论本身的好的或坏的在先标准，依赖其他道德理由的道义论解释也就没有真正的道德理由。

第九章
应得的类型

应得之基础的理论分析为我们划分应得主张的基本类型提供了理论依据。也可以说，利用应得之基础的理论分析，人们可以区分在日常的道德语言使用中，哪些应得属于真正的有基础或根据的应得，哪些应得是以道德语言的习惯呈现出来的非应得（non-desert），哪些应得则属于假冒的应得。日常语言中的应得各种各样。人们也很自然地使用各种应得的判断来表达自己的态度。鉴于我们对应得之基础的分析都是以个人应得为基本语境，而且，我们也认为个人应得是分配正义语境中最有意义最应该考虑的部分，所以，在个人应得的范围内我们将应得划分为自然的应得、行动的应得和规则的应得三种基本类型。这种划分同人们经常使用的应得概念存在明显的差异。

在对应得的理论研究中，人们看到存在使用各种有关应得的概念类型，如道德应得、惩罚性应得、经济应得、责任应得、前制度应得、制度应得以及其他形式的应得等。而且，人们也看到很多人在很随意地使用这些概念。这些应得的使用给人们造成了一定程度的困惑：在道德语言能够表达"应当如此"的地方似乎都能使用"应得"。显然，在这些有关应得的概念中，如道德应得、惩罚性应得、经济应得是根据应得之善的性质来说的。责任应得是从后果上来判断人们是否应该为之负责。前制度应得和制度应得则明显是属于以价值来区分的应得，前制度的应得自然体现应得的价值，而制度应得是在价值基础上确立起来的制度下的应得。前制度性得同责任应得、道德应得存在不同程度的联系，而制度应得同责任无关，但同经济应得相关。

　　本章将应得划分为自然的应得、行动的应得和规则的应得三种基本类型，其依赖的根据和标准基于如下考虑：从善的角度来区分应得会显得比较繁杂。因为存在不同的善，每一种类的善都会存在相应的应得。这样的应得类型将很多。更为重要的是，今天研究应得的正义语境是在罗尔斯的政治哲学框架下，即社会正义（制度划分社会基本利益的方式）的层面上进行。因此，从更为宏观的制度层面以及应得自身彰显出来的价值之本质特征来看，有些思想家将应得划分为前制度应得和制度应得两大类。制度是规则的特殊形式。在一般的意义上，我们用规则的应得代替制度的应得。但是，在前制度应得中，有两类应得是明显不同的，一类是与个人行为和责任紧密相关的应得；另一类是同个人行为责任不相关的应得。前者称之为行为应得，后者称之为自然的应得。在一定意义上，自然的应得同制度的应得又具有相似性，它们两者都可以不涉及行为责任。从价值和责任两个核心概念出发，应得可以较为宽泛地划分为上述三种类型，而人们日常使用的各种应得都能在其中找到自己的"原型"。

一　自然的应得

　　自然的应得，顾名思义，它意味着人们的某些个人应得是自然而然的、无条件的和符合直觉的。自然的应得表达了人们对应得的某些直觉性的信念和应该如此的道德判断。自然的应得，其典型特征是它不依赖任何类似法律的或准法律的规则体系，也不依赖个人的责任而被视为应当的应得。我们通过如下的例子来分析自然的应得所具有的特征及其包含的理论问题。

　　1. S1 为他的假期旅行做了长时间的非常精细的准备工作，他应该在假期得到一个较好的天气去旅行。①

---

　　①　这个事例来自于克雷尼格。John Cleinig, "The concept of desert", *American Philosophy Quarterly*（8），1971, p. 71.

2. S2 生活在 H 市，由于 H 市经常性的雾霾且 S2 对雾霾又有严重的过敏，他应得清新干净的空气。

3. S3 在村民中素来享有较高的威望，而且大家都认为他有很高的德性，因此，S3 应得晚年的幸福。

4. S4 在其生活工作中经常性地遭受到许多困难和挫折、运气不好、疾病缠身，S4 应得较好的幸运。

类似的事例不胜枚举。按照 "S 根据 F 而应得 X" 的形式来分析这四个应得的判断，人们发现，它们的形式 "S 应得 X"，其中恰恰是缺乏了关键的一环 F。但是，这四个事例在人们经常使用的应得道德判断中表达了不同的意义。第一个事例表达的是有关奖励与惩罚的直接性的道德判断。第二个事例表达的是人们应得某些必需的善。第三个事例则是古典德性正义在当代语境中的体现，有德性的人应得幸福。第四个事例可以被视为对人们的某种补偿性应得。

在 "S 根据 F 而应得 X" 形式中，因缺乏 F 而直接形成的 "S 应得 X" 的道德判断就属于我们所说的 "自然的应得"。按照费因伯格的三元形式结构来分析上述四种应得，严格意义上讲，直言某人应得什么没有真正的基础和根据。这样的应得似乎也就缺乏道德力量。但在人们的道德语言使用中，这样的应得判断丝毫不会受到人们的质疑。相反，人们认为它们同样具有较强的道德力量。原因何在呢？

在一些人看来，有关应得的判断和主张本身就是道德判断。也就是说，"应得" 和 "应当" 具有内在的一致性，这是应得与其他的正义观显著不一样的地方。人们总是要为平等、需要以及功利主义这类正义观寻求自身之外的道德基础和道德力量，但是，对于应得来说，其道德力量就在于自身。应得是自古典社会就被践行的正义观，人们把德性作为其内涵的主要规定就已经显示出应得与道德价值的一致性。德性突出内在善，也就是人们所说的内在价值。所以，当人们说某人应得什么的时候，表达的最直接的意义是主体自身的某些东西就具有内在价值。体现这些内在价值的应得本身就是 "好的" 或 "善的"。

从内在价值的好直接就会产生有关应得的道德判断。就应得与内在价值的相关性来说有两种：一种是直接性的；另一种是间接性的。建立在直接性相关基础上的应得称之为 "基本应得"（basic desert）；

而建立在间接性相关基础上的应得称之为"派生性应得"（derived desert）。对于费因伯格来说，基本应得是那些直接体现人们赞成与反对态度的应得。例如，某人应得表扬或批评。派生性应得则是以基本应得为基础。例如，某人应得表扬而奖励其 500 美元。显然，500 美元是在应得表扬基础上的奖励应得。有人明确指出，基本应得不是以人们行为所带来的严重后果为基础，而是因为表扬或责备他们是合理的，因而他们应得这些表扬或责备。① 然而，我们在此处强调各种应得中的某些应得所具有的基础性地位，即直接以内在价值为基础的应得。这些应得并不依赖其他条件，也不依赖其他形式的规则。相反，其他类型的应得都应该从不同层面直接反映出内在价值的好这一基本判断。所以，应得与内在价值的自然一致造就了应得自身的特质：正义判断和道德价值的直接统一。

正如人们所批评的那样，内在价值是一个根本无法量化的东西，也就根本不可能同分配正义关联在一起。在以市场经济为经济背景制度的前提下，内在价值无法体现市场变化的特征，这正是罗尔斯的基本想法。罗尔斯由此批判古典的德性之为幸福的正义主张。我们不用在此重复对罗尔斯道德价值与应得的理论批判。我们仅需指出一点就可以说明罗尔斯对这个问题的误解：道德应得和经济应得的混淆。霍卡就指出了这一点：罗尔斯批评的"德性之为幸福"的主张，就像那些批评者早已指出的那样，那不是真正的持有经济应得的保卫性观点。这是因为：通过混淆应得的不同类型，罗尔斯的分析明显忽略了费因伯格的观点。人们基于德性的应得不是金钱而是幸福；使人们应得金钱的不是德性而是贡献和努力的工具性品质。②

德性作为内在价值的应得对应的是幸福而不是财富和收入。德性作为内在价值无法衡量，同样，幸福也无法衡量。德性与幸福的一致对于人们来说不是表达一种精确的外在善的多少，而是表达一个有关人的态度和反映的最基本的价值判断。由此我们回到前面列举的第三

---

① Nadine Elzein, "Basic desert, Conceptual Revision, and Moral Justification", *Philosophical Explorations*, Vol. 16, No. 2, 2013, p. 213.

② Thomas Hurka, "Desert: Individualistic and Holistic", *Desert and Justice* (Edited by Serena Olsaretti), Oxford: University Press, 2003, p. 59.

个事例，即某人因其德性而应得幸福的主张。没错，按照"S 根据 F 而应得 X"的要求，在当代的正义语境下，人们不会去追问为什么有德性的人应得幸福，也不会去追问德性应得其幸福的基础，而是直接奠基于内在价值这一直觉性的道德信念上，将其视为自然而然的应得。

　　同样，对于类似补偿性应得的第四个事例来说，我们依然无法用费因伯格的分析形式来确定其 F 在何处。但是，我们依然使用应得来表达我们的某种态度和反应。在人们的生活中，的确存在很多的不幸，而且，这些不幸同这个人本身没有任何的内在关联，仅仅因为其运气不好的缘故遭受这些不幸。如果说人们认为他不应得这些不幸，而这些不幸同这个人自身没有任何直接的联系，那么，又是什么原因或理由认为他应得对这些不幸的补偿呢？因为这些补偿同这个人本身也没有任何直接的联系。所以，根据 F 的缺失似乎并不影响人们对主体应得什么的道德判断。这种应得只能是来自于直觉性的补偿性的道德信念。

　　现在我们来分析第二个事例所体现的应得。乍一看，第二个事例恰恰是费因伯格所批评的应得。人们经常将属于需要的判断错误地运用到应得上面。在他看来，"人们应得清新干净的空气"真正应该表达的是"人们需要清新干净的空气"。对于空气等这些涉及人们基本生存生活的善，到底应该是使用应得还是需要来表达，似乎只有依靠特定的语境才能界定清楚。然而，当人们刻意使用应得来表达看似属于需要之善的时候，实际上它是要强调这些善的获得不需要任何条件限制。这同需要具有相似性，即需要也是不依赖任何条件的满足。但是，应得的条件具有对应性，它是相对于有条件的应得来说的。斯迈兰斯基（Saul Smilansky）对此有过一个解释。他认为类似清新空气这些善，人们之所以主张应得是因为雾霾并不是由他们造成的。其意是说，这些应得与责任没有关系，属于自然的应得。

　　为了把这个问题说得更加清楚，斯迈兰斯基把应得分为底线应得（baseline desert）和非底线应得。① 底线应得和非底线应得的分界线在

---

① Saul Smilansky, "Responsibility and Desert: Defending the Connection", *Mind*, Vol. 105, January, 1996, p. 159.

于责任。底线应得属于不用承担责任的应得，或者说，它是与责任无关系的应得。而非底线应得自然涉及责任问题。对于人们的基本需要来说，这些需要所对应的善从应得的角度来表达，它们就属于底线应得。因为这些善的获得并不与个人的责任相关。问题是如何区分基本需要和底线应得呢？我们认为两者的本质性不同还是在于思维方式的不同。应得追问的是主体过去的行为与后果之间的关联，而需要则是立足当下的判断。当涉及人们的基本生活或生存的善时，并且这些善同个人的责任没有直接性的关联，底线应得的概念就会突显出来。

最后，受底线应得的启发，我们来谈一个攸观分配正义核心问题的应得，即身体自我所有的问题。在罗尔斯的反应得理论中，如果将其反应得理论的理由运用到人自身的身体所有上，人没有任何理由应得其身体的结论也就理所当然地呈现出来。然而，人们的直觉告诉自己，人不应得其自己的身体将是一个有悖人们常识的奇谈怪论。从权利的视角看，人对自己的身体拥有绝对的所有权。自我所有权是先于其他权利的权利，而身体的应得也是先于其他应得的应得。对于这些直接性的权利和直接性的应得，在人们的道德信念中，它们自身就具有特定的内在价值，因而人们将之视为自然的应得。

当把"S 根据 F 而应得 X"三元结构中的 F 排除掉而直接主张"S 应得 X"时，这些应得就是我们所说的自然的应得。从这些事例的分析中，人们可以看出自然的应得所具有的显著特征：具有直接性的内在价值但同个人责任没有关联；而且 S 应得 X 也不依赖任何其他外在的条件和规则。正因为自然的应得缺乏对根据 F 的追问，所以，人们总是质疑某些自然的应得之有效性。而且，人们也的确存在错误地运用应得主张而将自己认可的应得也视为自然的应得。但是，我们知道，我们在承认某些自然的应得时实际上依赖自己的道德传统伦理直觉性信念。因而，自然的应得也许并不像人们担心的那样坠入随意断言应得的语言陷阱。自然的应得无论是在道德语言的构成使用中还日常的道德实践中都具有不可或缺的重要作用。

二　行动的应得

在应得的主张中，行动的应得似乎争议较少。因为，在人们看来，一个人应得其行动带来的后果，这似乎是再自然不过的事情。而且，人们使用有关应得的判断，例如申言某某应得什么，更多的也是就他的行为来说的。在人们看来，行动的应得比起其他形式的应得，在应得的正义话语中扮演的角色和功能要大得多。实际上，行动的应得所面临的理论问题并不比自然的应得少，相反，它牵涉更多更加基本的道德哲学问题，例如，这个人的行为是自愿的还是被迫的、造成的后果是主体认识到的还是无法控制的、对后果的责任的限度等等。因此，行动的应得是一个面临许多难解的理论问题。

行动的应得同自然的应得具有相同的一面：都是不依赖任何类似法律或准法律的规则体系而形成的应得；它们又具有极其不同的一面：自然的应得同个人的责任无关而直接表达道德上的应得，而行动的应得则是建立在主体行为的结果基础上并以主体是否负有责任为标准。质言之，行动的应得可以简化为以责任为依据的应得。在对罗尔斯的"反应得"之批判中，人们对罗尔斯批评着力最多的地方也是责任问题。实际上，在"S 根据 F 而应得 X"的分析中，人们也会发现，对根据 F 的追问奠基于个人的行为和后果之间的内在关联性，而这个内在关联性就是我们要分析的责任。

行动的应得显然脱离了自然的应得那种直接性的主张而将应得建立在可靠的基础上，这也是费因伯格为什么要采用"S 根据 F 而应得 X"这样的分析形式。把根据 F 建立在个人行为的基础上，实际上也就是把责任嵌入应得的基础之中。但是，在有些学者看来，责任是否应该进入应得的基础之中是有待争议的问题。一方面，从前面所说的"自然的应得"的分析中，人们发现，没有责任，人们同样也能使用应得的基本判断而且这些应得照样可以具有较大的道德力量。而且，就像人们所说，行为对于应得具有基础性或根据的作用。但是，对于某些行为来说，即使是缺乏责任，它同样不影响有关应得的基本判断。例如，我丢失了一本书，我承诺谁拾到了书我就给谁报酬。假定你很偶然地拾到了，那么，你就应得我给你的报酬。在这一个事例中，无所谓责任问题，也无所谓决定论下的你是否应该负责的问题，你就是偶然地拾到了书并应得报酬。① 显然，在这个事例中，责任与行为之间的关联并不直接和紧密。

另一方面，即使责任在应得中具有重要的作用，责任的作用是基础性还是非基础性的也没有定论。换句话说，责任是应得的必要基础抑或仅仅是应得的一个标准。如果责任是应得的一个条件或标准，说明责任的应得在所有的应得中仅仅是一种特定的形式。那么，人们面临的理论问题将是条件或标准是否合理、有没有道德理由和如何来判断责任等。如果是应得建立在责任的基础上，即责任是应得的必要基础，它就表明，所有的应得只有体现责任的应得才是真正的应得。如果是这样，它就会直面三个问题：第一，这明显同人们的常识不相符合。因为，除了责任的应得，还有很多同责任无关的应得，例如自然的应得。第二，责任是应得的必要基础，这会导致应得基础的无穷回溯，责任的基础又是什么？显然，责任是应得的一个条件或标准同责任是应得的必要基础是两个性质完全不同的问题。第三，把责任视为应得的必要基础，责任而不是应得自身成为应得理论中的核心问题。

为了厘清这些问题，人们觉得有必要对责任的语言使用意义做出澄清。责任相对来说也是一个比较宽泛的概念，人们也是在不同的语言层面上使用责任。费因伯格分析存在有关责任的五种类型。第一种是"直接的因果关系属性"，即人们经常将因果关系不仅归因于非个人的事件、状态和属性的存在或缺失、也归因于人们的行动、目的、属性和性格。或者是非个人的或者是个人的因果关系的归因，我们经常使用"责任"（responsibility）语言。② 当然，我们不会去追问与人无关的那种因果关系属性，而是与个人密切相关的直接的因果关系。例如，人们断言 S 应该为 X 负责，意味着 X 的结果是由 S 直接造成的，因此 S 应得 X。第二种是具有因果原因的主体属性。人的行为或

---

① Fred Feldman，"Responsibility as a Condition for Desert"，*Mind*，Vol. 105. January，1996，p. 168.

② Joel Feinberg，*Doing and Deserving*，New Jersey：Princeton University Press，1970，p. 130.

行动有许多种方式，其中，只有一部分的行为方式我们才称之为"因果关系的复杂性"。第三种是简单主体的属性。它与具有因果原因的主体属性相对，即主体的行为没有人们通常所说的因果必然性成分，就是一些基本的行为（basic actions）。第四种是过错的归罪。它是指主体的行为有可能是基本的行为，也有可能是带有更复杂因果性的行为，而这些行为都是有过错的或有缺陷的。第五种是责任的（liability）属性。这种责任依赖某些权威、一系列的规则和风俗。这种责任是可转让、替代或"严格的"，即它不依赖于实际的行为错误。①

在费因伯格的分析中，不管责任的类型有几种，一个共同的特征是人们都在以"责任"来表述或者说归因于人们的行为。虽然，我们在日常语言的使用中经常使用个人应当为其行为负责，但对于应得来说，它本身表达的是一种规范性的判断。所以，在审视行为和后果之间的内在关联性时，我们自然会诉诸"应当"负责所含有的规范性标准，这个标准就是"责任"。"行动的应得"当然以个人的行为为基础，而责任是判断哪些行为属于主体需要为其后果负责的标准。这样说的意思是，虽然有些结果也是人们的行为所导致的，但它随之而来的后果不需要主体为之负责或承担。因此，人们断言某人应得其行动的后果，其中一个最重要的标准是他是否应该为之负责。

在什么情况下人们应该为其行为负责呢？第一，个人的行动应该是自愿的。在一种现象描述上，行动和身体的行为似乎应该是一致的。因此，我们经常没有区分地使用行动的应得和行为的应得。或者说，人们应得其行动或行为的结果。一般来说，行动往往体现主体的目的性，强调的是自愿。而行为有可能是在特定情形下的身体反应，缺乏行动的那种"自愿"性质，属于"非自愿"。如果人们在使用行动或行为时都在不自觉地强调自愿，那么，二者可以互换。自愿表明你的行动不是外在的压力所致，也不是别人的强迫所致，而是你自己意愿的表达。

---

① Joel Feinberg, *Doing and Deserving*, New Jersey: Princeton University Press, 1970, p. 135.

　　但是，人们也认为在人的行为活动中，自愿和非自愿的差别并不是泾渭分明，它们二者也不是截然对立的显现，仅仅是程度的差异而已。例如，A 吩咐 B 去做某一件事情，在主观意愿中，B 可能并不那么心甘情愿。然而，在接下来的行为中，B 自由地（doing freely）做这件事情，而且，在此过程中，B 一直沉醉其中做得很好。对于这种行为，到底是自愿还是非自愿，似乎没有明确的结论。人们在实际的行为上力图用主观意识上的意愿来区分"自愿"和"非自愿"，这似乎不容易做到。为解决这个问题，人们将"主观目的"引入到行动中，这构成了责任的第二个条件。

　　第二，个人的行动要有主观的目的。而且，目的要自始至终关联在这个行为之中。个人的行为应该是有意识地和有意地（knowingly and intentionally）去做，而"有意识的"和"有意的"都表明了"实践目的"的"在先性"。目的保证了行为的连续性和一致性。依据目的的行为才称之为行动。一个没有具体目的的行为人们很难称之为行动。回到 A 吩咐 B 做事的事例。B 沉醉于其中而做得很好导致了人们无法区分自愿和非自愿，但加入目的性的考察就有可能区分清楚。如果是在接下来的行为中，B 为了展示自己的能力而把事情做得很好，人们可以说他是自愿的。原因在于，如果他本人是出于真正的不自愿，他可以很敷衍地做这件事；如果是他慑于 A 的报复而必须做得让 A 满意，这能够表明他是非自愿的。在这两种情况下，随之而来的责任在性质上是不同的。

　　第三，行动必有其结果，而且结果同主观目的具有内在的一致性。我们之所以强调责任（responsibility），其目的就是强调主体对行为结果的道德承担。只不过，我们力图排除某些结果不是个人所应该承担的，因而，关于责任的诸多构成要件成为我们分析的理论问题。行动的结果有可能对个人来说是善的（利益），也有可能是某种负担。但人们在使用某人应该为什么负责这样的判断时，着重强调的是行动的结果表现为负担的一面。不管结果是利益还是负担，都应该与行动主体的原初目的具有一致性。

　　这里面存在着三种情况。第一种是没有实现主观目的的行动。例如，人们的行为是自愿的，主观的目的也是明确的，但是，无论个人如何努力，其预定的目的也没有实现。主体的原初目的是取得成功，然而，结局却是失败。这种情况下，失败与原初的目的成功似乎不具有一致性。人们似乎不应得"失败"的结果。第二种是结果与原初的目的不相符合。例如，主体 S 的原初目的是实现 A，但是，在实际的实践行为中，有很多环境的因素或人的因素超出了 S 的控制范围，结果阴差阳错地实现了主体不曾意想的目标 B，结果 B 也不是 S 应得的。第三种情况是第二种情况的另一个翻版。即主体 S 原初的目标是实现 A，但是，因为运气的缘故，主体 S 实现了目标 A^+。目标 A^+ 比原初的目标 A 显然是更好的结果。然而，按照应得的固有标准，S 似乎也不应得结果 A^+。

在这三种情况下，第二和第三种都具有较强的理由，而第一种的理由不那么充足，但它们在事件的本质上是一致的，即后果应该与主体的行动目标具有一致性。但这三种情况均因为结果与目标不一致，人们是不应得的。因为这些结果在人们的预期之外，也就是说，呈现的结果超出了人力的控制范围，主体不应该为之负责而承担相应的责任。主体只应该承担他人力控制范围之内的结果。

人力的控制范围也是一个比较模糊的说法。按其本意来说，人们力图使用人力的控制范围标示主体对其行动涉及的相关情况都有充分的认识并能够对环境等因素进行精确的控制。但是，这样的主体显然被赋予了较高的理性、完全的认知和判断能力。它是一种理想的道德主体。就此而言，在结果与责任的关系上，有人就认为个人不可能真正地和最终地为其行为后果承担道德责任。[1] 因为我们根本无法做到那种完全的自由选择，总有很多事情不在人们的控制范围之内，只要我们是人而不是神，这样的情况就必然会出现。

同样面对人力控制，人们也会面临一些明显矛盾的问题：在有些事件中，行为主体无法阻止随之而来的后果，他不用为这些后果承担道德责任。但在有些事件中，行为主体无法阻止随之而来的后果（超

① Galen Strawsom, "The Impossibility of Moral Responsibility", *What Do We Deserve?: A reader on Justice and Desert* (edited by Louis P. Poiman and Owen Mcleod), New York: Oxford University Press, 1999, p. 114.

出人力之外），但他为这些后果承担道德责任。^① 例如：火车司机知道他的选择只有左道或右道，那么无论是左道或右道所造成的任何结果，人们也会觉得火车司机都不应该承担责任。为什么呢？现在，如果我们的选择增加好几个复杂的情况，而不仅仅是选择左道或右道这样的简单情况，那么，选择的行为后果为什么人们又认为个人要承担责任呢？在本质上，两种情况下的选择行为依然是在固定的范围内选择，只不过一个双项选择，一个是多项选择，为什么这个时候大家认为有多项选择的个人就应该承担责任呢？

所有分析所解释出来的问题最终都会回到有关责任的一个元哲学问题：自由意志和决定论的关系问题。一般来说，人们主张自由意志和决定论是相容的。在他们看来，人和动物都有第一等级的欲望（the first – order desires），但是，人和动物又不一样，人有思虑和选择的能力。动物只能直接按照第一等级的欲望去做，而人会对第一等级的欲望权衡或拒绝而去选择第二等级的欲望（the second – order desires）。^② 但是，人在多大程度上是自由的，在多大程度上是被决定的，这存在不同的看法。这也决定了人们对个人负有道德责任的根本看法，也决定了人们在具体分析个人责任所必需的构成要件时所持有的宽松和严谨的尺度。无论怎么说，人应得其行动的后果并能够为之负责，因为人在道德意义上是具有自由选择能力且能够承担道德责任的行动主体。

三　规则的应得

规则应得是制度应得的广义称谓。制度应得则是假定了人们的应得依赖于法律的或准法律的规则背景。^③ 所谓的制度是指"人类活动的任何正规的模式，人们在其中被给予要去完成的任务，被鼓励以这

①　John Martin Fischer and Mark Ravizza, "Responsibility for Consequence", *In Harm's Way*: *Essays in Honor of Joel Feinberg* (Edited by Jules L. Coleman and Allen Buchanan), Cambridge: Cambridge University Press, 1994, p. 190.

②　Harry Frankfurt, "Freedom of the Will and the Concept of a Person", *What Do We Deserve?*: *A reader on Justice and Desert* (Edited by Louis P. Poiman and Owen Mcleod), New York: Oxford University Press, 1999, p. 125.

③　John Cleinig, "The concept of desert", *American Philosophy Quarterly* (8), 1971, p. 71.

种或那种方式行动，被指定权利和职责，等等"①。实际上，人们在使用制度应得的时候并没有将制度局限在法律体系等这样的社会基本结构层面；对于制度的定义和解释也是宽泛的，包括了像竞技体育和公共荣誉体系这样的实践。这就如同公司、官僚机构和学校，我们会很自然把它们当作制度的东西一样。因此，只要这种应得是来自已经被先在给定了的规则或规则体系，这种应得就属于制度应得。为了不使制度意义狭义化，我们更愿意使用规则应得来代替制度应得。

制度应得和前制度应得的根本区别是这种应得的根据是来自规则还是来自行为或其他。从应得的表述形式上看，制度应得是"主体 S 根据 F 而应得 R 的 X"；而前制度应得则是"主体 S 根据 F 而应得 X"。虽然，在形式上两者差别在于构成成分"R"，但两者表达的意义是绝对不一样的。制度应得的表达形式"主体 S 根据 F 而应得 R 的 X"，其中根据 F 不再是向后追溯到主体 S 身上，而是追溯到 S 之外的规则上；而前制度应得的表达形式"主体 S 根据 F 而应得 X"，根据 F 在于 S 而不在于规则。通过如下几组对比性的例子可以看出两者在根据上的差别：

第一组：A：主体 S1 因为对别人撒谎（根据 F）而应得责备或惩罚（X）。

B：主体 S2 因为抢劫那位老人（根据 F）而应得坐牢（X）。

第二组：A：主体 S1 因为画画好而应得赞誉。

B：主体 S2 因为画画好而应得第一名的荣誉。

第三组：A：主体 S1 因为电脑打字快而应得公司打字员的职位。

B：主体 S2 因为电脑打字快而应得打字竞赛的一等奖和奖金。

三组对比性的事例都是关于主体的应得判断。但是，在每一组的 A 类型中，主体 S1 应得的责备、赞誉和职位，其根据都来自主体自身的行动。而在 B 类型中，主体 S2 所应得的坐牢、第一名荣誉和一等奖及奖金，其根据在于法律制度、准法律的比赛规则等先在的规则。例

---

① ［英］米勒：《社会正义原则》，应奇译，江苏人民出版社 2001 年版，第 151 页。

如，因抢劫而坐牢是因为法律制度规定了抢劫应该受到坐牢的法律惩罚。而第一名荣誉、一等奖及奖金的获得明显来自比赛规则的规定。

但是，人们会发现，这里面还是会存在某些界限的模糊和混淆。我们曾言，行动的应得其根据来自主体自身的行为和后果之间的内在关联。而在上述的 B 类型中，所有的应得也都与个人的行动相关。为什么 S1 的根据在于主体行为自身而 S2 的根据就来自规则，两者的根据怎么会有本质性的差别呢？在语言的表述中，A 和 B 的应得都来自行为和后果，B 似乎只是多了关于后果的具体规定。我们可以简单来说，关于后果的具体规定同先在的规则有关，与行为本身无关。在第二组的事例中就能很好地说明这点。主体 S 画画好而应得赞誉，这是就画画本身来说，体现了画画的内在的善，S1 和 S2 均可使用"应得赞誉"。但画画好而应得第一名的荣誉仅适用于 S2，因为 S2 的画画是在竞技或比赛规则下得到的"规则下的好"。问题就出在这里，行动的应得和规则的应得一致时，当 S2 的绘画和一等奖存在相称的（fitting）特征时，两者似乎没有太大的差别。但是，当 S2 的绘画和一等奖存在不相称的特征时，S2 所依赖的规则作用就被突显出来。

当人们断言 S 因为说谎而应得惩罚和 S 因为对 S1 说谎而应得被判罚给 S1 人民币 500 元的处罚时，这两个应得判断形式上也是很相似，但两者依赖的根据也是不同。前者是因为人们的行为本身就属于道德判断的内容，而后者被判罚 500 元明显依赖社会的某一项规则。当某些应得不涉及个人的行动而只关乎规则时，行动的应得和规则的应得之间的区别就会更加清晰。例如，风靡全世界的"世界小姐选美大赛"就是如此。在第 65 届世界小姐选美大赛中，西班牙小姐佳丽米雷娅·罗约（Mireia Royo）获得第一名，俄罗斯小姐索菲亚·尼基丘克（Sofia Nikitchuk）和印度尼西亚小姐玛利亚·哈尔范提（Maria Harfanti）则分别获得第二名和第三名的荣誉。也许，她们三人是参赛选手中公认的最漂亮的三人。但是，分属第一名、第二名和第三名的漂亮是如何被人们精细地区分出来，这可能就不是个人自身具有的漂亮所决定的。人们说米雷娅·罗约是最漂亮的时候，更多的是在运用这个比赛中的标准对她进行评价，我们说她最符合这个大赛的漂亮标准。以此类推，菲亚·尼基丘克和玛利亚·哈尔范提则在满足大赛的标准上要比雷娅·罗约弱一些，因而在名次上相应地低一些。

从上述例子中，人们发现，行动的应得与规则的应得往往交织在一起。完全的与个人行动无关的纯粹的规则应得反而相对较少。因此，当人们在使用应得判断的时候，的确会存在某些模糊性。在本质意义上，行动的应得和规则的应得所依赖的根据是不一样的。一个以行为本身为根据，一个以外在规则为基础。但是，在语言的使用中，规则的应得往往以行动的应得之基础面貌而出现。或者说，行动的应得从三个方面都表现出必须依赖规则。

第一，在适当的制度付之阙如的情况下，就不可能存在据称是人们应得许多利益。① 例如，除非存在诸如奥林匹克比赛这样把奖章发给成功的运动员的制度，否则就不能说谁应得运动奖章；除非存在晋升公职的等级，人们从一个等级逐渐上升到另一个等级，否则就不能说谁应该得到提升；除非有一个军功制度，否则就不能说谁应该得到维多利亚十字勋章。进一步来说，如果没有这些先在的规则，人们就不会有与之相关的行动。在这种意义上，规则或制度的目的引导着人们的行为。

第二，在许多情况下，主体的行为和后果（人们也称之为业绩）之所以具备成为应得的基础之资格，前提是存在与这种业绩相关的制度和规则。② 例如，假如我在电脑上打字速度特别快，我每分钟能准确无误地敲下807个键，比在德国汉诺威举办的第43届"国际速记大赛"上的马特什科娃（目前吉尼斯纪录的保持者）还要快。但是，如果没有竞技比赛的话，或者没有吉尼斯纪录这样的制度，我的打字快速除了会让我自己感受到一些乐趣外，我可能不会得到任何与之相关的其他东西，特别是我最期望得到一笔奖金或者是相应的物质利益。正是制度的存在使得业绩或能力成为应得的一种可能的基础。

第三，当两个人的同样的行动履行得都很优秀，而且，人们又不得不在同样优秀的行动中二选一即谁更为优秀的时候，规则就起着决

---

① ［英］米勒：《社会正义原则》，应奇译，江苏人民出版社2001年版，第152页。
② 同上。

定性的作用。例如，在一场足球运动赛中（当然，比赛规则已经被确定），人们往往会认为踢得很好但运气总是很差的球队应得胜利。但是，当两只球队都踢得很好，都充分展示了踢球这一体育运动本身所体现的内在的好（优秀），那么，谁应得胜利？从优秀善的角度来说，两者都应得。然而，胜利之善只有一个，属于竞争性应得。在此情况下，只有满足球赛规则（即整场比赛中进球数最多的球队获得胜利）的球队获得胜利。

应得对规则和制度的依赖也导致了人们对应得的误解。第一个误解是规则或制度的目的引导甚至是规范了人们的某些行为，因此，个人行动的目的只有在正义原则规范的"目的"之下才有意义。也就是说，正义原则作为规则所要实现的目的（正当）决定了个人行为的目的（善）。质言之，作为规则的正当要优先于作为个人的目的善。正当与善是伦理学的重大问题，也是理论的老问题。正当优先于善也是权利自由主义者的重要的理论基础。为什么正当优先于善，从规则的应得对行动的应得之影响中可以寻求到部分理由。但是，对于人们来说，是不是离开了正义原则，人们所有的行动目的都属于无意义的行为？这是值得追问的问题。

第二个误解是第一个误解的延续，即应得所体现的道德价值只有在规则之下才有意义。罗尔斯批评道德应得作为道德价值的主张理由源于此。应得主要反映的是"德性之为幸福"的主张，而德性则是道德价值的体现。在他看来，道德价值只有在正义原则确立之后才能被定义。道德价值的概念并不提供一个用于分配正义的第一原则。相反，道德价值的概念只有在正义原则下才能被采用和被规定。也就是说，正义原则优先于道德价值。只有基本的正义原则、自然的义务和责任的原则得到承认之后，道德价值才有意义。人们所有的行为都属于无价值的行为？就此而言，罗尔斯的批评可能仅对自然的应得具有稍许的力量，而对行动的应得不适用。

第三个误解是规则或制度决定了应得不能作为独立的正义原则。在很大程度上，没有规则和制度的存在，人们的确提不出某种利益的要求。这恰恰是罗尔斯的基本观点。在他看来，正义原则（规则）是社会基本结构划分社会基本利益的方式。人们只有在正义原则（规则）确定之后，才会据此提出有关利益的要求或权益。就像人们所说，"适合于为制度框架进行辩护的是我们的基本原则，当制度是得体的时候，应得的标准就得到确定，而当人们得到根据这些标准该得的东西时，正义就实现了。"① 但是，人们应该注意，这里面强调的是某种利益。也就是说，规则决定了人们应得行为的某种结果，但这个结果不是行为本身所体现的内在的善，而是附着在行为基础上的外在的善。因此，我们可以说规则或制度决定我们应得何种和多少数量的外在善，但不能决定我们应得内在的善。

如果人们回到对规则应得的规则进行追问时，规则应得的那种所谓"决定性"就会暴露无遗。首先，当应得依赖规则，而规则发生变化时，应得也就发生相应的变化。就此而言，规则应得具有相对性。我们列举的选美这样的规则应得就能非常有力地说明这点。当选美的标准发生变化时，随之而来的"最美小姐"荣誉所属也就必然会发生相应的变化。在原来的标准下，A 是最美小姐；但在新标准下，B 就可能是最美小姐。也许人们不会赞成这样的批评。规则中的标准不能随意改变，否则规则也就不能成为规则。这正是问题之所在。规则究其本质而言，它是一个约定性的东西。它可以依据某些情况的变化而被修正、被调整、甚至是被废除。相对来说，法律体系是最稳固的规则，但人们也会不断地适时进行修正。两个不同时段的裁定，对于两个当事人来说结果可能相差很大，同样的行为应得不同的结果，这只能归因于规则的变化。

其次，规则的约定性特征决定了规则应得需要充足的道德理由。也就是说，同行动的应得相比，规则的应得往往需要一种合法性的论证和道德理由的支持。行动的应得由于以主体行为为根据，属于人们所述的前制度应得，因而，它本身就具有道德根据。当人们在表达一种行动的应得时，这种表达判断既是关于主体行为的一种经验事实描述，也是关于主体行为的价值陈述。规则的应得与之不同。当人们认为个人的应得在规则的约束之下呈现出与人们所直觉到的应得不匹配、不相称和不一致的情况时，人们就会质疑规则本身的合理性以及规则

---

① ［英］米勒：《社会正义原则》，应奇译，江苏人民出版社 2001 年版，第 152 页。

自身是否具有可靠的理论和实践基础。因而，就其基础而言，规则应得需要先在的道德判断为其立言。就像罗尔斯的正义原则一样，"道德的不应得"是平等原则的道德根据。没有前制度的有关应得的基本判断，规则应得中的"规则"（正义原则）将无法获得合法性，也不会获得实践上的道德理由。

最后，规则应得决定了人们应得什么，但不能决定人们为什么应得。为什么应得和应得什么，在应得的判断中分属于不同的地位。为什么应得是解决应得的根据问题，属于基础性的地位；而应得什么则是在根据基础上设置的标准，因而属于从属地位。这一问题直接启示我们将在后文讨论的工资问题。对于工资而言，它应该从两个方面来考虑：一方面，工资是对个人劳动或业绩的承认，它是人们行动的应得；另一方面，工资多少显然由规则（价值规律或供求关系）决定。前者属于应得的"质"的判断，后者属于应得的"量"的判断。两个判断的地位是不一样的。我们在此是想表明，规则的应得是奠基在行动的应得基础上。

由此观之，规则的行动虽然常常同个人的行动交织在一起，但规则应得强调的恰恰不是行动本身而是先于行动的规则。相对于行动的应得来说，规则的应得并不是严格意义上的应得，它只不过在道德语言的使用中误用了"应得"的判断。行动的应得以行为结果（业绩）为基础，规则应得以规则为基础。因此，"规则的应得"其真正的意义表达与其说是"S 根据 F 而应得 X 的 R"，还不如说是"S 根据 F 而有资格得到 X 的 R"。

正因为规则应得具有这样的特征，米勒才把基于某种规则下的应得称之为"假冒应得判断"。他指出，"规则应得缺少所确定的以业绩为基础的判断根据。X 应得 Y 就相当于是把 Y 给予 X 是对的或适当的。规则应得属于这类情形，例如：X 不是每一行为的主体，但是，依据某种资格而得到了某些利益 Y。在这种应得判断中，X 应得 Y 的真正含义是 X 应该具有 Y，因为应得自身具有道德理由，而应该具有的道德理由则来自于应得。"① 规则应得本质上是资格的表达，或者

---

① ［英］米勒：《社会正义原则》，应奇译，江苏人民出版社 2001 年版，第 150 页。

说，规则应得决定了人们有资格得到什么，而不是应得什么。但是，在某些方面，人们更愿意用应得而不是资格来表达应该得到什么。因此，在对规则应得的分析中，应得和资格所引发的复杂缠绕的理论问题将是我们面对的另一重要课题。

第十章
应得与资格

　　资格（entitlement）在分配正义语境下是一个很复杂的概念。一方面，资格和权利（right）紧密缠绕在一起。它们两者都有权利的意义，即都可用来表达"某人有权利（entitlement or right）得到什么"。但是，两者又存在明显的区别。简单来说，我们可以用某人有资格得到什么来表达某人有权利得到什么的意义，但反过来不可以。大家知道，诺奇克的政治哲学着重表达权利思想，但在财产权的形成过程中使用的却是资格。因此，即使在表达"权利"的时候，资格和权利也不能等同互换。

　　另一方面，资格和应得又密切关联在一起。我们强调规则应得表达的内涵应该是资格而不是应得，这表明资格的获得来自规则或类似规则的某种东西，例如人们共同的某种信念。试分析：S 根据 F 而有资格得到 X，这个 F 可以是规则，至少是类似规则的某种东西。因为，我们说"有资格"（have entitlement）实际上是"被给与资格"（be entitled to have）。当然，被给予资格的主体可以是属于法律的、准法律的明文规则，当然也包括默会知识形成的潜规则。因此，资格和应得也决不能等同互换。应得和资格的基础完全不一样。应得的基础在于应得自身，而资格的基础来源于规则。通过应得与资格的区分，人们可以反证行动的应得和规则的应得之本质区别。

一 资格的"出场"

资格在分配正义中成为一个重要的概念，这同人们对待应得的态度必然分不开。或者说，应得在制度内的缺失是资格得以"出场"的背景条件。罗尔斯的"反应得"理论提出之后遭到了众多思想家的批评和反对，当然，也有人站在罗尔斯的立场为"反应得"理论进行了有效的辩护和捍卫。罗尔斯本人并没有对其中的批评或辩护做出专门的直接的回应，但在其晚年的回顾中对应得有一个基本看法，这些基本看法也从总体上表达了罗尔斯关于应得、资格以及正义的重要思想。

在《作为公平的正义——正义新论》中，罗尔斯如此说道："在我们的统合性观点内部，我们有一种道德应得的概念，而这一概念是独立于现存制度规则来加以规定的。说作为公平的正义拒绝这个概念是不正确的。它至少承认三种观念，而这三种观念在日常生活中都被视为道德应得的观念。首先，严格意义上的道德应得观念，即人作为一个整体之品质的道德价值（以及一个人特有的美德），而这道德价值是由统合性学说所赋予的；以及具体行为的道德价值；第二，合法期望的观念（以及伴随它的资格观念），这些观念是公平原则的另外一面（《正义论》第 48 节）；以及第三，由公共规则体制所规定的应得（deservingness）观念，而这种公共规则体制是为了达到某些目的而被设计出来的。"①

在这个有关应得的基本表述中，罗尔斯既秉持了以前的基本看法同时又修正了某些观点。不变的基本立场是所有的应得都是道德应得，既包括特定意义的道德应得，同时还包括合法期望（资格）和规则制定的应得。变化了的立场是，以前罗尔斯认为所有的道德应得体现的都是道德价值，而道德价值同分配正义没有关系；现在是承认有些道德应得如合法期望和规则的应得同分配正义有关系。后一种变化似乎表明罗尔斯承认了应得在分配正义中的作用，但究其本质而言，罗尔

---

① ［美］罗尔斯：《作为公平的正义——正义新论》，姚大志译，上海三联书店 2002 年版，第 117 页。

斯同前期思想没有本质上的变化：应得在分配正义中没有实质性作用，体现它的是资格和规则应得。在我们看来，罗尔斯关于应得的总体立场没有变化且坚持如下：不存在前制度的应得；应得依赖制度，即只存在制度的应得。但应得在制度中本身也没有实质意义，它只能体现为资格。所以，就应得这个概念来说，在分配正义的原则中不起任何实质性的作用。这构成了资格在分配正义中得以出场并突显重要性的理论背景。

人们把批判的矛头大多集中在罗尔斯对前制度应得的否定上，鲜少有人质疑罗尔斯对制度应得的基本态度。我们在此追问的是，应得是不是在制度应得中无法体现自己的意义？实际上，这个问题间接地也是在回应前制度应得如何在制度中体现。我们知道，人们对反应得的批判主要是捍卫前制度应得的存在，但是，前制度应得不仅仅是作为一种批判性力量才有意义，而是应该体现在制度之中。如何体现是一个困难的理论问题。同样，应得能不能用资格来代替就为我们思考应得在制度中如何体现提供了契机。因此，追问资格出场的理论背景，即资格能否完全在规则之下代替应得的作用和意义，一方面可以为人们厘清资格与应得的不同提供理论分析；另一方面可以为前制度应得如何在制度中得到体现提供有益的参考。

在制度应得中，资格能不能代替应得呢？为了清晰起见，我们还是按照罗尔斯的表述即合法期望（伴随的资格）和基于公共规则的应得两个方面来分析资格和应得的关系问题。在《正义论》第 14 节，罗尔斯对分配正义给了标准的阐述："在作为公平的正义中，社会被看作是一种互利的合作事业。社会的基本结构是一种界定行动方案的公共规则体系，这种公共规则体系引导人们合作以生产出更大数额的利益，并且在此过程中按照某些公认的权益分配给每个人以相应的一份。一个人做什么依赖于公共规则认为他对什么拥有资格，一个人对什么拥有资格依赖于他做什么。最终的分配是通过兑现这些权益达到的，而这些权益则是由人们按照合法期望去做的事情确定的。"[①]

---

　　①　John Rawls, *A Theory of Justice*, Massachusetts: The Belknap Press of Harvard University, 1971, p. 84. 在中文版的《正义论》（1988 年版和 2009 年版）中，应得和权益没有被明确区分，而是都译为权利。

在这段陈述中有三个关键词，即权益（claims）、资格（entitlement）和合法期望（legitimate expectations）。其中，权益与资格在含义上基本是同样的，罗尔斯在使用它们时也是可互换的，只不过罗尔斯在多数情况下以动词形式使用"资格"，如上面所引证的段落中就是如此。权益是一个宽泛的说法，只是表达人们的某种主张（权益）。例如，人们有时也使用应得的权益（claims of desert）。与"权益"相比，"资格"是一个更准确的概念。资格带有制度或规则的性质。因此，在制度的前提下，我们的笔墨重点在于"合法期望"和"资格"。

在一个秩序良好的社会里，由于这个社会的基本制度是正义的，所以每一个社会成员也都拥有正义感，即按照正义原则和公共规则而采取行动的愿望。一方面，社会成员按照正义原则和公共规则行动，履行其自然义务；另一方面，他们也因其做了社会制度所鼓励的事情而具有分享其利益的合法期望。合法期望是建立在制度或公共规则体系上面的。例如，关于工资，与合法期望相关的规则"包括关于工资和薪水协议的条款，或者包括基于公司市场运营指标对员工给予报偿的条款，……这样，根据定义，这些签订和履行这些协议的人拥有在所同意的时间内得到所同意数额的合法期望"①。

一个人的资格是建立在合法期望之上的。如果说合法期望主要与社会制度和公共规则体系相关，那么资格则主要与一个人所做的事情相关。社会对人们的行为会提出一些要求，会鼓励它希望人们去做的事情，惩罚它希望人们不去做的事情。人们做了社会所鼓励的事情，就获得了相应的资格来分享社会合作所产生的利益。"一个正义体制应公平地对待每个人：也就是说，它按照每一个人有资格得到的东西来分配，而一个人有资格得到什么则是由这种体制本身界定的"②。人们有资格得到的东西与他们的内在道德价值并不相称，也不依赖他们的道德价值。如果一个人得到了他有资格得到的东西，那么分配正义就实现了。

---

① ［美］罗尔斯：《作为公平的正义——正义新论》，姚大志译，上海三联书店2002年版，第116页。

② John Rawls, *A Theory of Justice*, Massachusetts: The Belknap Press of Harvard University, 1971, p. 313.

就公共规则所形成的应得观念来说，罗尔斯本人没有做出明确的解释。但是，我们可以依据罗尔斯关于规则与应得的基本思想来描述一些看法。例如，我们可以用例证来描述他说的规则下的应得（deservingness）。一个董事会要推选董事长，人们可以设计出两种程序或方式来推选。第一种是抓阄，谁抓到标有董事长字样纸团的董事成员就担任董事长；第二种是按拼音或汉语姓氏笔画排名。按汉语拼音，由 A、B、C 等顺序排列；按姓氏笔画，则可能是丁、于、王等顺序排列。第一种方式和第二种方式实质上是一致的，它们都是依据某种"偶然性因素"而设计的程序。只不过，第一种的偶然性和随意性更大，而第二种偶然性似乎还能体现出一定的公平。在第一种偶然性中，有可能 S1 运气好每次都能抓到阄，而 S2 虽然他很想担任这个职位，但运气不好怎么都抓不着。

第二种偶然性似乎较为公平，在大家意识中只要设定了职位的任期，每个人就都能有机会担任。第二种偶然性也较为隐蔽。对于 S 来说，可能仅仅由于拼音排序中最靠前，或者是姓氏排名第一，因而最先获得董事长职位。因而，S 对职位的获得也仅仅是排名而已。如果人们改变了排名方式，S 也就可能失去这个职位。但是，从纯粹的程序性正义来看，这两种方式又是正义的，只要人们同意了这种程序，任何结果应该都是正义的。通过抓阄或排序产生的董事长职位对于获得者 S 来说，罗尔斯也会认为他应得。但是，人们实际上并不是使用应得来描述 S 的结果，而是认为他有资格得到。[①] 这两者的语义差别非常明显。

二　资格和合法期望

罗尔斯对合法期望和应得的观念（deservingness）的解释表面上很

---

① 罗尔斯对第三种道德应得即公共规则体制所规定的应得（deservingness）观念的划分，我们可以把它视为广义的规则应得，或者说广义的资格。只不过合法期望由他的两个正义原则规定，而共规则体制所规定的应得由其他规则决定。因而，在其本质意义上，它们都属于资格。因此，为了讨论的方便，我们用广义的资格来代替正义原则下的资格（合法期望）和规则规定的应得。在规则的应得一节讨论中，我们用规则的应得代替制度的应得也是此意。

清晰，实际上很模糊。我们说表面上清晰，在于罗尔斯使用区分标准的清晰性。我们知道，合法期望和应得的观念本质上都属于广义的规则应得——如果人们愿意使用应得概念的话，因此，它们在本质上都依赖于制度和规则才能成立。对于罗尔斯来说，这两者都是"公共规则体制"所决定的"应得"。罗尔斯把这两种应得也统称为"道德的应得"，但二者的划分领域还是比较清晰的。合法期望主要是建立在社会制度的基础上，即罗尔斯所说的社会基本结构，决定社会利益划分方式的两个正义原则是合法期望的规则基础。由公共规则体制所决定的一般的应得观念（deservingness）并不是以社会基本结构为基础，也不是以两个正义原则为规则，而应该是那些在地位和作用上低于正义原则的各种正义准则，或者是在人们生活中遵循的各种具体的规则。

我们说过，罗尔斯对应得的观念（deservingness）没有做出明确的解释和阐述，但在《正义论》的相关叙述中，我们可以将之理解为各种具体的规则，例如罗尔斯所说的足球比赛：一场比赛之后，人们有时会说，负者应得其胜利。这种说法不是意味着胜者没有资格得到冠军或者糟蹋了冠军的称号，而是意味着负者展示了一种比赛所需要的更高技巧和品质，展示了这种体育运动的吸引力。所以，负者确实应得胜利，但由于运气不佳或其他偶然因素而输掉了比赛。罗尔斯试图用这个例子表明，基于资格，冠军应该属于胜者，基于应得，冠军应该属于负者，而决定冠军归属（分配正义）的是资格，而非应得。这是罗尔斯最直接的解释基于"公共规则体制所决定的一般的应得观念"的地方。① 这似乎是罗尔斯使用领域上的一个区分。合法期望属于更加宏观的领域，而应得的观念属于较微观的领域。

但是，这里面依然有模糊的地方。首先，就合法期望和应得的观念的使用来说，可能并不存在明显的差别。例如，同样是对于足球赛来说，如果参赛球队 A 对自己的技术能力充分自信，对于球队的整体实力信心满满，而且，从整个初赛体现的成绩来看也特别优秀，那么，对于获得比赛冠军是不是也可以视为 A 球队的"合法期望"？相对于

---

① ［美］罗尔斯：《正义论》，何怀宏等译，中国社会科学出版社 1988 年版，第 314 页。

正义原则和社会制度规定下的"合法期望"，这两者的差别就仅仅在于使用范围的大小吗？反过来也一样，正义原则和社会制度是人们认可最大的也是最重要的"规则"，为什么我们不使用基于公共规则体制所决定的"应得"来代替"合法期望"呢？

应得不能代替合法期望，合法期望也不能代替应得。合法期望，顾名思义，它仅是依据规则而决定社会利益的可能性归属，而要确定这些可能性的归属需要有相应的"资格"。用较通俗的话说，合法期望是面向将来的可预期的权益；而这些权益要变成人们真正的实在的权益，则需要人们通过自己的行为去挣得获取它们的"资格"。合法期望同资格联系在一起，而一般的应得观念似乎不涉及资格。但是，这恰巧也是罗尔斯解释合法期望的第二个模糊的地方。

我们回到罗尔斯对资格的解释："一个正义体制应公平地对待每个人：也就是说，它按照每一个人有资格得到的东西来分配，而一个人有资格得到什么则是由这种体制本身界定的。"① 这是一个循环的解释：一方面，正义体制公平地对待每个人，而这种公平性体现在按照每个人的资格来分配利益，这表明资格在一定意义上先于正义的体制；另一方面，一个人有资格得到什么则是由这种体制本身界定的，资格本身又来自正义的体制，这表明资格是正义的体制所决定的。这种循环的解释来自资格本身的双重特征。

资格和合法期望的共同特点是都来自制度或正义原则，但资格又不同于合法期望，资格的体现要有人的行为来获得。也就是说，资格是制度和行为的双重统一。所以，罗尔斯才说，正义的体制按照资格分配利益，而资格又源于正义体制的界定。即使如此，资格和合法期望关系也是不清晰的。就资格而言，它是正义体制下人们依靠自己的行为而获得的。在这种意义上，资格的确立不在于制度而在于行为，制度只能确定合法期望（人们根据正义原则而预期可能得什么）而不能直接确定资格（人们根据自身的行为而能确定得到什么）。如果这样理解是正确的话，那么，基于行为的资格和基于行动的应得就很难

---

① John Rawls, *A Theory of Justice*, Massachusetts: The Belknap Press of Harvard University, 1971, p. 313.

区分开来。或者说，两者的差别就只是在于行为的资格由已定的正义原则来"认定"；而行动的应得来源于行为和结果相一致的"道德判断"。一个后于原则和制度，一个先于原则和制度。

就合法期望而言，它也是依赖正义体制和正义原则。简言之，只要与制度相一致的东西我们都可以称之为合法期望。这就意味着，只要制度被认为是正义的，合法期望就是正义的，奠基在合法期望基础上的资格也就是正义的。但是，这个推理是不能成立的。例如，就像人们所说，在奴隶制社会中，奴隶主的合法期望就不是正义的，奴隶主依据合法期望而获得的资格（如对奴隶的人身所有权）也是不正义的。当然，人们会为罗尔斯辩护，正义制度中的合法期望与现实制度中的合法期望不一样，而罗尔斯讲的是前者。虽然，我们今天大多数人会承认罗尔斯所说的社会是比较"正义的"，但没有人就认为它一定是"正义的"。正义是人们自身建构的结果，它没有绝对的意义可言。因而，合法期望虽被赋予理想意义，但对它的解释仍然依赖现存制度。

合法期望和资格有相同的一面，即都依赖制度的解释时二者是一致的；但是，二者也有不同的一面，依赖行为的解释时二者是分离的。因此，"合法期望以及伴随而来的资格"的含义需要厘清。问题是，即使是资格与合法期望是一致的时候，资格也不能等同和代替应得。在《正义论》中，罗尔斯对应得有一个总体性的界定，即所有的应得都是道德应得，而道德应得又都是独立制度的。这种观点在《作为公平的正义——正义新论》中再次得到强化，即一般意义上的道德应得、资格和规则的应得（deservingness）都属于道德应得。但是，在罗尔斯的分析中，资格依赖于制度，因为有什么资格最终由制度决定。因而，作为道德应得的资格独立制度，同时作为规则的应得又依赖制度，资格到底栖居于何种位置，这是相互矛盾的。

同样，基于公共的规则体制所形成的应得（deservingness）与我们强调的应得（desert）含义也不一样。就拿前文分析的推选董事长的事例分析说明二者的不一致。当 S 因为抓阄或姓氏笔画排名而得到董事长的职位时，人们几乎不会使用"应得"这个词来评述他得到这个职位。相反，人们往往会产生某些念头或某些质疑，为什么 X 不能抓到阄而偏偏是 Y 呢？为什么不先从 X 排序到前面而从 Y 呢？按照通俗的话说，X 比 Y 更有"资格"担任董事长职位。从这些质疑和更有"资格"的说法中，我们意识到人们在表达着应得和资格的某些潜在的态度：质疑程序或方式的合理性从而质疑资格本身。在人们看来，目前的程序以及程序之下形成的资格同职位的内在要求不一样，因此，应该有更好的方式或程序来推选董事长。更好的方式意味着应该存在更符合"资格"的资格。显然，前一个"资格"是隐藏在普通资格之后的应得。

通过这些简短的分析，我们关于合法期望、资格和应得的关系可以得出初步的结论：伴随于合法期望基础上的资格是可变的，但决定资格之最终价值基础的应得本身是不变的。只要制度或类似制度的规则发生变化，制度确定的合法期望也就相应地发生变化，资格自然随之变化。例如，通过抓阄（规则 1）和姓氏排名（规则 2）产生的董事长 A 和 B，他们都是公共规则体制决定的应得（deservingness），但 A 和 B 哪一个更"应得"这个职位呢？很明显，我们无法在此处确定谁更"应得"。但也由此说明 A 和 B 获得董事长职位的随意性。伴随着规则的变化，资格也发生了变化：A 的资格变成了 B 的资格。但是，应得自身的观念不会发生变化。人们可能总是用 C 应得这个职位来评价和批判规则变化的任何后果，直到 C 获得这个职位为止。这说明在制度和规则的前提下，人们有资格得到什么和人们应得什么不是一回事。因此，只要资格、合法期望没有反映应得的观念和价值，二者就永远是分离的，因而也就根本无法等同或代替应得。

三　资格和权利

资格（entitlement）自身同时还含有"权利"的意义。在正义理论中，资格、权利和应得三者在使用的时候，都牵涉权利（right）或权益（claims），特别是在涉及制度和规则的时候，三者往往在很多的意义上趋同，这就造成资格和应得在"权利"意义上的另一种模糊。我们首先在此指出，就权利或权益的意义上，资格和应得也不能完全等同和替换。为了说明这个问题，我们以诺奇克哲学中的资格、权利和应得为例。

在《无政府、国家和乌托邦》一书中，诺奇克开宗明义地指出权利的首要性和绝对性：个人拥有权利，而且有一些事情是任何人或任何群体都不能对他们做的（否则就会侵犯他们的权利）。①个人拥有哪些权利呢？诺奇克虽然没有开列具体的权利清单，但从诺奇克所要批判的理论对手可窥权利之端倪：绝对的自由权、绝对的生命权和绝对的财产所有权。特别是财产所有权直指罗尔斯的分配正义。对于诺奇克，正义意味着权利；而对于罗尔斯，正义意味着平等。诺奇克对权利的神圣性捍卫掷地有声，这也许是给人们留下的最为深刻的印象了。然而，在具体论及持有正义特别是财产所有权时，诺奇克使用的并不是权利一词，而是资格。

诺奇克认为，分配正义的原则简单来说就是，如果一个人对该分配中所有的持有都是有资格的，那么一种分配就是正义的。持有的资格正义由三个资格原则组成：1. 一个人依据获取的正义原则获取了一个持有物，这个人对这个持有物是有资格的。2. 一个人依据转让的正义原则从另外一个有资格持有该持有物的人那里获取了一个持有物，这个人对这个持有物是有资格的。3. 除非通过 1 和 2 的（重复）应用，否则任何人对一个持有物都是没有资格的。②在持有正义的每一项表述中，诺奇克使用的都是资格而非权利，因而，人们也把他的持有正义称为"资格正义"。虽然在持有正义的原则下，资格同时也表达了权利的意义，即对持有物是有"权利"的，但在此处，诺奇克并没有等同使用。

回到诺奇克对罗尔斯分配正义批判的语境，诺奇克认为财产所有权决定了分配正义应该采取何种方式和形式。因此，诺奇克对自由所有权捍卫的核心原则在于财产所有权。如果这是正确的话，那么，诺奇克为什么不直接在持有正义中使用财产所有权而是使用持有物的资格呢？从开宗明言的"权利"到持有正义中的"资格"，这是一个很

---

① ［美］诺奇克：《无政府、国家和乌托邦》，姚大志译，中国社会科学出版社 2008 年版，第 1 页。
② 同上书，第 181 页。

有意义的变化。这至少从字面意义上表明，即使二者都有表达权利的意味，但"资格"和"权利"并不是等同一致的。在诺奇克那里，资格和权利有什么区别呢？我们无意在此滞留于诺奇克的理论问题，但想通过简单的提示和分析将其中所包含的更重要的问题展现出来。

总体来说，诺奇克认为资格可以在一定的形式上为"应得"奠定基础，即资格也具有某些前制度的性质；而权利完全属于制度的性质，根本无法为应得确定基础。诺奇克的看法同一般的思想家均不一样。大多数人将"资格"视为制度的性质，而诺奇克则认为资格也具有前制度的性质。诺奇克基本上同意费因伯格和克雷尼格（John Cleinig）的分析，应得自身不再"应得"自身的基础，否则，应得的基础会无限回溯而没有基础。因此，对于诺奇克来说，只要人们有资格拥有自己的身体、自己的自然禀赋以及在劳动的获取中没有使他人的境况变差，那么，他就有资格持有他的获取物。只要对某物有资格，那么，某物也就是这个人的应得。在这样的思维中，资格具有前制度的性质。所以，有人曾经一针见血地指出，诺奇克实际以"前制度的应得和资格"来批评罗尔斯的"制度的应得和资格"。但是，两者的批评不在一个层面：诺奇克对罗尔斯的反驳先在地假定了一种前制度的应得和资格的观念。[①] 而罗尔斯强调的资格主要是依赖制度或规则形成的。

资格怎么可以获得前制度的性质呢？这是资格不同于权利但又与应得相混淆的地方。资格的形成或获得必须依赖个人的行为。也就是说，资格在诺奇克那里由人的行为创造出来。诺奇克将个人的行为称之为"获取"，"获取"的解释来自洛克，而洛克将"获取"定义为"劳动"。因此，人们对持有物的持有是有"资格"的，其原因在于持有物是人们的"劳动"决定了"占有"的合法性。占有的合法性即为"资格"。当资格与制度（产权制度）结合在一起即资格被制度或规则确证后，资格具体化为各种权利。在这种意义上，资格与权利又的确不同。资格具有历史性，它有一个历史的形成过程；而权利完全依靠法律体系或制度体系，至少在确定的意义上说人们具有什么样的权利

① David Cummiskey, "Desert and Entitlement: A Rawlsian Consequentialist Account", *Analysis*, Vol. 47, No. 1, Jan., 1987, p. 19.

时尤其如此。在制度的意义上，资格先于权利。这也是诺奇克为什么说物品总是带着资格进入到社会之中的根本原因。

资格的获得同行为相关，这是诺奇克与罗尔斯共同的地方；但诺奇克的资格是在制度之外形成，而罗尔斯的资格是在制度之内形成。诺奇克的资格在制度之外由个人的行为形成，这同我们所区分的"行动的应得"具有很大的一致性。因此，在诺奇克那里，资格与应得又容易相互混淆。既然资格和应得都具有前制度的性质，且都同个人的行为相关，为什么诺奇克不直接使用应得而更愿意使用资格呢？这说明资格和应得即使在诺奇克那里仍然不一样。在诺奇克的语义中，资格虽然由个人的行为所创造，但资格离不开制度或规则。没有制度或类似于制度的规则体系所确认，资格也就失去了意义。不要忘记，诺奇克对资格的使用主要在于论述财产所有权的历史形成。这从另一个方面证明了资格自身内含的权利意义必须同制度紧密相关。行动的应得可以与制度规则相关，更可以独立。行动的应得判断标准完全来自个人的行为本身，它与制度或规则无关；制度或规则可以确认这些应得，但不能决定应得。就严格意义上的"前制度性质"而言，应得比资格更加纯粹；或者说，就与制度的关系而言，应得可独立于制度，资格必依赖制度。

人们也经常使用应得来表述人们的某些权益，资格更不例外。但是，应得的权益和资格的权益也不一样。由"制度"为基点，我们可以区分开资格和应得在表述权益和权利意义上的不同。资格包括道德权利（moral rights）和奠基在公共实践基础上的程序性的权益（proce-dural claims）。这些公共实践可以是法律或准法律、规则、真实的或假想的实践。为了取得公正的有资格（qualify），对于权益或权利运用到的那些人，这些资格必须是不偏不倚的。不偏不倚意味着它们必须被非随意的、无偏见的和一致的方式运用到相关范围内的每一个人。格特（Gert）关于不偏不倚的定义在这儿非常有益：就跟群体 G 有关的 R 而言，A 针对 R 的行为不受群体 G 受益成员的影响或者这些行为的伤害，A 是不偏不倚的。这种情况排除了偏爱。在一个公开考试中，所有学生的答案都会根据同样的标准而判分，是否它们正巧属于老师的喜爱。一个学生的特殊品质，只要它们提前决定一开始他或她是否有资格参与考试的情况下，这些特殊品质才仅被考虑。①

　　资格的权益必同制度或规则相关，而制度和规则强调的是"公正性"和"程序性"。因此，资格是一个涉及所有人权益的制度概念。在诺奇克那里，虽然资格先于权利且在前制度的个人行为中形成，但人们不难想象，劳动确定占有的合法性是一个对所有人的占有都具有约束力且被大家认可的规则。应得的权益强调的是自然而然的性质而非制度的性质。就像人们所说："应得包括那些关于人们得到其应有的各种权益，这些权益奠基在费因伯格意义上的"自然的"价值基础上。那就是说，应得优先于任何诸如制度、实践和规则等公共恩赐的体系。与资格的权益相反，应得的权益就其本质而言是局部的（允许我们考虑涉及那些人的其他的一些资格，而不仅仅是与群体成员有关的那些资格）和个人的。"②

　　综上而言，虽然应得和资格都有表述权益和权利的意义功能，但是资格和应得也有着明显的区别。一方面，资格不能成为应得的基础。我们可以说我们应得没有权利得到的东西，或我们有权利得到我们不应得的东西，但无法证明我们也有资格得到东西的事实。因为，对于必然的应得权益来说，它仍然有其独立的基础，这个基础不是资格。另一方面，资格可以支持应得的权益。应得的权益在逻辑上也依赖某些制度或规则，资格可以支持应得的权益。但是，支持应得的权益和决定应得的权益不是一回事。应得的权益的最终根据在逻辑上独立于资格。③

---

　　①　Kristjan Kristjansson, *Justice and Desert – Based emotions*, Ashgate：Ashgate Publishing Limited，2006，p. 45. 从 Kristjansson 对资格所包含的权利内容也可以对资格与权利做出一个简单的区分。我们通常所说的权利都是在明文的宪法和法律中得到规定和体现的，而资格包含的道德权利则是超越基本的法律体系。道德权利可以体现在法律体系中实然化为各项具体权利。道德权利本身是关于人的理解，是以权利的意义强调人的某些重要的需求或保障，并不必然体现为实在的权利。费因伯格有另一个观点。他认为道德权利应该包含在应得的权益名录下。因为应得本身就是一个道德概念，而道德权利自然应该归列于道德的观念下。Joel Feinberg, *Doing and Deserving*, New Jersey：Princeton University Press，1970，pp. 85 – 86.

　　②　Kristjan Kristjansson, *Justice and Desert – Based emotions*, Ashgate：Ashgate Publishing Limited，2006，p. 45.

　　③　Ibid.，p. 45.

四　应得和资格

回到资格的"出场"背景：罗尔斯为了把应得从分配正义中排除，用他的资格和合法期望来代替应得。为了坚持所有应得都是道德应得，他把资格和合法期望也完全看作道德应得。而道德应得同分配正义无关。有学者已经指出："错误的代价是另一个错误：'应得与道德应得的等同'导致了'资格与应得的等同'。"[①] 然而，通过对资格、合法期望、权利和应得的关系分析，我们知道资格根本无法代替应得。资格与应得的本质区别究竟有哪些？两者有什么根本性的不同呢？

应得和资格的第一个本质性区别在于价值。应得是一个规范性概念，而资格不是。在斯坦福百科在线的词条解释中，关于应得和资格在规范性上差别列举了这样一个例子。一位很富有的父亲 A 临终前留下了遗言，将身后全部财产留给两个孩子中一个 C。虽然大家都知道，其中的一个孩子 B 品性很好但比较贫穷，C 品性不好但很富有，且 C 平常从来不尊重他的父亲，但根据父亲 A 的遗言，C 得到了 A 的财产。如果用资格和应得来描述这一财产分配，那么，它们应该是这样：C 基于资格（遗言）而获得财产，但 C 不应得他父亲的财产；B 应得他父亲的财产，但 B 没有资格得到。[②] 应得涉及价值评价的问题，它内在地表达着"应该"的规范性要求。资格没有这一特征。

应得和资格的第二个本质性区别在于制度。应得与制度的关系比较复杂。在许多情况下，应得要依赖制度。没有制度，人们无法解决应得的问题，至少我们很难讲谁对什么东西是应得的。例如，罗尔斯所说的足球比赛。假定每一支球队都展示出了足球的技巧和技艺，而且，每一支都觉得是所有球队中最优秀的，因而应得"最优秀"的荣誉。对于"最优秀"这种非此即彼的竞争性的善（荣誉），人们只有制定出赛制规则来决定谁是最优秀的球队。同样，人们的某些行为也

---

①　姚大志：《罗尔斯》，长春出版社 2011 年版，第 124 页。

②　http：//plato. stanford. edu/entries/desert/.

离不开制度和规则。在前文中我们曾说，我敲击键盘打字的速度很快。但是，如果没有制度和规则，我的打字快很有可能就是一种自娱自乐。正因为有吉尼斯纪录这样的规则，我的打字快才会获得"世界第一"的荣誉以及伴随而来的奖金。

但是，在另一些地方，应得又先于制度。相对制度而言，应得主要是一种道德批判，即对现行的制度和规则做出否定性的评价。否定性意味着制度和规则没有体现出真正的应得。例如，前文的董事长职位的归属，无论是基于抓阄还是基于姓氏排名，只要人们认为应得职位的那个人没有得到，那么，这种规则下的结果都是可遭到价值批判的。这种对现行制度的批判是超越的，是独立于现存制度的。所以，费因伯格强调应得是一个道德概念，它在逻辑上要优先于和独立于公共制度和它们的规则；它不是作为一个有关我们公共制度的空洞的道德对应物的工具。[1] 如果说应得依赖于制度又独立于制度的话，那么，资格则完全依赖于制度。我们可以用一句话来概括应得和资格在制度意义上的差异：一些哲学家用在表达"前制度的应得"的地方使用应得，而在表达"制度的应得"的地方使用资格。

应得和资格的第三个本质性区别在于根据。一方面，从正义的性质而言，资格的正义性质来自先在的正义制度或原则；应得的正义性质就在于自身。罗尔斯对资格和应得的等同虽然带来了很多问题，但罗尔斯也正确地指出了资格与正义制度的内在关系。人们的合法期望以及伴随于合法期望基础上的资格源于正义的制度以及这个制度的正义原则。也就是说，资格在人们的眼中是否具有正义的属性，其根据在于这个制度及其制度所遵循的社会原则是否是正义的。但是，应得与正义的关系是一体的。至少是就正义观念的历史和实践而言，应得即为正义可以互换为正义即为应得。因而，就正义的性质而言，应得就是正义的，它自身决定自身的性质。更为重要的是，在实际的正义观念中，人们所持有的其他的正义观念都要从不同层面和程度来反映应得。如果一种正义观从直觉上就违背了应得，不管这种正义观念的理论论证多么精妙缜密，它都会遭到人们的质疑和批判。

---

[1]　Joel Feinberg, *Doing and Deserving*, New Jersey: Princeton University Press, 1970, p. 87.

另一方面，从正义的基础而言，应得的基础来源于"业绩"，而资格的基础在于"规则"。人们应得什么归根结底取决于人们做过什么（业绩），这是我们在分析应得的基础时再三强调的因素。人们有资格得到什么则最终取决于资格背后的规则。我们用简单的表述方式来区分二者的不同基础。对于应得，S（主体）根据 F（个人的业绩）而应得 X（利益）；对于资格，S（主体）根据 R（规则）而有资格得到 X（利益）。两者基础不同，表达的道德意义也不同。在对人们利益 X 的获得中，资格源于规则。如果资格背离了应得，那么，人们就会批判资格背后的规则。正是基础的不一样，决定了应得和资格的本质性不同。

在人们的日常语言乃至一些正义观念中，应得和资格往往不加区别的被使用。这里面当然存在人们未加仔细审查两者的意义以及规范性不同的问题，但更重要的问题是应得和资格在很多地方具有重合的一面。例如，前文所说的推选董事长，实际上人们还可以设计民主选举的第三种程序。如果说抓阄和姓氏排名都使得董事长职位的归属具有偶然性的话，那么，董事会的民主选举则能够有效地避免这种偶然性。通过全体董事会成员的选举，成员 W 获得董事长职位。对于选举结果，我们可以说 W 对于董事长职位不仅是有资格的，而且也是应得的。"有资格"意味着它是程序（民主选举）的结果，得票最多（规则）的获得董事长职位；应得意味着人们的选举是依据董事长这个职位所需要的基本能力为标准来决定某人，而某人是否有能力则是通过他以前的工作业绩为基础来判定的。因此，对于 W 来说，决定他的资格是规则（选举中得票最多），而决定他的应得是业绩（以前工作过程中展现出的能力和成就）。在这个事例中，虽然应得和资格的基础不一样，但在结果上两者重合而呈现出高度的一致性。因此，应得和资格此时在语言表述上可以互换。

应得与资格的重合意味着应得与资格具有统一的一面。如果一个人的资格反映了应得的规定，或者说，资格所遵循的规则体现了应得的内在要求，应得和资格就统一起来。这个时候的制度应得或规则应得才是真正的应得，否则，仅依赖规则而形成的应得只能是资格。应得与资格既分离又统一，这是应得和资格容易混淆的原因所在。当人们的资格和应得之间出现不一致时，应得所展现和发挥的批判作用尤其明显。当资格与应得之间呈现一致性时，应得的理论效应就隐而不显。因此，对于应得而言，它有肯定和否定两种用法。当人们使用否定的用法时，表明应得与资格是分离的，应得以前制度的性质发挥批判作用；当人们使用肯定的用法时，应得与资格是统一的，应得以制度的性质发挥作用。

第十一章
应得和工资

通过对应得的基础、应得的类型和应得与资格的分析，前制度应得和制度应得的区别和联系可以较为清晰地呈现在人们面前。对于很多学者来说，真正的应得只能作为批判性的道德判断体现在"前制度应得"的层面，而制度应得在严格意义上不属于应得，它属于资格的范畴。这实际上向人们揭示出应得理论研究的实质，即应得只会发挥批判性的作用而缺乏解释性的作用。但是，人们忽略了重要的一点，即应得的制度体现并不完全是资格，而是有类似工资这样的应得。

工资为什么会成为应得的一个重要研究课题，一方面，它的理论根据源于应得；另一方面，在当代分配正义的语境中，工资也是人们必须面对的理论课题，财富和收入是分配正义所要解决的主要问题。前一方面的缘由将在下面的内容中分析呈现，而后一方面的缘由则简要回到罗尔斯对不平等问题的分析和解决。罗尔斯面对的不平等主要是经济的不平等。确切地说，在罗尔斯的三组基本善即权利和义务、权力和机会、财富和收入的规定中，只有财富和收入问题才是罗尔斯所要解决的真正的不平等问题。对于权利和义务、权力和机会在基本的宪法和法律等制度层面已经得到了解决，唯有财富和收入的不平等问题依然存在。人们的财富和收入获得当然包括很多的形式和方式。但是，作为社会制度层面和一般性原则的思考，财富和收入的获得方式在很大的层面上还是体现为个人的工资。因此，就社会经济的不平等而言，如何来解释工资和调整工资必然会成为分配正义的思考对象。

一　补偿与工资

工资与应得的内在关系是应得理论中的另一个难题。正像费因伯格所说，经济学家几乎很少提及应得在社会财富分配中的关系，但是，普通人和哲学家却经常提及，而且那样的讨论是否被很好地接受，看起来都显得很有些道理。① 应得虽然被视为工资的理论基础，但人们如何依据应得来解释工资却是充满争议的事情。有人认为是应得的需要、有人认为是基于个人能力（ability）、有人认为是基于个人的努力（personal effort）、还有人认为是基于补偿（compensation）如此等等。在每一个人的解释中都存在坚持其中的一面而批判其他的方面之理论特点。

对于早期研究应得的思想家来说，它们更愿意将工资的理论根据建立在补偿性的应得上面。其中，率先做出这方面分析研究的当属费因伯格。在前面我们曾经提到过费因伯格对应得之对象的五种划分，即 1. 各种奖项的报酬（rewards of Prizes）；2. 品级的分派；3. 奖赏和惩罚；4. 赞扬、责备和其他非正式的反应；5. 赔偿、责任和其他形式的补偿。② 其中体现财富和收入等经济利益的工资被他纳入其中的某一项下面。但是，费因伯格意识到工资和经济收入这种善必须单独作为课题来研究，因为它是"正义与个人应得"之基本内容的最重要体现。

在善的分类中，工资和收入这类善要么被划在"1. 各种奖项的报酬（rewards of Prizes）"的类型，要么被划在"5. 赔偿、责任和其他形式的补偿"类型。费因伯格的解释和辩护是立足于后者而批评前者。在他看来，如果把工资和收入理解为一种奖励的话，采取这种视角的方式，必然意味着人们对社会财富的分配是一种竞争方式，整个社会财富也就是按照从高到低的奖励模式给予，而且，竞争的比赛规则是辅之以刑法的市场法则。显然，这一理论所描绘的图画将会立即

---

① Joel Feinberg, Doing and *Deserving*, New Jersey: Princeton University Press, 1970, p. 88.
② Ibid, p. 62.

面临这样的理论后果：如果此时还存在"应得"的那种意义，那么，它仅是意味着资格，即市场经济的规则决定了你应得奖励的资格。[①]应得和资格不是一回事。我们已经分析过两者之间的差别。有资格得到奖励是源于比赛规则，而应得奖励则是源于业绩。正像政治候选人获得绝大多数选票而有资格当选总统，这与他应得总统职位不能等同。

另一个理论后果是竞争的基础问题。如果我们以竞争奖金的方式来看待财富的分配，那么，紧随而来的问题则是竞争的基础在哪里。哪些因素应该被视为竞争机制所必须考虑的因素？是个人的技能还是由法则的制定者为了特殊的对待方式或荣誉而甄拔出的其他特征呢？早期的市场经济辩护者认为是人性的贪婪和狡猾。但那仅仅是狡猾和贪婪吗？当然不是。即使是那些对现状辩护的人也会否认狡猾和贪婪是市场竞争的基础，他们更会将竞争的基础上升为道义的高度而不是人性的缺陷。否则，社会有什么能够为大家所接受的道德理由来进行财富的有差别分配呢？因此，相对奖励而言，费因伯格认为诉诸补偿的形式能够为工资的获得，特别是能够为社会不同的各个群体之间的工资差别提供更好的理论解释和道德论证。

将工资理解为补偿而不是报酬，首先，这很符合人们的直觉。一方面，报酬通常是对人们的贡献和某些德行的承认与尊敬。贡献和竞争是市场经济的一体两面。费因伯格总不忘对市场经济贡献理论强烈批评，正如同他总是批评市场经济的竞争机制的解释理论。就贡献而言，社会根本无法精确测量个人对总体财富的贡献率，因而也就不存在真正的贡献理论。而对于某些德行的尊敬和承认，在现代社会里本应是对人们能力的尊敬和承认，但是，在多数的情况下，人们不自然地将其理解为按照德性分配幸福和善的古典主张。

另一方面，工资源于补偿，说明了工资所依赖的一些直觉性基础和认识。例如，人们都知道艰苦的工作需要额外的高工资。同样，能够体现行业高超技能的工作也需要额外的高工资。对于艰苦的工作，如果没有高工资作为补偿，可能就没有人愿意去从事这样的工作。对于那些需要和体现高超技能的工作，人们知道这些技能需要特殊的和

---

① Joel Feinberg, *Doing and Deserving*, New Jersey: Princeton University Press, 1970, p. 88.

更多的训练，相应地也就需要更多的额外补偿来抵消训练中的时间成本和费用。

其次，补偿能够解释社会不同群体之间的工资差别。费因伯格最反对贡献理论，而社会群体间的工资差别理论就来自贡献理论。正如前面已经提到的一点是社会根本无法精确测量每个人在社会财富中的贡献率。补偿理论似乎就显得有力得多。例如，垃圾清洁工通常需要更高的工资。一个重要原因是因为这份工作属于艰苦、繁重且乏味的工作，没有人愿意去做，因而应该给予从事这项工作的人以较高的补偿。另一个重要原因是对于那些从事垃圾清理工作的人来说，他们从事这项繁重的工作不是源于他们自身的过错，而仅仅是残酷的运气、缺乏技能或者是想要更多的机会，那么，他们就应得更多的补偿来弥补那乏味和缺乏快乐感的工作环境。还有一些工作会潜在地影响到人们的健康问题，而这些工作自然也应该得到高额的工资作为对其身体潜在伤害的补偿。在这种情况下，一个人得到高工资可能并不与其贡献相称，而补偿能够解释某些工作应得高工资的道德理由。

再次，诉诸补偿理论可以将人们关注已久的道德责任问题容纳进来。如果说前面的两个因素即技能训练的程度和工作环境决定了工资的补偿性质，那么，另一个重要因素责任也是使工资具有补偿性质的重要原因。在人们看来，训练的长度、工作的环境和责任是决定工作补偿的三大基本要素。[①] 不仅是乏味和危险的工作，而且是极负责任的职位和功能，它们要求有广泛的基本的训练，因而应得补偿。[②] 对于那些高管和医生应得更高的工资主张而言，的确存在一些真实的基础：不是他们的高超的技能应得奖励，而是他们的行为负担了责任、焦虑和长时间的贫困的学习而应得补偿。更多的训练和所承担的更多责任，理所当然地需要更多的补偿。

最后，补偿理论能够同时容纳惩罚性正义。在罗尔斯的分配正义中，惩罚性正义并没有明显地体现出来。虽然，罗尔斯也试图来解析

---

① Louis P. Pojman and Owen Mcleod, *What do We Deserve*? New York · Oxford: Oxford University Press, 1999, p. 276.

② Joel Feinberg, *Doing and Deserving*, New Jersey: Princeton University Press, 1970, p. 93.

惩罚性正义与义务的关系。但是，这种惩罚性正义与分配正义并没有在原初状态的构建中一起呈现出来，而仅仅是在正义原则被选择之后，人们有义务遵守自己选择的正义原则这一背景来分析惩罚性正义。因此，分配正义和惩罚性正义在罗尔斯那里是脱节的。这一分析路径刚好为后来的批评者所利用，他们认为罗尔斯的分配正义仅仅是关注到"好的善"的分配，没有关注到作为"负担的善"之分配。

补偿理论在分析分配正义时则能够解释惩罚性正义。如果给工人高工资是一种奖励，即因为他们的额外的艰苦、长时间的训练以及所负担的更多的责任而应该获得更多的补偿，那么，一个人因为自己的罪行应受到惩罚，他因为自己的罪行或过错获得了不应得的额外利益。从社会角度来说，前者是正义的，后者也是正义的。就个人来说，奖励或惩罚都是应得的。惩罚和奖励是应得补偿理论的正反两面。

补偿理论虽然有很多优点，它也能在很多方面依据应得来解释和证成个人的工资，但是，它本身也面临诸多无法回避的理论难题。第一，补偿理论在工资的解释中会不知不觉地滑向公平而不是依赖于应得。如果仅就个人来说，补偿可以部分地解释工资的性质。高工资可以被适当地看作是对艰苦工作的奖励，低工资或无工资可以被视为因为懒惰或违法行为而带来的惩罚。但即使是这样，也会出现解释理论空间的缺失。一方面，补偿可以解释高工资或低工资的形成和差别，但为什么需要给付工资却不是很清楚。人们可以理解额外的付出、额外的责任等需要额外的补偿，但一般性的工作付出呢？或者说，针对所有人的工作付出能否用补偿理论来解释呢？这是补偿理论无法涵盖的地方。另一方面，补偿意味着效益总量的确定性。但无论从哪方面来说，效益总量的确定性都是存疑的。因为在补偿理论中，人们对补偿总量必须有一定的认识，否则的话，补偿就无从谈起。

关键的问题不在于补偿理论是否能够解释一般性的工作付出，也不在于它能否对效益总量的确定，而在于补偿理论会不知不觉地运用公平而不是应得作为其解释的理论根据。就通常意义来说，给予人们辛勤工作予额外的工资、给予罪行相应的惩罚；就社会意义来说，这么做的目的是为了体现公平。当然，我们也可以从个人的意义上来强调，这么做的目的还是为了体现应得。这种分辩有一定的道理，但也会面临两方面的问题。一方面，虽然我们强调应得的基础在于价值的内在性，即主体行为自身为应得确立理论基础，但是，作为社会正义，它毕竟关乎社会基本利益和负担的划分，这决定了应得只有立足于社会基本结构这一层面才能体现自己作为正义原则的本质特征。就此而言，应得在社会基本结构层面的运用，其社会意义更加彰显和重要。另一方面，即使是退缩到应得的层面，即额外的补偿是个人的应得，额外的工作、训练和所承担的责任，这些对于个人而言，"额外"的意义无法彰显出来，它也只有在比较的意义上才能体现出"额外"的特征。所以，补偿在社会层面上来说，更多的是表征公平而不是应得。就此而言，依赖补偿来解释工资，非但不能增强应得的理论效应，反而削弱了应得的作用。

　　第二，补偿理论对人们行为的道德断定是基于这样的逻辑：主体所有的行为后果对于主体来说都是一种负担。这实际上是将人们工资的应得建基于伤害或损失的基础上。[①] 显然，这是错误的观点。试想，一个医学院毕业的学生，由于所负担的重大责任，医学学习过程中的长期训练，他应该得到高工资。因为就整体而言，它的确比别人付出了更多。但是，假设这个学生根本未将自己的责任和接受的长期训练视为一种负担，相反，他自己特别愿意从事医学工作，并且从工作中获得了巨大的快乐和乐趣，那么，在这种情况下，这个学生的高工资应该得到补偿吗？这表明，并不是所有的工作对人们来说都是一种负担；相反，有一些工作恰恰是人们愿意从事的，也乐意接受所谓额外的训练和承担额外的负担，而且，人们正是在这种状况下感受到了人生的意义和快乐。按照补偿理论，这些人不但不应得额外的工资，甚至是连工资本身也不应得。因为，他们从工作自身中得到的远远超出工作所带来的工资。如果是补偿的基础在于主体所受的损失或伤害，那么，它无法解释一个人醉心于工作的那种快乐。快乐是损失吗？不是！如果是属于补偿，快乐是工作的补偿，显然这是无法让人接受的。

　　为了避免补偿理论在此境遇下所遭遇的理论困难，有人对补偿理

---

　　① Louis P. Pojman and Owen Mcleod, *What do We Deserve*? New York · Oxford：Oxford University Press, 1999, p. 276.

论潜在的逻辑前提即伤害或损失做出了必要的理论修正。当一个人修正自己的服从其他的目的的关系时，一个人对他的工资是应得的。[①]这句话的真实含义是把所谓的伤害或损失替换为服从他人的关系程度。如果是服从他人的程度越高，即背离自己的意愿越大，工资的补偿就越高。在这种解释中，服从他人目的的程度似乎比伤害或损失要中性得多。因为，服从他人的目的很好地体现了人们自己的主观度。就像上文所说的，虽然有人工作很艰辛，受到的训练也长久，如果这种工作的意愿很低，他应得很高的补偿；反之，如果他的意愿很高，补偿也就低。很明显，这样来解释工资，其对工作的理解是这样：工作是一种服务于他人目的的劳动，在理想的状况下，工作应该是出自于自己的意愿而不是服从于他人的意愿。如果是服从于他人的意愿，人们需要得到补偿。[②] 但是，正像持有该观点的思想家本人所疑虑的那样：理想状态下工作与工作的目的是一致的，那么，是什么造成了工作与工作的目的不一致呢？我们可以追溯出很多原因，而其中绝大多数的原因都同个人的意愿没有关系。而且，我们认为重要的一点是，这种解释依然无法避免人们的反诘和诘难，当人们乐于从事这项工作时，他是否应得工资？

第三，补偿理论将责任引入进来，认为承担责任越多也就越应该得到补偿。强调责任在正义中的作用，这没有错。但是，责任以这种方式引入到应得理论中，这反而弱化了责任的意义。一方面，如果是人们主动承担更多的责任以此来彰显自己的道德感，他应得补偿吗？这同一个人乐于工作并寻求享受工作的乐趣无须补偿道理一样。另一方面，责任是反映一个人的纯粹主体意志的东西，但是，在补偿理论中责任被视为一种负担，至少说带有消极意义的善，这同人们对责任的理解似乎存在较大的偏差。因此，总体来说，补偿理论似乎无法很好地解释工资性的应得。

第四，补偿理论的真正困难在于补偿的性质。补偿的性质来自主体的行为还是来自主体行为所针对的对象呢？质言之，是工作本身的

---

① George Sher, *Desert*, New Jersey: Princeton University Press, 1987, p. 102.
② Ibid. , p. 106.

性质决定了补偿还是一个人的行为决定了补偿，这是不一样的。如果补偿的原因来自工作，显然，补偿的根据不是来自应得，而是人们所附加于工作的某些属性，人们认为补偿的重要理由大多与此相关。我们认为应得的基础在于主体的行为。如果是来自行为，那么，补偿理论又无存在的理由。行为的结果是主体的行动的后果，这当然不属于补偿而是应得。

二　努力与工资

与补偿理论相对的是努力理论。如果说，补偿理论中存在主体的主动意愿而无法解释的地方，那么，努力理论则可以更好地避免这一问题的出现。或者说，努力理论，从广义上说，恰恰是用来解释主体意愿的问题所在。

我们在反应得理论的一些分析中已经指出过个人努力与个人应得之间的内在关联，即个人努力是个人应得最重要的理论表现，同时，个人应得也是应得理论的重要体现。因此，在具体运用到工资的解释中，努力自然而然就在表达着人们的应得，特别是作为劳动的应得。就连强烈主张补偿理论的费因伯格也不得不承认努力之于工资的直接性关联：按努力原则分配经济产品，不是按照成功的成就比例原则，而是根据努力的程度。根据努力原则，正义要求艰苦工作的履行者和艰苦工作的劳动者得到同等的报酬。[①] 这意味着人们对于工作付出的努力越多，其所得的工资越高。或者说，对于同一个工作，两个人的努力程度一样，所得工资也就一样。

运用努力来解释工资，相对于补偿理论来说，它更能体现应得的意义和作用。首先，我们在分析个人应得这一基本范畴时已经提到过，有些应得特别是个人应得是社会正义必须承认的。而在众多的个人应得中，努力是最重要的个人应得。对于某些思想家来说，努力这种个人应得并不会造成人们之间的竞争性关系。也就是说，在正义的分配中，努力不会产生竞争性的后果。一般说来，社会正义的理论假设在

---

① Joel Feinberg, *Social Philosophy*, Englewood Cliffs: Prentice Hall, 1973, p. 117.

于"资源的相对匮乏"，也只有在资源匮乏的状态下才会有分配正义的要求。这就注定了人与人之间的关系是竞争性的关系，而关于各种资源的分配结果——如果不是平均分配的话——也就必然属于一部分多而另一部分少的不平等的竞争性结果。在一些人看来，人们在谈论应得的时候，每个人的应得主张不可避免地会导致人与人之间差别和竞争。但是，努力则不一样，它不属于竞争性应得，而是属于非竞争性应得。其原因在于，努力如同无限的资源那样，属于人们的自动的应得。

自动的应得应该满足如下三个条件：1. 虽然某个特定的人是否能够得到某种份额的 X，这是偶然的，但是大多数人实际上都能够得到适当份额的 X；2. 重要的事情在于拥有某种份额的 X，而不在于其份额的大小；3. 某个人比其他人拥有更多的 X，这不会使这个人得到相对于其他人的更大优势。① 在这样三个标准下来检视努力，人们发现努力都能满足以上的三个条件。就条件 1 来说，努力这种能力的大小对于人们来说可能具有偶然性，但对于绝大多数人来说都能够做出一定程度的努力并拥有这种努力。对于条件 2 来说，努力对于所有人来说，其重要的意义不在于人们拥有努力的程度大小，而是人们都拥有努力的这种能力。对于条件 3 而言，努力就更能满足之。只要每个人做出了相同的努力，人们得到的份额也就是相同的。

当努力是人们认可的属于个人的非竞争性应得时，它也为人们的应得留下了巨大的理论空间；同时，也为平等主义者塑造了相当程度的理论可接受度。如果工资是人们基于努力而完成工作的报酬，而且，这种报酬是所有愿意付出努力的人都能获得的报酬，那么，基于努力而来的工资就是人们应得的。对于平等主义者来说，他们也会接受这样的结论。一个平等主义者不会顽固到坚持不承认人们的努力，也不会拒斥两个人的努力不同也会给予其同等的份额。

其次，努力属于人们的应得且应该取得相应的报酬，这也符合人们的正义直觉。在一般意义上，个人的努力应得其努力而来的结果，

① Alan Zaitchik, "On Deserving to Deserve", in Lawrence C. Becker (edited), *Equality and Jusice*, Volume 6, 2003, pp. 199 – 200.

无论是在应得的原始意义上还是在应得的历史发展意义上来说，都能够得到辩护。在古典的应得中，人们虽然更加强调德性之于应得的核心意义，但人们也不否认践履德性的努力能力。不管这种能力是出自人们的主动意愿还是人们自身的能力，它们都得到承认。在近代以来的应得观念中，人们的劳动，人们的个人努力，在很大程度上都确认了个人应得的成立。而且，在理论力量的程度上，努力理论似乎比补偿理论更容易解释人们之间的工资差别。一部分人的工资高，另一部分人的工资低，其原因在于其努力程度的不同。努力多的自然应得高工资。

最后，努力理论是最能在当代正义理论中表征个人自由意志的理论。在我们看来，这是应得被人们认可和接受的最重要的原因。在正义理论中，承不承认自由意志的基础性作用，哲学家似乎都不会轻易地否定。相反，他们会更加鲜明地坚持这点。但是，在实际的理论建构中，自由意志到底被赋予正义理论多大的理论权重，哲学家的态度却是讳莫如深。应得理论之所以被人们视为平等主义理论的一个重要挑战者，其根本上的道德原因就是它承认自由意志的决定性作用，而罗尔斯式的平等主义者则不自觉地淡化或漠视它。

在以责任为基本出发点的反应得理论之批判中，我们就已经明确地指出了这一点。罗尔斯对责任的漠视或拒斥，从根本上来说是对自由意志的拒斥。一种强的决定论隐藏在罗尔斯的整个正义理论之中：人完全受客观环境的宰制。人所有的不平等都是由自然天赋和社会环境造成的，人不用在分配正义中承担任何形式的责任，因而，社会的所有不平等对人们来说都是不应得的。人们也就有理由要求国家和社会，且国家和社会也由此有义务来解决所有人遭遇的不平等。这是罗尔斯为解决不平等寻求道德理由的初衷。但是，这种初衷同其对人的理解存在巨大的偏差。一个不考虑责任的选择主体其所谓的选择也不是真正的选择，而一个不受责任约束的选择自由实际上也不是真正的自由。

但是，努力理论能够极大地体现责任在正义理论中的位置和作用。一方面，一个人是否努力和努力的程度完全取决于主体自己的意愿。在一定意义上说，我们可以在很大的程度上把人们行为受到的制约因素归结为客观环境，但是，并不是所有的因素都是由客观环境决定和支配。个人的主观努力就独立于客观环境因素之外。承认了人的努力，也就承认了人的自由意志。因而，努力与自由意志的内在密切关系确证了人的自主性这一道德品格。既然努力由主体自身完全控制，即完全取决于主体自身的意愿，那么，责任的问题就会自然伴随而生。

另一方面，努力理论的引入是要尽可能排除运气对人们收入的影响。应得不应该从运气和偶然性中产生。① 虽然，在后来的行文分析中我们会指出，人们以运气等因素来批评努力理论，但不要忘记，努力理论的初衷就是要排除运气的影响。如果一个人的收入是靠运气获得，人们会认为这个人不应得。在人们的认知中，运气同个人的行为没有丝毫关系；而且，运气本身也同主体的行动意志没有关系。自然，同主体无关的因素，主体自身也就无法提出应得的要求和主张。至少，从应得基础所体现的内在性根据上表明运气是这个人不应得的。既然收入的证成不能依赖运气而只能依赖主体的行为，努力理论自然就担负起应得在工资中的理论作用和体现。从以上两个方面就能简要地表明，努力完全由主体自我决定和自我控制，这就为个人的责任留下了巨大的理论空间。

然而，事情总有两面。努力理论能够有效地避免补偿理论的不足，但努力理论对于工资的解释也会面临不必补偿理论少的理论困难。第一个理论困难在于人们无法准确地区分努力是源于环境还是源于主体的意愿本身。如果是人们可以很肯定地断定努力明显地来自主体的主观意愿，断言一个人的努力应该没有太大的理论问题。但是，当人们无法精确区分一个人的工资或收益是不是源于努力的时候怎么办？在一定程度上，这个人的工资或收益有可能是源于努力，但也有可能是其他因素。例如，一个人拥有某些天赋技能同时又付出了持续的努力，那么，在这个时候，人们无法精确区分两者的界限。

努力理论的第二个理论难题是应得的自我矛盾。我们在关于工资的解释中，不可能将其道德根据完全建立在努力上面。因为，如果以

---

① Louis P. Pojman and Owen Mcleod, *What do We Deserve*? New York · Oxford: Oxford University Press, 1999, p. 272.

努力理论来完全彻底地解释工资，我们就无法解释为什么同等的努力却有不同的工资性收益，或者是不同的努力会有相同的工资性收益，或者是一个人无论如何努力也可能无任何收益。

就第一种情形而言，完全同等的努力是否会有相同的收益呢？按照努力理论的基本设想，相同的努力应该具有相同的收益。但实际上情况可能不是这样。例如，在一个私人的公司中，有两个一模一样的艰苦的工作，而且这些艰苦的工作需要同等的努力才能顺利完成。对于员工 A 来说，因为其勤奋（持续不断的努力）为这个公司带来了意想不到的效益，因而他很快得到了提升。而对于员工 B，他也体现出了同 A 一样的勤奋，但一些事与愿违的因素，他并没有为公司带来明显的效益。依据努力，他应得与 A 一样的提升；但依据实际的效益，他不应得提升，而且公司也不会给他提升。在这种情况下，人们认为他不应得提升是应该的，虽然他也付出了他的努力。

对于第二种情形来说，不同的努力程度却有相同的工资性收益更难证成努力理论自身的合逻辑性。对于打扫垃圾的环卫工人 A 和 B 来说，虽然，在工作的过程中存在诸多的不一致，他们两人的工资是一样的。人们可以设想存在这样的情况：工人 A 非常轻易地就能将垃圾桶放进垃圾车里并快速地清扫干净，而工人 B 有可能付出三倍于工人 A 的努力才能完成同样的工作。按照努力理论，工人 B 的工资应该三倍于工人 A 的工资。但对于一个主张努力理论的思想家来说，他也很难断言 B 应得 A 三倍的工资。一般来说，B 应得与 A 一样的工资，即使是他付出了成倍的努力。也许，从履行工作的效率和完成的优秀程度来看，人们反而觉得 A 应该得到高于 B 的工资。

第三种情形是一个人付出了很大的努力，但我们觉得他不应得任何收入。例如，一个人潜心于永动机的发明，而且他一辈子都可能醉心于这项他执着的志业。但是，无论他付出多大的努力，人们都认为他不应得任何类似工资这样的收益。中国传统故事里的杞人忧天，这个人天天思虑如何避免这样的事情，这是努力的表现呢还是白费功夫呢？这样的事例不胜枚举。从这种所谓的无用的努力中，人们也意识到努力自身的不确定性问题：努力的性质和标准。什么样的努力被人们认可为真正的努力呢？即努力以什么样的标准来彰显自己呢？是人们留下的成倍的辛苦汗水，还是少年所不应有的两鬓白发？这样的问题自然会导向努力理论的第三个困难。

努力理论的第三个困难是行为过程和行为结果的割裂。第二个理论困难中的努力所遭遇的自我矛盾实际上就已经指明了问题的根源，即如果仅仅关注主观的努力过程本身而忽略努力的结果，必然会造成上述的理论矛盾。对于早期的某些社会主义者来说，努力理论是可以更好地展示社会的某些理想，即按努力分配要比资本主义的效率原则更能体现人性的要求。然而，当代西方思想家在讨论分配正义的时候都有一个前提，即市场经济作为背景性的制度已经在起着重要的作用，而且它是分配正义所必须承认的背景制度。在这一基本制度假设的前提下，人们才能谈论分配正义。既然市场经济是分配正义的制度背景，人们在思考工资的时候就必然要考虑其决定的影响，即行为的结果也是衡量应得的重要标准。为了体现这一要素，当代思想家提出了业绩理论来解释人们的工资。

三 业绩与工资

业绩理论是对努力理论和贡献理论的双重矫正。如果说，努力理论强调行为过程，贡献理论强调行为结果的话，那么，业绩理论则是强调行为过程和行为结果的双重统一。在我们正式分析业绩理论之前，我们先简要评析贡献理论的基本问题。努力理论的总体问题在于努力过多强调行为过程中的主观意愿而忽略了行为结果，而人们得到的工资性收益并不完全取决于主观意愿，还包括行为结果的比较。所以，在市场经济条件下，贡献是必须被考虑的一个因素。而且，在很大程度上，贡献还是主要的因素。但是，我们为什么不直接用贡献理论来代替努力理论呢？

物极必反。贡献理论专注于结果而不追溯行为过程中的主观意愿，而恰恰是有些东西在贡献中不应该以"应得"的方式体现出来。依据我们对于应得之基础的分析，一个人主张应得在于这个人做过什么事情。仅从人们的贡献结果而不去分析贡献中的具体因素并直接断言人们工资性的收益就是应得，这恐怕也无法满足应得的内在要求。贡献理论的最大困难就在于人们仅依据结果而将有些与行动无关的因素当作了应得的结果。典型的批评就来自类似自然天赋是否应得的问题。由于自然天赋同主体的行为无关，不是主体行动的结果，从道德的意义上，人们的确无法主张"完全应得"带来的优势和利益。但是，人们又无法完全拒斥自然天赋，从而主张基于努力基础上的部分收益是应得的，这也就为自然天赋和努力开辟一条相结合的途径。一旦承认努力的作用，同时也要考虑行为的结果，业绩理论自然就会超越努力和贡献的局限而成为人们解释工资的最重要的理论。

在当代一些思想家看来，业绩可以作为人们日常关于应得判断的重要基础。[①] 也就是说，在日常判断里，业绩是应得的重要体现，而且能够解释工资等收益性的问题。一方面，正如前文所说，业绩能够体现努力理论中强调的主体意愿即个人的自主行为。不管我们在何种程度上质疑主体的自主行为是否是完全的自主而不受任何因素的影响和干扰，但我们还是会在很大程度上承认人的自主性。一个人对自己的行为具有自主性，这既是努力理论所要强调的因素，也是业绩理论所要认可的因素。

另一方面，业绩理论要同等地考虑主体行为的结果对其应得收益的重要作用。我们可能努力地去做一件事，但这件事未必会带来什么收益。关于一个人醉心于永动机的努力是否应得与之努力相应的报酬就属于这样的有力反驳。当然，人们会认为这样的反驳不值一提。关于永动机的事情在当时理论界热衷于这样的理论设想是有积极意义的。我们之所以在今天看来永动机的努力是白费的，是因为我们明白了能量守恒的基本原理后才做出的判断。但是，在能量守恒原理被发现之前，人们根本无法断言关于永动机的努力就毫无意义。类似永动机这样的事例说明，有无意义的努力会要求社会先行确定有关努力的一些认知标准。也就是说，在断言努力是否有意义之前，应该增强对有关某些努力的"在先"的认知。很遗憾，我想，这样的标准很难确立起来。在一些特定的领域内，人们反而会鼓励那些持续不断的努力，例如科学探究的领域。有些科学研究对于这个科学家本人来说

---

① ［英］米勒：《社会正义原则》，应奇译，江苏人民出版社2001年版，第161页。

一辈子恐怕也难见任何具体效果，但他的努力依然是他应得工资的基础。

正义理论是要考虑一般性的原则而非特殊性的个案。虽然人们对于努力提出了很多值得思考的问题，但是，关于工资或收益的解释是一般性的而不是特殊性的。回到当代正义理论的基本语境，市场经济是我们思考分配正义的制度性背景。市场经济的基本原则按照贡献分配。在大家看来，按照贡献分配仅考虑结果而没有考虑过程（动机），所以我们提出业绩理论加以矫正。但是，业绩理论也不得不考虑结果，这是市场的内在要求。理论在于如何解释和满足这样的要求，而不是要废除这样的要求。

在业绩理论中，有两大问题是人们亟待澄清的问题。一是广义上的运气问题，一是市场经济本身的问题。我们先讨论运气的问题。不管是努力、贡献还是业绩，里面总避免不了运气的问题。所谓的运气，是指在行动者控制之外的随机事件。[①] 而对于很多人来说，人们的工资或收益同运气相关，而运气是不应得的，所以，工资也是不应得的。就运气而言，这里面存在不一致。运气分为完全的运气和环境性的运气。对于应得来说，完全的运气会取消应得本身，而环境性运气则未必。例如，一个很差的射箭选手 A 因为完全的运气而箭全中靶心，这对于非常优秀的选手来说都是极其困难的事情，但 A 实在是运气太好啦。这时候人们认为 A 赢得比赛纯粹是偶然性的、不应得的。虽然，我们基于规则说他应得这项比赛。完全的运气，从应得来说的确同工资没有直接的关系。

对于环境性运气的断言恐怕就没有如此肯定。在一定程度上，区分完全的运气和环境性运气是件很难的事情。但人们不妨假设这样的环境，即一个人身处其中且对环境本身有着充分的认知，他会怎样对待环境。例如，罗尔斯所说的自然天赋和社会文化即为环境性运气。努力理论要弱化环境而突出主体意愿。但是，人们知道，要想极力强调努力较之于运气、环境以及其他客观因素而完全要排除它们在工资中的作用，这也是非常困难的事情。而且，对于罗尔斯式的批评者，

---

① ［英］米勒：《社会正义原则》，应奇译，江苏人民出版社 2001 年版，第 158 页。

不但认为努力同主体的自由意愿没有关系，而且将努力尽可能地还原到运气等一系列的因素之中。正如其所说，一个人做出努力的程度，这是受他的自然天赋、能力以及可供选择的范围影响的，而天赋更高的人更有可能有意识地做出更大努力。① 这实际上从另一个侧面回应了罗尔斯对社会基本结构之于正义原则的重要性：人的不平等受制于这个人所处的社会基本结构以及社会基本结构所对待他的方式。②

　　罗尔斯的批评指明人们的努力不仅受自然天赋的影响，同时也受社会环境的影响。按照罗尔斯的基本理解，努力是在自然天赋和社会环境这些因素中形成的，因而它可以还原为与自然天赋等性质一样的偶然性特征，人们当然也就无法提出有关于努力的应得主张。我们也曾深刻地批判过罗尔斯的这种还原论思想，也曾指出努力这种完全体现主体意志和意愿的东西被还原后所造成的主体道德性的缺失。但这里面呈现的问题也很清楚，一是我们不能以努力来清晰地区分自由和环境决定的事情。正像反驳者所说的那样，自然天赋高，努力的意愿也就高。当然，我们可以批评这里面的一个理论谬误，即罗尔斯想当然地认为自然天赋和环境同努力之间存在正向的必然性联系。

　　既然我们强调一个人会如何对待他所处的环境，那么，这里面就已经暗含着人们对待环境的态度是不一样的。罗尔斯强调人的努力等与主体相关的因素归结为环境，从而得出环境好的反而努力的程度越高。但是，我们也看到环境好的也没有表现出与环境相一致的努力的事例。出于理论的周延性，人们在考虑努力和环境之间的关系时，同样应该考虑坏的环境影响。正像米勒所说，我们永远都不可能知道运气在一个人那里，他到底会做出什么来。好运气也可能不会被他运用，坏运气也未必磨灭他的意志。例如，一个出身家庭极其贫寒的人通过勤奋和努力改变了自己的命运。按照罗尔斯的理论，个人的努力最终受运气的制约和影响，这个人的不努力也就情有可原。这里面至少部

---

　　① ［美］罗尔斯：《正义论》，何怀宏等译，中国社会科学出版社 1988 年版，第 312 页。

　　② 同上书，第 8 页。

分地排除了某些人所不应得的东西，但也承认了人们应得的某些东西。

同样，环境性运气在业绩理论中也应该全面考虑。是不是就应该把业绩本身全部归结为运气的作用呢，相信大家并不这样认为。至少人们意识到，个人如果有意识地利用环境或利用一些机会做出相应的价值，这些应该被视为人们应得的业绩。除非我们能够准确地判断个人的成就完全来自环境，否则，就会存在应当承认人们业绩的基本条件和道德根据。这也给我们提供了罗尔斯为什么要将其理论聚焦于偶然性运气的理由。在工资的解释中这个理由将更加清晰明白地显露出来。工资是取决于业绩还是取决于决定业绩的必要条件？这里面涉及道德纯化的问题。也就是说，我们强调应得，是尽可能地为应得奠定牢固的道德基础。而思想家们不断地引入天资、才能、环境等运气性的东西，目的是要否定应得的道德性，从而拒斥应得在分配正义中的作用。人们应该认识到，工资取决于业绩还是决定业绩的条件是两个根本不同理论向度的问题。取决于业绩，它包含主体有意识的行为和行为后果；而取决于业绩的条件是排除主体的有意识的行为从而取消业绩本身。

市场经济则是业绩问题中的另一重大问题。该问题的澄清有助于我们直接理解应得的作用。我们曾言，业绩理论的优点是不但要考虑主体意愿在行为过程中的作用，同时还要考虑行为结果。行为结果实际上就是个人在市场经济中的效益贡献。承认贡献与市场经济的关系，是不是会囿于另一个理论陷阱：贡献由市场经济体系决定而与一个人的应得无关？如果这一批评和质疑是对的，那么，业绩本身也就仅与市场经济相关而与应得无关。在一定的程度上，贡献理论和业绩理论具有相同的理论特征，即它们强调行为的结果且行为的结果测定都依赖市场经济。所以，对于贡献的批评同样也适用业绩理论的批评，而这样的理论结论所体现的危险后果在罗尔斯批评贡献理论中早已呈现出来。

当然，罗尔斯是站在原则和准则的理论高度来批评贡献理论的。一般人认为贡献原则具有直观性和明确性，而且也具有相当的概括性。按照每个人的贡献付酬的准则包括了一种完善的竞争经济中的分配方面的许多情况。如接受边际的生产率理论，则每一生产要素都按照它增加的产出而得到一种收入（假设生产资料是私人占有）。在这种意义上，一个工人的所得不多不少正是他劳动成果的全部价值。[①] 罗尔斯认为，上述贡献原则诉诸人们关于劳动成果的财产自然权利原则，表面上是公平的，但实质上不是。因为，劳动力的边际生产率依赖供求关系。一个人的工作贡献随着公司对他的技术的需求而变化，也随着对公司生产的需求而变化。因此，一个人的贡献是受各方面因素特别是市场的供求关系影响，而且他本身还依赖其他的背景性原则和制度，因此，我们也不可能把劳动贡献当作分配正义原则来使用，劳动贡献的分配要求只能是准则。

关键问题不在于原则和准则的区分，而在于贡献这种应得是不是具有正义原则的要求。如果是人们刻意强调劳动力的边际生产率受供求关系的影响，那么，劳动力的贡献率就不是来自人们的应得，而是取决于市场。一旦人们的工资由市场决定，那么，人们关于工资的任何道德性的解释都无意义。也就是说，工资不涉及道德问题，仅涉及市场效率问题。这种观点也深刻地影响了许多国内学者，在他们看来，应得在人们工资方面的理论阐释不适用。有关于工资解释中的贡献理论、努力理论和业绩理论都不同程度地存在各种理论问题，并且认为，"这三种应得理论还具有一个共同的根本问题：在市场经济的条件下，人们的收入是由劳动力的供求关系决定的，从而应得不能成为分配正义的原则"[②]。

我们并不否认市场的作用，但一个人的收入即劳动力的边际生产带来的结果是市场决定还是个人行为决定的是性质不同的两个问题。首先，业绩和市场对工资的解释所遵循的逻辑前提不一样。质言之，业绩的解释是诉诸制度之外的应得，而市场的解释是诉诸制度之内的规则。对于业绩而言，人们是先做出了某种成就，而后制度给予这些成就以承认。对于市场来说，人们的成就是符合经济制度的要求而给予的承认。因此，两种解释根据的逻辑不一样。应得要求的逻辑并不

① ［美］罗尔斯：《正义论》，何怀宏等译，中国社会科学出版社1988年版，第308页。

② 姚大志：《应得的基础》，《社会科学研究》2016年第5期。

是"因为制度现在是这样运作的，这就是 A 得到的结果"，而是"如果运作的制度给予他的业绩以恰当的承认，这将是 A 会得到的结果"。① 对于工资来说，它是人们的业绩，市场根据这样的业绩而承认它。

其次，由逻辑前提的不一致进而判别应得和市场作用的不一致。一个人的业绩是不是应得这是一个道德性质的基本判断，而一个人的劳动力的边际生产取决于市场则是数量性质的判断。也就是说，业绩是判断一个人应不应得的本质问题，而市场是判断一个人应得多少的数量问题。两者的作用和性质不一样。市场的重要性在于它是"测度应得的非任意的公共标准"。② 这是市场理论吸引人们的力量所在。但是，我们需要明白，市场测度的不是应得的性质，而是应得的量度。人们往往以市场测量量度来模糊性质的区分，从而以市场的供求关系变化制约人们工资的变化来否定应得的作用。如果市场的供求关系决定了人们的工资，那么，任何人关于工资的收入都是确定无疑的。既然如此，人们又凭什么理由来申言某些人的低工资是他们不应得的呢？同样，人们为什么指责一些人的高工资也是他们不应得的呢？

最后，诚如政治哲学家所设定的制度背景，自由的市场经济是人们思考社会正义时最重要的经济制度，政治哲学家主张这些制度按照正义的标准来运作，那么，经济制度应该遵循什么样的正义标准呢？有人认为是效率。但效率不是一个适用于道德价值的词汇。在前文我们强调，市场可以测度数量，而这个数量体现在效率上。市场可以测度效率，但不可测度性质。如果效率就是市场的唯一准绳，我们的思想界也就不会有关于市场的伦理学探讨。因而，作为人类社会的制度安排，它必然要体现人们"应当"的要求。业绩理论的出现，其目的还是在市场经济的背景制度下如何来更好地揭示人们的工资。市场经济就是以制度的方式体现人们的业绩，而业绩是应得在经济领域内的重要的展现方式。

从工资和应得的阐释中，我们认为可以得出两个有意义的结论：

---

① ［英］米勒：《社会正义原则》，应奇译，江苏人民出版社 2001 年版，第 58 页。
② David Miller, *Market*, *State*, *and Community*, Oxford：Clarendon Press, 1989, p. 162.

第一，关于应得本身而言，它并不是像人们所认为的那样仅仅发挥一种前制度的道德批判作用。质言之，应得不单有"前制度的应得"；也有"制度的应得"。而且，作为制度的应得，它不能够被资格、合法期望等来代替。它本身就是应得，而且它决定资格和合法期望的性质。第二，工资的道德根据来自应得，虽然采取哪种应得的解释路径存在不同程度的争议。工资同个人的贡献紧密相关，同市场的作用密切相连，但工资的根据在应得而不是市场。市场是表征应得这一道德根据的经济制度体现。如果这两个结论能够得到强有力的辩护，那么，关于应得在平等主义正义观中的作用以及与平等正义观的关系就会予以重新定位和评价。

第十二章

应得与平等

在本章中，我们将对研究的主题有一个相对统一的总结和回应。在已经陈述过的章节中，我们从三个方面对应得做了研究：一是思想史的维度，这是应得内涵的一种追问方式；二是问题式的分析，即从罗尔斯的正义理论自身的融洽性揭示应得的作用和意义；三是直接从应得自身出发分析应得在当代正义理论中的独特位置。在这些分析中，我们尝试得出这样的结论：应得在正义理论中扮演着重要的角色，它既能以前制度的方式存在（道德批判），也能以制度的方式存在（决定工资制度的正义原则）。如果这样的结论为人们所认可，那么，我们将面临最后一个重要的问题，即应得与平等的关系应该是什么样子呢？

一 存在完全的反应得吗

既然我们研究应得的整体框架是在罗尔斯的"反应得"理论下，罗尔斯关于应得的总体态度就需要我们再次予以总结和界定。实际上，罗尔斯对应得的态度是有变化的，这反映在他的前后期思想的转变之中。对于早期的思想认识，罗尔斯对应得的定位比较清晰和明确。这里所说的清晰和明确是针对他所理解的应得之内涵的单一。对于晚期的思想认识，罗尔斯则出现了不同的理解。这里的不同理解在于他所针对的应得之内涵的复杂性。不管是早期还是晚期，罗尔斯的总体观念没有变化：不存在"分配正义"意义上的应得，只存在表达道德价值的"道德应得"。

在早期思想中，罗尔斯对应得的看法主要体现在《正义论》中的第 12 节、13 节、47 节和 48 节等相关章节，集中表述则是在 47 节，其核心观点是道德应得与分配正义无关。罗尔斯的批判思路是这样：应得主要体现为道德应得，道德应得表达的是道德价值而非正义；道德价值同分配的份额没有关系；真正决定人们得到什么是正义原则下的"合法期望"和"资格"。① 具体来说：罗尔斯认为应得正义观的最通常的理解是：收入、财富和生活上的一般的美好事物都应该按照道德上的应得（moral desert）来分配。也就是说，有德性的人应得幸福才是正义的。然而，罗尔斯话锋一转，认为按德性分配的观点无法区分合法期望和道德应得。因为道德应得体现的是道德价值，而道德价值并不能确定分配的份额。例如，每个人道德上的平等并不意味着分配份额上的平等。人们有权利得到什么取决于建立在正义原则基础上的制度所规定的合法期望。

在晚期思想中，罗尔斯对应得的看法则比较全面，可以说代表了其总体看法，主要体现在《作为公平的正义——正义新论》中第 20、21 和 22 节。罗尔斯的基本观点是："在我们的统合性观点内部，我们有一种道德应得（moral desert）的概念，而这一概念是独立于现存制度规则来加以规定的。说作为公平的正义拒绝这个概念是不正确的。它至少承认三种观念，而这三种观念在日常生活中都被视为道德应得的观念。

首先，严格意义上的道德应得观念，即人作为一个整体之品质的道德价值（以及一个人特有的美德），而这道德价值是由统合性学说所赋予的；以及具体行为的道德价值；第二，合法期望的观念（以及伴随它的资格观念），这些观念是公平原则的另外一面（《正义论》第48 节）；以及第三，由公共规则体制所规定的应得（deservingness）观念，而这种公共规则体制是为了达到某些目的而被设计出来的"②。

---

① ［美］罗尔斯：《正义论》（修订版），何怀宏等译，中国社会科学出版社 2009 年版，第 245 页。

② ［美］罗尔斯：《作为公平的正义——正义新论》，姚大志译，中国社会科学出版社 2011 年版，第 91 页。

　　罗尔斯在前后期关于应得的认识出现了几个细节性的变化。第一个变化是对应得态度的转变。在《正义论》中，罗尔斯几乎是对应得持全面否定的态度。这种否定不是说应得的观念是错误的，而是说应得这样的正义观念同他所说的分配正义没有任何关系。这种不相关性既体现在前制度的"反应得"之中，也体现在制度内的"反应得"之中。对于前者，关于正义的原初推理人们提不出任何有关应得的要求和主张；对于后者，正义原则的分配份额之归属体现为合法期望。一言以蔽之，在分配正义的视域内，不存在分配正义意义上的"应得"，只存在表达道德价值的"道德应得"，但它同分配正义没有任何关联。在《作为公平的正义——正义新论》中，罗尔斯认为彻底地否定道德应得的概念这种做法是错误的。相反，他认为公平的正义能够接受道德应得的观念。

　　第二个变化是道德应得概念使用范围的变化。在《正义论》中，道德应得是罗尔斯批判的重要概念。人们之所以接受罗尔斯的这种批评，原因在于道德应得被罗尔斯设定为一般的德性观念的表达。德性表达了人的价值，但德性的道德价值同分配份额的确没有关系。然而，在《作为公平的正义——正义新论》中，道德应得的概念所包含的内容和含义明显扩大，既包括严格意义上的道德应得（《正义论》中使用的概念），也包括合法期望和由公共规则体制所规定的应得（deservingness）观念。如果我们用合适的特征来描述的话，严格意义上的道德应得根源于德性、合法期望根源于正义原则下的行为，而公共规则下的应得基础在于规则。也就是说，基于德性、行为和规则的应得都被罗尔斯划归为宽泛的"道德应得"。

　　第三，在《正义论》中，道德应得的概念在正义理论中不被接受。在《作为公平的正义——正义新论》中，道德应得的概念可以被接受。接受的意思不是说在"政治正义"的层面上接受，而是在统合性学说的内部被接受。这表明任何统合性学说都可以存在"道德应得"的概念，也可以在日常观念中来使用。但是，一旦上升为"政治正义"的观念层面，道德应得就不会发挥作用，因为"从理性多元论这个事实来看，道德应得的观念作为品质和行为的道德价值无法体现于政治的正义观念之中"①。这个时候，取而代之的是"合法期望和伴随的资格观念"②。

罗尔斯前后期不变的信念是，应得都是道德应得的体现。不管是严格意义上的道德应得（《正义论》使用的）还是宽泛意义上的道德应得（《作为公平的正义——正义新论》使用的），人们使用这个概念的目的都是要表达某种道德价值。然而，作为政治的正义，体现道德价值的道德应得无法发挥分配正义观念的作用，而且，对于所要达到的政治生活目的来说，它也是无效的或行不通的。③ 真正体现应得的是资格和合法期望。在这种意义上，罗尔斯关于应得的总体立场没有变化且坚持如下：不存在"前制度的应得"，应得必依赖制度，即只存在制度之内的应得；但是，应得在制度中本身也没有实质意义，它只能体现为合法期望和资格。所以，就应得这个概念本身来说，在分配正义的原则中不起任何实质性的作用

在变与不变之中，罗尔斯关于应得的一些理解，其中所隐藏的问题就值得我们深究。第一，在《作为公平的正义——正义新论》中，罗尔斯认为政治的正义所使用的"应得"是合法期望的观念（以及伴随它的资格观念）——它能代替道德应得在分配正义中发挥作用。但是，在分析道德应得的时候，罗尔斯又认为道德应得包括合法期望的观念（以及伴随它的资格观念），并且同时强调合法期望的这些观念是公平原则的另外一面（《正义论》第48节）。这是一个很矛盾的解释。罗尔斯所说的合法期望究竟属于道德应得还是不属于道德应得呢？

第二，在《作为公平的正义——正义新论》中，罗尔斯解释了严格意义上的道德应得：严格意义上的道德应得观念，即人作为一个整体之品质的道德价值（以及一个人特有的美德），而这道德价值是由统合性学说所赋予的；以及具体行为的道德价值。请注意，此处的道德应得包括两个部分：一个是基于人的品质（德性）的应得；另一个是基于行为的应得。这明显不同于《正义论》中对"严格"意义上的

---

① ［美］罗尔斯：《作为公平的正义——正义新论》，姚大志译，中国社会科学出版社2011年版，第91页。

② 同上书，第96页。

③ 同上。

"道德应得"的定义。后期的严格的"道德应得"还包括行为的应得。但是，罗尔斯强调的是基于行为的道德价值。基于行为的应得和基于行为的道德价值的应得不是一回事。行为必然导致某种后果，这可能是一个中性的事实，而关于行为的道德价值则必然涉及价值判断，而价值判断则可能偏离这些事实。这种区分的目的是强调基于"行为的应得"和基于"价值的应得"不是一回事。也就是说，罗尔斯所理解的严格意义上的道德应得不能扩展到具体行为的维度。

第三，为了捍卫自己的观点，罗尔斯强调道德应得同分配正义没有关系，并且进一步强调所有的应得都是道德应得，从而回避应得的实质性作用。既然是这样的话，罗尔斯没有必要扩大道德应得的概念范围，他沿用《正义论》中的道德应得也能达到理论批判的目的。而且，就应得所体现的意义来看，严格的道德应得同合法期望、基于公共规则的应得存在着本质上的差异。基于德性、行为和规则的应得虽然都能够表达某种"道德"的判断，但是，支持这三种应得的道德基础却存在着本质性的差别。因而，使用广义的道德应得并不是一个合适的概念。

从前后期的变化来看，罗尔斯关于应得的认识应该是受到了人们的理论批判之后的思想变化所致。至于是哪些人（持有应得观点的学者）影响了他，罗尔斯没有做出明确的解释。我们唯一可考的是罗尔斯在《正义论》中对费因伯格的简单引证和批评。① 费因伯格在1970年出版的著作《行为和应得》（实际上是费因伯格的论文合成的著作）中虽然并没有直接针对罗尔斯，但是，他对应得思想的阐释和一些根本性的观点直接影响了后来的人。我们从罗尔斯的理论回应的蛛丝马迹中可以看出这一思想谱系上的人物：费因伯格、乔治·谢尔、阿兰·柴特齐克、桑德尔、沃尔泽……不管怎么说，罗尔斯至少是考虑了人们的批评而调整了自己的某些观点。

完全意义上的"反应得"在罗尔斯的整个思想总结中不存在。相反，不仅不会存在完全意义上的反应得，人们的批评反而会突显罗尔

---

① ［美］罗尔斯：《正义论》（修订版），何怀宏等译，中国社会科学出版社2009年版，第246页。

斯正义理论中的应得问题。首先，罗尔斯对应得的理解是狭隘的和混淆的。之所以认为是狭隘的，理由在于那些持应得观点的人对罗尔斯的批评绝不仅仅是局限于道德的层面。我们可以认为费因伯格以来的思想家从道德理由的角度批评罗尔斯的正义思想，但是，他们同时也认为应得是应该实践的正义原则。也就是说，罗尔斯在"公平的正义"中对应得的兼容仅仅是把它当作统合性学说的一部分内容，并不是说它能够发挥正义原则的作用。混淆的意思是说道德应得自身概念的不清晰。为了将应得局限于统合性学说的地位，罗尔斯将道德应得的范围过度放大。我们已经明确指出，基于人的品质的应得和行为挣得的资格和合法期望以及基于公共规则的应得不是一回事。基于品质的应得可以说表达一种道德价值；而基于公共规则的应得是符合"道德的"，属于另外一种概念。前者带有强烈的内在的道德色彩，而后者没有，因为某些规则不涉及道德问题。

其次，存不存在一种前制度的应得呢？罗尔斯的回答十分肯定，不存在任何形式的"前制度的应得"。在他的理解中，在正义原则尚未建立之前，我们无法形成有关应得的任何主张、权益和判断。按照罗尔斯的理解，这当然没有问题。从语言意义来说，与正义原则对应的就是制度。既然罗尔斯强调正义原则之前的应得无法成立，实际上也就否定了"前制度的应得"这种可能性。既然"前制度的"状态下不存在任何有关应得的主张，那么，你为什么要使用"反应得"（anti - desert）这样的判断呢？我想，罗尔斯的回答应该是这样：反应得不是在正义观念的层面上来使用的，而是从道德价值上来使用的，即"反应得"是一个有关价值的道德判断，而不是一个有关正义（指涉善的分配）的判断。

即使如此，我们认为罗尔斯对"反应得"的使用同样存在问题。应得作为道德价值不等于正义，这可以理解；但是，应得作为道德价值同正义完全无关联却很难理解。就如罗尔斯所说，人有平等的道德人格和道德价值，因而，人们主张分配应该导向平等的分配。既然是这样，罗尔斯在使用"道德的不应得"——自然天赋和社会文化导致的分配优势是这个人不应得的——时，实际上同样假定了存在"道德应得"的理论参照面。作为道德的理论推理，你只有依据"道德应得"这样的理论参照面，你才会知道哪些东西是在道德上是"不应得的"。如果这种推论成立的话，哪些是属于人们的道德应得呢？我想，乔治·谢尔对人的基本能力的应得之强调就部分地回答了这一问题。①

最后，对于制度中的应得，罗尔斯的立场更加鲜明：应得只存在于制度之中。只有依据确定的正义原则，我们才能根据这一原则来判断什么是我们应得的。应得虽然只能存在于制度之中，但发挥作用的却是"合法期望"和"资格"。既然发挥作用的是合法期望和资格，这个时候"制度的应得"表达的是什么意思呢？对于罗尔斯来讲，它仍然表达的是有关应得的一个判断，即依据正义原则下的所得是"符合道德"的。这应该是罗尔斯在第二种意义上使用"道德应得"的初衷。但是，这个时候的"道德应得"并不能完全对应"合法期望"和"资格"。

二　替代还是相容

应得在当代正义语境中具有重要意义，这是学者们的共识。而且，从罗尔斯的基本思想转变中，人们也认为不存在完全意义上的"反应得"。这表明应得在正义理论中有其存在的空间和位置。但是，这是否就意味着应得在当代社会中扮演着决定性的作用呢？这一问题的实质是向我们指明应得正义研究所要面对的两个基本问题：一方面，应得是否如平等主义者所批评的那样只能成为具有直觉意义的正义准则而不是正义原则？另一方面，如果应得能够证成也是正义原则，它是否能够取代平等主义的正义原则？总体来说，这两个方面的问题也都是在不同方面追问应得与平等的关系问题。因此，我们对应得的研究、分析和批判最终都会回到应得与平等的相互关系这一根本性的问题上面。

应得是否能够证成为正义原则的问题，我们在应得与工资的解释

---

① 有人认为罗尔斯的"反应得"判断设置太强，这会导向他对某种应得的承诺。为了避免这种状况，在原初状态下，应该假定一种无关应得或不应得的中性的"非应得"。葛四友：《论罗尔斯的无知之幕与反应得理论》，《甘肃行政学院学报》2008 年第 3 期。

中已经有所揭示。在以市场经济为表征的竞争性社会里，应得是决定人们收入的正义原则。① 特别是人们在市场经济这一总体的经济制度背景下，应得就无法像平等主义所认为的那样是仅限于狭小领域的正义准则。相反，它是规范市场经济体制的正义原则。如果应得是正义原则，而平等同样是正义原则，那么，两种正义原则的关系将会是什么样子呢？从大的方面来说，两种正义观的关系是什么呢？对于二者的关系，不同的思想家持有不同的立场。

强烈主张应得正义观的人持"替代论"立场。对于类似麦金太尔这些思想家而言，平等主义的正义观或正义原则本身立足于个人主义的基础之上，而建基于个人主义基础上的正义观或正义原则是对传统道德颠覆和破坏之后的伴随物。人们要想在支离破碎的当代道德境况下重建传统道德，就必须回到和遵从我们已有的道德传统。这样的道德传统其核心就是德性。因此，就正义本身而言，当代社会应该坚持以德性为表征的应得正义观。应得正义观应该替代平等正义观。

持有替代论立场的思想家毕竟是少数。而且，在我们看来，应得正义观也无法替代平等正义观，平等正义观依然是这个时代的重要表达。社会正义是人们建构出来的理念和原则，它是与这个社会的基本精神、基本理念和基本价值相关的。不要忘记，罗尔斯强调社会正义之于社会制度，犹如真理之于思想一样是首要价值，虽然两者都具有首要的作用和价值，但是，两者还是有着本质的区别：真理具有实在客观的本性，而正义却是该时代的思想建构。正义的基本观念同这个时代人们认可的政治、道德和社会价值观念相关。作为划分基本利益和规范制度的正义原则，又与社会的政治价值高度相关。今天的政治价值是自由和平等，平等正义观而非应得正义观是这个时代的表达。

平等作为社会正义原则可以以程序正义的方式得到证明，而应得

---

① 米勒关于应得的基本观点就是认为应得是工具性社群的正义原则。工具性社群的本质是人与人之间构成的竞争性社群或社会，市场经济是竞争性关系的典型体现。因此，对于米勒而言，应得是决定市场经济的正义原则。这种观点明显来自于沃尔泽的基本思想。沃尔泽在解释金钱等这些善时，所依赖的正义解释原则即是应得。只不过，米勒将应得明确为市场经济的正义原则。参见［英］米勒《社会正义原则》，应奇译，江苏人民出版社 2001 年版，第 78 页。

在目前的正义理论中还无法实现。在当代主要的几位自由主义思想家中，例如罗尔斯、诺奇克和德沃金都愿意采取某种程序来证明自己的正义原则。罗尔斯运用"新契约论"、诺奇克运用"看不见的手"的解释以及德沃金运用"拍卖/保险"程序，这些程序的运用都同程序自身的性质有关。在人们看来，程序是公平和正义的统一。公平意味着程序是大家共同遵守的，程序的过程意味着每个人都是平等的，因此，公平的程序本身就是一种平等正义的表达。纯粹形式的正义其结果是实质的正义。程序正义是形式正义和实质正义的统一。平等的实质正义观念能够以程序的形式表达出来。但是，对于应得正义观，人们觉得很难用程序正义的方式证明和体现出来，而且到目前为止，也鲜见有关这样的理论尝试。这也间接地表明应得很难运用于程序主义的解释。

相对于替代论立场，另一些思想家持"平行论"立场。对于沃尔泽和米勒这样的社群主义者来说，应得的作用不容忽视，但是，应得也无法代替平等的作用，因为两者所作用的领域、规范的对象和运用的社会环境不一样。对于某些具有特定社会意义的善只能运用相应的正义原则去调节；对于两个明显不同领域的社会环境，各种具体的正义原则严禁相互越界。因此，应得和平等是规范不同对象的正义标准，是适用于不同领域的正义原则。两种正义观相互平行，互不统辖。

对于平行论，应得与平等虽没有出现像替代论那样的相互冲突境遇，但就实质来看，两者实际上也没有什么关系。就整体立场而言，平行论的哲学观是主张多元主义而反对一元主义，主张特殊主义而反对普遍主义。这从根本上决定了平行论者对待正义原则的基本态度：没有整体一致的社会正义原则。承认多元正义，就必然要求为各种正义原则确定相应的地位和作用。沃尔泽立足善的社会意义，而米勒依赖社群的不同性质。平行论者同等地肯定了两者的作用，但是，平行论者也给人们留下了不少的理论难题。

从善的社会意义来说，善的确有自己的意义，但善也因人而异。同一种善对一些人来说可能是需要，而对另一些人来说可能就是应得。而且，有些善是否应该被纳入分配正义的领域也存在不少的疑问。例如，沃尔泽所认为的家庭的爱、神的恩宠、个人的闲暇以及大学内部的教学自治等正义分配，与罗尔斯的分配正义内涵相去甚远。罗尔斯曾针对此类批评专门做出了回应，"两个正义原则及其它们的政治自由不是被设想用来调整教会和大学的内部机构的。差别原则也不是用来支配父母应该如何对待他们的孩子或如何在他们之间分配家庭财富的"①。更为重要的问题是，如果社会存在多元正义，那么，哪一种正义标准是评价社会正义的适切标准呢？

正因为是多元正义，所以不是平等，也不是应得，更不是需要，它们中间的任何一个单一的标准都无法来界定社会正义。我们如何来评价一个社会的正义状况呢？当然，沃尔泽认为复合平等就是一种社会状况。如其所说，"复合平等是一种社会状况，在这种社会状况中，任何一个群体的要求都不能统治不同的分配过程"②。沃尔泽把平等与不平等糅合在一起统称为复合平等，刻意模糊平等与不平等的对立界限，从而限制了改变不平等的任何可能性。所以，社会不可能出现改变不平等的任何迹象，相反，社会存在的不平等得到了理论辩护。复合平等不可能成为改造社会的积极理论。政治哲学之所以要探讨正义是因为社会存在着不正义，因而需要思想家建构正义理论予以批判并付诸实践以对社会不正义进行修正改造。就此而言，复合平等不是积极理论，而是消极理论。在很大意义上，复合平等就是承认现状。

米勒力图用社群来解释正义原则的性质，以此昭示正义原则能够评价社会状况的正义问题。从社群的性质来说，不同的社群决定了正义原则的不同。如果在这个社群里没有与实践相应的正义原则，例如在工具性的社群中如果没有实践应得原则，这既是社会的不正义，也是正义原则自身功能的越界。但是，利用社群的性质来解释社会正义原则的多元性也会同样面临沃尔泽那样的诘难，即如何评价社会整体的正义状况。

在米勒的理论中，社群都不是纯粹单一的，而是复合的，即社会结构应该是各种社群的构成的整体。性质不同的三种社群在现代社会

---

① ［美］罗尔斯：《作为公平的正义——正义新论》，姚大志译，上海三联书店 2002 年版，第 339 页。

② Michael Walzer, *Thick and Thin*, Notre Dame：University of Notre Dame Press, 1994, p. 32.

里都能存在。在现代自由民主制的条件下，政治社会的成员不但通过他们的社群和他们的工具性联合体，而且作为同等的公民相互联系。①也就是说，人们之间的合作关系既能是团结性的，也能是工具性的，还能是平等性质的。这也向我们表明，分属不同社群性质的正义原则如需要、应得和平等在现代社会里相互并存。因此，评价社会正义整体状况的问题依然会出现在米勒的理论中。

社会实践的复杂性远超理论本身。人际关系的属性是复杂的，例如既有团结的性质，也有工具性和平等的性质，因而社会正义原则本身的关系也是复杂的。当这些关系所确定的边界清楚时尚可，一旦当它们所确定的边界领域如政治、经济和社会之间不再清晰时，我们如何能界定其相应的正义原则呢？不得已，米勒从"平行论"立场退缩到"相融论"立场，即考察社会正义总体状况的标准仍然是平等，但是，需要对平等做出限制，基于应得基础之上的平等。在他看来，我们首先要承认"经济的不平等是应得的——它们必须与社会贡献的实际的差别相一致——其次它们必须不削弱平等的公民身份"②。

三 相融的形式

"相融论"立场是绝大多数研究者所持有的立场。在当代学者和思想家对应得的理论研究以及对平等主义正义观的批判中，其总体目的是要平等主义者认可应得在正义中的作用，特别是罗尔斯式的平等正义不能排除应得。相融论立场认可平等已经成为这个时代的政治价值，没有人也没有任何可能性来否定它。人们对平等主义的批判也是表明这一点，即平等正义观的理论建构和政治实践存在不完善的地方，需要其他的正义理论来补充。因此，较好的方式是在承认平等正义观的前提下，如何使应得在平等正义中发挥其自己的作用，人们要重新思考正义的理论建构问题。

相融论的前提是承认平等正义的主要作用。人们已经意识到，如

---

① ［英］米勒：《社会正义原则》，应奇译，江苏人民出版社 2001 年版，第 32 页。
② 同上书，第 291 页。

果把平等想象成一个解决所有不平等的理想而不管这些不平等是如何产生出来的，这也就仅仅是一个理想。如果我们来拥护这种纯粹的平等主义，那么，平等几乎将会和所有的关于应得的解释相冲突，除了在每个人平等地应得或应得正义的不平等情况下。在这种平等正义观里，我们将面对这种情况：作为平等的人，没有任何的不平等是能够得到辩护的。显然，这样纯粹的平等主义在当代的政治哲学中不再被讨论。因此，相融论是应得相融于平等之中，而不是平等相融于应得之中。

应得以何种方式、何种作用以及何种程度相融于平等正义的理论之中，人们存在着不同的认知和处理方式。大体来说，人们认为当代政治哲学存在着两种为大家所熟悉且得到不同程度认可的相融路径：一种是以责任为表征的应得融于平等；另一种是以直接性的应得即努力应得融于平等。两种方式能不能产生人们预期的真正的相融效果，下面我们将简要地分步考察。

以责任为表征的应得在平等理论中体现为"敏于责任的平等主义"。敏于责任的平等主义是一种受到限制的平等主义，即平等主义的正义理论必须考虑责任的问题。当然，也有些理论家同样考虑责任问题，但是并不把平等视为理论的前提，这只会导致反平等主义的后果。例如诺奇克式的自由至上主义者。对于敏于责任的平等主义者来说，那些不是因为个人需要负责的不平等对人们和社会来说是不正义的，而有些不平等反映了人们的选择和责任，这类不平等是应该认可的。哪些不平等需要负责，哪些不平等不需要负责，其中的关键点在于如何对待和处理类似自然天赋等运气问题。也就是说，残酷运气与选择性运气的区分和解决是敏于责任的平等主义的核心理论问题。由于运气（广义的运气）是一个关键因素，"敏于责任的平等主义"就是人们所说的"运气平等主义"。

运气平等主义是要抵消运气在人们平等中的作用，从而为个人责任开辟出相应的理论空间。因此，责任在平等理论中的空间位置取决于人们对运气的认识和区分。哪些是属于选择性的运气，哪些是属于不能选择的运气，两者之间的边界就是平等的终点，也是责任的起点。也就是说，当我们将选择性的运气范围划分得越大，责任的范围也就越大，应得在平等理论中的空间也就越宽；反之，非选择性的运气（残酷的运气）范围划分得越大，责任的范围就越小，而平等在平等理论中确立的空间就越宽。在总体原则上，运气平等主义者大致将非选择性的运气即残酷的运气界定为环境，而将选择性的运气界定为同个人密切相关的东西。前者争论的程度不大，而后者争论明显且无定论。因为一旦将这种总体性的原则具体化到个人的身上，责任看似清楚明白的问题实际上也会陷于模糊不清的理论境遇。

如果人们能够清晰地判定个人应该承担责任且承担何种性质以及何种程度的责任，这当然是非常理想的状况。但实际上，个人应该为自己的行为选择承担什么样的责任，这是非常棘手的理论难题。首先，对于个人来说，要想精确地区分选择性运气和残酷的运气之间的界限就是非常困难的事情。一般来说，人们把能反映个人的抱负因素如个人的偏好、信念、生活计划和人生的总体目标以及个人的意志力等视为选择性的运气；而对于个人拥有的自然天赋、文化处境和个人能力等视为非选择性的运气。① 这种划分也仅仅是传统的抽象的区分。一旦人们聚焦于个人抱负因素中的任何一点时，选择性和非选择性的模糊性界限就会暴露出来。例如，个人的偏好就是最好的佐证。

在运气平等主义理论中，偏好是理解运气的一个重要维度。偏好在社会利益的分配中往往占有重要的权重，满足一个人的偏好尤其是昂贵的偏好，社会将会拿出较多的资源予以补偿。但是，这会影响其他人的公平份额。如果不对其补偿，而这个人的偏好如果自己满足将会花费巨大的资源，这直接会导致这个人的不平等状况。如果是这个所谓的"偏好"同这个人的选择根本无关的时候，社会正义如何对待这样的不平等？我们说，在宽泛的"选择性运气"概念下，偏好往往被视为同人相关的东西，尤其是昂贵的特殊偏好更是如此。但是，一个人的偏好是自己主动选择而形成的还是环境塑造形成的，这之间的区分不甚明晰。例如，一个人 A 喜欢打高尔夫球明显是昂贵的个人偏好。但是，如果 A 申言自己的偏好是在童年的环境下形成的：例如其

---

① 参见［美］德沃金《至上的美德：平等的理论与实践》，冯克利译，江苏人民出版社 2003 年版，第 331—335 页。

所在的学校将打高尔夫球视为学生们必需的体育训练课；或者是孩子的家庭经常带他去俱乐部打高尔夫球从而养成了无法丢掉的爱好。那么，当 A 长大后依然保持这一爱好，但是又因为其一次投资失败而致其家庭一贫如洗，他是否应该得到额外的资源补偿去保有打高尔夫球的偏好呢？[①]

按照人们的直觉，打高尔夫球属于一种昂贵的偏好，无论如何都不应该给予 A 资源补偿。因为按照公平的份额标准，A 将获得远远高于其他人的资源或利益。对于其他人而言，这是明显的不公平。因而，人们直觉意识到不应该给予补偿。也就是说，这种不平等是应该的。但是，按照责任理论，A 的爱好不是自己主动选择形成的，而是在童年时候由环境作用形成的。因此，A 不应该为自己的昂贵偏好承担任何责任。罗尔斯的理论更是如此。反映人的抱负、努力以及生活计划等看似非常主观性的因素实际上都同这个人所处的社会环境有关。质言之，抱负、努力以及生活计划都是在环境中形成的，同个人的选择无关。所以，由于个人的偏好造成的不平等也应该属于社会正义要解决的问题。

运气均等主义者也许不承认这样的反驳。在他们看来，对于打高尔夫球的这种昂贵偏好，A 虽然不承担"完全的"责任，但是，A 还是应该负有"部分的"责任。即使 A 的偏好由自己所无法选择的环境形成和决定，A 也对于这种偏好具有选择的能力，即 A 可以不选择打高尔夫球而改打篮球。在偏好的选择上，个人的主观意愿还是具有重要的作用。问题并没有因此而结束，相反，更多的问题却接踵而至。从心理层面看，如果 A 的这种偏好已经像麻醉剂似的具有依赖性，无法选择新的偏好怎么办？从人生意义看，如果 A 的这种偏好已经被其视为生活的一部分或者说人生意义的组成部分时，选择新的偏好意味着人生意义的失去，我们还会要求他选择新的偏好吗？人们还要主张他应该为自己的偏好选择而负责吗？

如果是这样，责任的问题就很难进入到平等主义的理论之中。运气平等主义者力图在正义理论中确立责任适当的理论空间，但鉴于偏

---

① 参见姚大志：《应得的基础》，《社会科学研究》2016 年第 5 期。

好自身的模糊性，人们为责任预留的理论空间终将会被平等完全挤占。鉴于此，一些思想家要对偏好和责任做出新的限制。对于偏好而言，只有合理性的偏好才能被认可。而合理性体现在人们能够掌握充分的信息，对偏好进行深思熟虑的思考，而且所进行的推理没有任何错误。显然，这几个条件都很难达到。掌握充分的信息，意味着我们对所有的信息都能知晓和判断。不管从人的认知局限还是从信息的收集来看，人们都很难做到充分的知晓、深思熟虑的思考和没有任何错误的推理。

对于责任而言，只要能够认识到责任就应该承担责任。完全的责任意味着人们的偏好完全由主体自己控制，但偏好与环境的复杂紧密的关系揭示了"完全的"不可能，因而人们信奉"部分的"责任。部分的责任意味着人们不能完全决定自己的偏好形成，但是人们有能力选择哪一种偏好作为自己的合理偏好，或者是改变自己的某些偏好。如果这也做不到，再退一步来说，就我们对自己偏好的认同而言，这些偏好是我们自己的，而不是作为他们对自我异化的侵犯。① 所以，我们依然对自己的偏好负有责任，即使我们自己没有选择这些偏好，而且也没有能力改变它们。从完全的责任到部分的责任再到认识上的责任，这意味着责任的含义是模糊的；从行为、选择的实践性责任到认识上的理论性责任，这也意味着"敏于责任的平等主义"为了突出责任而不得不将责任泛化。

应得与平等的另一种相融的理论路径体现为直接将个人应得融于平等。主张这种理论的思想家我们称之为"敏于应得的平等主义者"。在人们的个人应得中，"努力"更能集中体现个人应得的特征，因此，人们更愿意用努力应得来表征"敏于应得的平等主义"。对于努力应得，人们认为它的一个显著优点是能够解释平等下的不平等是如何可能的问题。② 这也就是说，应得是平等理念的一部分而不是相互冲突的；而且它能够解释同等的条件下不平等是如何产生的问题。

应得是平等理念的一部分，这正是相融论的基本前提，即在承认

---

① Richard J. Arneson, "Equality and Equal Opportunity for Welfare", *Philosophical Studies*, Vol. 56, 1989, p. 81.

② Serena Olsaretti, *Desert and Justice*, New York: Oxford University Press, 2003, p. 13.

平等的基础上如何恰当地嵌入应得。在平等的前提下解释不平等问题，理论根源在于对不平等原因的分析和认定。努力应得追问的是，如果在罗尔斯分析的那种背景下，两个人都具有同等的天赋和条件，为什么还会产生出不平等。罗尔斯式的平等主义者将无法回答这样的反驳。相反，努力应得的理论家能够更好地解释这点。人们之间的努力差异，必然会造成收益上的不平等后果。

努力应得理论对人们思考不平等问题时给予重要启示，即如何看待人们之间的不平等问题。如果思想家聚焦于人的受动性，他们不自然地就会将不平等原因的理论分析归咎于客观环境。如果理论家着眼于人的主动性，他们将会刻意地把不平等原因的理论分析诉诸主观因素。其中，个人努力是最重要的主观因素。因为个人努力而形成的社会不平等，我们有什么道德理由去进行矫正呢？同样，努力应得也同样能够表达责任的作用。一个人是否愿意努力以及努力到何种程度完全取决于主体自己的意愿。这能充分体现个人的行为责任和选择责任。

与"敏于责任的平等主义"面临的问题一样，从大体原则上，人们都承认努力应得的作用。但是，一旦具体到个人的分析时，诸多问题就会涌现出来。我们在有关工资的理论中已经详细分析过。在此，我们仅强调两点：第一，如何明显的区分努力与环境界限。如果人们努力依靠的因素是那些超出了个人自我控制的范畴，例如能力和幸运的环境，那么，努力和选择就不是相容的。努力是完全来自意愿还是环境掺杂其中，没有人清晰地界定。第二，努力是完全自主的还是非自主的？努力往往被人们视为个人完全控制之内的东西，只有人们完全控制之内的东西才是个人的应得。实际上，这也是一个形而上学的假定。努力在很多方面是超出了个人的控制之外。这个时候，它依赖更多的是人们的某些判断和想象。①

① George Sher, "Effort and Imagination", *Desert and Justice* (Edited by Serena Olsaretti), New York: Oxford University Press, 2003, pp. 205 – 216.

四 初始分配还是再分配

"敏于责任的平等主义"和"敏于应得的平等主义"都是要强调应得在平等正义观中的作用，但是，它们各自所采用的理论路径分别涌现出了诸多的理论问题。更为重要的是，在两种理论路径的阐述中，它们都没有将应得作为正义原则的地位突显出来。我们知道，即使是在"完全的反应得"之平等主义的论述中，平等主义也没有完全拒斥应得的作用，而是认为应得不能扮演正义原则的角色。质言之，应得只是各种形式的准则，而同制度相关的正义原则只能是平等。因此，两种相容路径的根本问题是如何在正义原则的层面上处理应得与平等的关系。

既然人们一致认可应得在平等正义中具有重要的作用，我们是否可以按照作用的不同来区分应得和平等，同时，又以作用本身将两者相融于整体的社会正义之中呢？我们可以做一些理论尝试。在此，我们先需明了社会正义所要解决的首要问题，这是我们讨论应得和平等的理论域限。在当代平等主义的语境中，分配正义主要针对的社会问题是财富和收入的不平等。平等主义者要求社会的基本善应该被平等地分配才是正义的，而这些基本善包括权利和义务、权力和机会以及收入和财富等。对于人们来说，权利和义务、权力和机会都能做到平等的分配，因为这两者作为善来说不存在稀缺性，属于"无限度的分配正义"。而且，它们作为基本自由的优先性规定也决定了它们被平等的分配。只要是现代民主制度，人们的平等自由就会以宪法和法律的形式确认并保障。然而，收入和财富无法属于那种稀缺性的竞争善，属于"有限度的分配正义"。[①] 因而，在平等主义者那里，真正的不平等问题体现在财富和收入的不平等问题上。

平等主义者要求财富和收入最大程度地体现平等原则，但为什么财富和收入的不平等应该解决呢？在平等主义者看来，人们之间的财富和收入不平等在于一部分人利用了自然天赋和社会文化的环境优势，

---

① 王立：《平等的范式》，科学出版社 2009 年版，第 53 页。

而这些优势在道德上看都是纯粹的偶然性因素，是人们不应得的。所以，社会应该对财富和收入的不平等加以调节和解决。平等主义者虽然期望实现财富和收入的平等，但是，在平等主义的理论中，平等原则也并不直接作用于财富和收入上。也就是说，平等原则的调节作用实际上是另一个层面的事情。为什么如此说呢？这里面需要从两个方面来说明。从否定的方面来讲，即使是平等主义者把财富和收入的不平等原因全部归于偶然性因素，平等也不直接调节以工资为表征的财富和收入，而是由于市场经济的作用。按照平等主义的理解，在市场经济的条件下，人们的工资性收入取决于市场的供求关系即个人的边际生产率。如果是这样，市场经济决定人们的工资性收入，这同平等原则本身没有直接性的关系。

从肯定性的意义上讲，财富和收入的差异并不完全归因于偶然性因素。一方面，平等原则调节的仅仅是两者之间的差异那一部分而非全部。例如，A 和 B 代表两类社会群体。其中，A 的收入假定是 10，而 B 的收入假定是 6。平等原则调节的是 A 比 B 多出来的 4，而对于 A 和 B 本身的 6 不适用于平等原则的解释。显然，对于 A 和 B 各自的 6，如果用正义原则来解释的话，它应该是不同于平等原则的另一个正义原则。另一方面，A 对于 B 多出来的额外的 4 也不尽然是偶然性因素所致，也同人们的努力相关。承认人们的努力是平等原则所蕴含的因素，而努力自身的东西属于人们的应得。因此，平等也仅仅是调节 4 中的一部分，而不是全部。

从否定和肯定两个方面来说，调节财富和收入的直接性原则是应得，间接性原则是平等。平等主义者希望实现财富和收入上的平等，但平等原则并不直接作用于人们的工资性收入。对于主张应得的人来说，正义原则应该承认人们的应得，但对于类似自然天赋所带来的无法体现主体意愿的额外收入是个人不应得的，是平等原则所应该调节的对象。因此，应得和平等作用的逻辑层次和对象是不一样的。在人们的收入中，应得作用的对象是主体努力的那部分，是社会正义原则需要首先解决的那部分。平等原则作用的对象是扣除应得部分之外的那部分，是社会正义原则解决应得之后的那部分。因此，从分配作用的逻辑层次来看，我们把应得看作是初始分配原则，而平等属于再分配原则。

这样的区分是否符合平等主义的基本理论呢，这需要回到应得问题的发端和理论的原初背景。罗尔斯建构了以平等为价值表征的社会正义原则，其两个正义原则分别表达了政治平等和经济平等的理想。政治平等通过宪法和法律即自由民主制度来保证，而经济平等则由政府的各个职能部门如配给部门、稳定部门、转让部门和分配部门来实现。其中，尤其是分配部门扮演了举足轻重的角色。分配部门"其任务是通过税收和对财产权的必要调整来维持分配份额的一种恰当正义。"① 分配部门要征收一系列的遗产税和馈赠税，并对遗产权进行限制。限制的目的不是要提高财政收入，而是逐渐地、持续地纠正财富分配中的错误并避免有害于政治自由的公平价值和机会公正平等的权力集中。分配部门要建立正义所求的税收体系，以便为公共利益提供资金，并支付满足差别原则即有利于最不利者阶层所必需的转让数目。税收是调整收入并解决收入不平等的最重要的再分配手段。作为分配的实践层次而言，税收也只有在人们的初次分配完成之后才进行。而罗尔斯所说的纠正财富分配中的错误主要是指那些在道德上具有偶然性的因素在分配中所扮演的作用，这恰恰是平等原则的着力之处。

对于罗尔斯而言，他所考虑的正义原则或者说建构的社会正义原则是社会的再分配原则。那么，为什么罗尔斯不考虑初始分配原则呢？一是因为自然天赋的偶然性因素总会体现在人们的财富和收入之中，我们仅需对财富和收入进行再分配即可实现平等的正义。另一个重要原因是人们的初始分配由市场来完成，我们只需认识到市场的缺陷——按照贡献分配，而贡献取决于人们的天赋等环境性运气——对市场的缺陷本身进行调节即可。因此，罗尔斯不关心初始分配的问题。

不关心初始分配的问题，自然也就不会考虑初始分配的原则问题。从再分配角度看，罗尔斯的确不需要考虑初始分配的问题。在罗尔斯那里，他的平等观实际上是一种注重结果程度的平等观即结果平等

---

① ［美］罗尔斯：《正义论》，何怀宏等译，中国社会科学出版社 1988 年版，第 278 页。

观。① 因此，人们与其花费无穷精力分析和追踪各种因素在人们生活中的各种不平等的影响，不如将这些因素定性分析——道德的不应得，以再分配手段在最终结果上对这些不平等进行调节和解决更有实践意义。正因为道德定性的分析，社会正义所针对的目标主要是那些"道德的不应得"。社会只需要处理好"道德的不应得"就能实现社会的正义，尤其是体现平等的正义。因此，在社会正义原则的体系中，罗尔斯没有为应得留下一席之地。

如果说平等是处理分配正义中的"道德的不应得"原则，那么，由理论的对称性推知，处理分配正义中的"道德的应得"原则必然是另外一个原则。这种考虑正好回应了主张应得的那些思想家。属于人们的道德应得既有基于人的存在的基本应得，也有体现个人差异的努力等应得，它们都会体现在人们的收入和财富之中。制度和制度原则需要对这些应得加以确认，即将人们的应得制度化而不仅仅是一种合法期望或资格。因此，存在一种基于应得的制度应得。只不过，这种"制度应得"依赖市场作为其测量量度的经济体系。

确认人们的财富和收入应得是社会正义的首要目标，调整人们的财富和收入差异实现平等是社会正义的重要目标。就此而言，社会正义的分配不全是再分配，它也包括初始分配。因此，作为整体的社会正义原则也就应该既包括初始分配原则，也包括再分配原则。从初始分配和再分配来看待应得和平等，两者之间的紧张关系就会消除。二者作用的层面不同，逻辑层序不同，但其目的相同，即都要实现社会正义，并在承认应得基础上实现最大程度的平等。

---

① 王立：《论德沃金的平等观》，《吉林大学社会科学学报》2008 年第 1 期。

结束语

　　无论对于理论研究（20世纪90年代以来的哲学研究趋势）还是现实生活（国家和社会要求"公平正义"像阳光普照），①"正义"在目前的中国的确都是一个关键词。对于理论研究，正义问题已经成为中国哲学界学术研究中最重要的课题之一。因而，就纯粹的学术研究来说，如何更准确地追踪和把握当代政治哲学发展的进程及其演进的思想逻辑，应得是我们采取的一个较好的理论研究路径。

　　一方面，当代政治哲学的推进是在以正义理论为代表的各种理论之间的批判下进行的。在正义理论中，平等主义的正义理论占据支配地位，而其他正义理论都是以对平等主义的批判而展现出来。就批判的理论效应来说，应得正义对平等正义构成了重大的挑战。当代政治哲学中的社会正义问题主要是平等，它奠定了正义话语的基调：要么在平等问题下进行，要么对平等问题反驳。应得正义是对平等正义的批判。这种批判从另一个角度揭示了平等主义者关于平等所存在的突出问题和理论局限，而我们通过这种批判来更好地理解和把握社会正义问题。

　　另一方面，应得正义为我们提供了重新思考社会正义的理论契机。正义的本源意义即应得。平等主义者拒斥应得。在此语境下，许多社会正义问题不得不让我们认真对待和思考：平等主义者为什么反应得；如何在平等正义原则中看待应得；应得正义的意义何在；如何处理平等与应得的关系；应得的自我证成问题等。这些都从理论上有力地推

---

　　① 温家宝在2010年3月答中外记者招待会时强调"公平正义比太阳还要光辉"，"公平与正义是社会稳定的根基，实现社会公平正义是中国共产党人的一贯主张，是发展中国特色社会主义的重大任务"。自此，公平正义已经从学术界的学术讨论开始转向人们的政治经济生活，也成为发展中国特色社会主义的重大任务。（http：//www.chinadaily.com.cn/zgrbjx/2010－03/15/content_9587976.htm.）

动了正义研究的深化和发展。可以说，通过应得的研究，我们可以建立起一幅当代正义理论批判和建构的理论图景。

但是，正义不是一个纯粹理论的概念，也不局限于单纯的思想层面，而是要规范现实并指导社会实践的价值原则和政治理想。公平正义既是我们的理论问题，也是我们亟须解决的社会现实问题。因此，在理论与实践的关系上，从来没有任何一个哲学命题或概念像正义一样要求理论与实践的高度一致性。因而，对于实践意义，应得正义的理论研究为我们认识、分析和解决现阶段的社会正义问题提供了新的可能性的路径。中国现阶段的社会正义问题是人们关注的主要问题之一，而对这样一个宏大的涉及各个方面的问题做出一个理论上的描述是很困难的事情。因此，我们愿意采用社会正义中的核心问题即狭义的分配正义所指向的问题做一个简单的探讨和分析。

正像一些学者所说：“要实现社会正义，关键在于解决分配正义的问题。改革开放以来，中国经济迅速发展，人民生活水平不断提高，但是目前仍然有相当一部分人处于贫困的状态，他们很少甚至没有分享到改革开放的丰硕成果。就分配正义来说，当前急需解决的问题是严重的不平等，贫富差距过大。”[①] 由于涉及中国的社会正义问题，学术界和社会对此问题呈现出高度的热情和关注。[②] 就分配正义来说，

---

① 姚大志：《分配正义：从弱势群体的观点看》，《哲学研究》2011 年第 3 期。

② 值得一提的是，此文的观点引发了中国学术界关于分配正义的一场争论。这场争论的持续时间和参与的人数，在学术的严肃性和真诚性上都值得关注。该文发表后，首先由中国人民大学段忠桥教授撰文质疑和批判，2012 年《中国人民大学学报》第 1 期发表《关于分配正义的三个问题——与姚大志教授商榷》一文对姚大志教授“关注现实问题的勇气和为弱势群体代言的价值取向”表示钦佩，但也对其观点质疑批评，并期望“以此为契机引发深入的学术争论来推进我国当前亟需解决的正义问题研究”。期间经历三个回合：姚大志教授于 2012 年在《哲学研究》第 5 期再发《再论分配正义——答段忠桥教授》首度对段忠桥教授的批评质疑予以回应。2013 年，《吉林大学社会科学学报》将两位教授的关于分配正义的再度争论文章（段忠桥：《也谈分配正义、平等和应得——答姚大志教授》；姚大志：《三论分配正义——答段忠桥教授》）于第 4 期一同刊发。跨时三年多。参与此次学术争论的学者和文章有：王立：《也论分配正义——兼评姚大志教授和段忠桥教授关于正义之争》，《哲学研究》2014 年第 10 期；葛四友：《正义的原则还是策略？》，《公正与治理评论》吉林人民出版社 2015 年；晋运锋：《弱势群体为什么那么重要？——兼论充足主义正义观》，《中国人民大学学报》2015 年第 2 期；秦子忠：《一种基于平等主义的分配正义何以生成》，爱思想网站（http：//www.aisixiang.com/data/54530.html）。

不平等是我们所面对的最大的正义问题，近些年反映不平等的基尼系数不断走高就是明证。①

面对不平等问题，人们会直接采用西方平等主义的正义理论。这是因为，一方面，中国当前的社会不平等问题确实非常突出，特别是社会分化和财富差距已经同美国不相上下，而美国被认为是两极分化最大的国家。反映贫富差距的基尼系数就印证了这点。中国的基尼系数远远高于人们所认可的基尼系数限度。平等成为人们审视社会正义的主要标准。另一方面，我们目前所使用的主流正义话语归根结底是由 20 世纪 70 年代以来的平等主义者塑造和奠定的。而且，平等主义者之间关于正义的持久争论从表象上加剧了这种话语的繁荣，遮蔽了其他正义话语的出现。② 当我们谈论和思考正义问题时，平等就成为隐含的不自觉的话语前提。

然而，同样是不平等的状况，出自平等主义理论的一般的"规范性"分析和出自中国的现实分析是不一样的。平等主义理论的"规范性"分析有两个制度背景即西方长久以来的民主立宪制和完善的市场经济制度，因而对不平等的分析自然会导向一般意义或一般事实上的自然天赋等原因。但是，我们的国情与之不同，市场经济也不完善，这样分析的路径没有现实意义。中国的分配不平等形成的原因要比这复杂得多，解决的路径也就会呈现出本质的不同。

我们认为，中国贫富差距的出现缘于两大因素：一是分配体制的因素；一是分配政策的因素。分配体制的因素由当时的首要任务决定：解放和发展生产力。我们知道，改革开放前中国社会是一个比较平等

---

① 基尼系数超过 0.40 意味着不平等问题很严重。中国国家统计局公布基尼系数 2012 年为 0.474，2013 年为 0.473，2014 年为 0.469，2015 年为 0.462，2016 年为 0.465。根据西南财经大学甘犁教授主持的西南财经大学中国家庭金融调研中心发布统计报告称 2010 年基尼为 0.61（https：//baike. baidu. com/item/% E5% 9F% BA% E5% B0% BC% E7% B3% BB% E6% 95% B0/88365？ fr = aladdin）。不管是国家统计局还是学术界的统计数据，收入的不平等已经成为最大的社会正义问题。

② 金里卡认为当代政治哲学在广义上都是平等主义的。桑德尔则把这种平等主义话语塑造的正义视为自由主义的意识形态，即用平等主义遮蔽其他正义话语的出现。套用诺奇克的说法，后来的政治哲学研究，要么在平等主义的话语里继续进行，要么就对平等主义的反驳提出强有力的理由。

的社会，可以说达到了"平均"的程度。但是，这种平等是大家都极为贫困、一无所有的平等。为了改变这种状况，社会的首要任务是发展生产力。其目的是解决有东西可分，至于怎么分还不在考虑之列。在此背景下，一系列促进生产力发展的措施相继出台。例如，允许一部分地区先富起来，希望先富带动后富；以农业补贴工业，希望促进工业的大发展；国有企业改革改制等。不平等也由此产生：先富后富形成"地区差距"；工农业的剪刀差和城乡二元制形成"城乡差距"；企业垄断拉大"行业差距"。①

分配体制影响分配政策。一方面，在解放和发展生产力作为主要任务的主导下，分配正义的问题还没有提上日程，因此，在经济发展的初期，贫富差距的不平等就已经形成。另一方面，当经济发展到一定程度之后，人们开始关注分配的正义问题，但分配政策的调试和改革依然没有成型。各种关于分配正义的学说层出不穷。其中，"按生产要素分配"学说在学界影响颇大。我们可以借用该学说的基本思想来分析分配正义问题。依据该学说，分配的正义问题要处理好资本、技术、劳动以及管理等的比重问题。但是，在分配过程中劳动收入的比重逐渐降低与资本和权力比重的升高直接造成和加剧了不平等。劳动收入是个人应得的主要体现，而个人应得的不足就分配正义来说，是不平等的主要根源。

很多学者从实证和数据分析以劳动为表征的个人应得在分配正义中的轻视所导致的不平等问题。据权威媒体《人民日报》调查发现，中国城乡居民不同群体之间的收入差距不断拉大，普通民众干得多挣得少，劳动所得在整个分配体系中所占比重越来越低。据了解，在发达国家，工资一般会占企业运营成本50%左右，而在中国则不到10%。发达国家劳动报酬在国民收入中所占的比重一般在55%以上，在中国则不到42%，并呈逐年下降趋势；包括资本回报在内的非劳动所得比重却节节上升。②

---

① 周光辉、殷冬水：《垄断经营：社会正义的困境》，《社会科学战线》2012年第2期。
② 《提高劳动所得势在必行》，《人民日报》2009年12月3日。

在中华总工会提供的数据中显示，我国居民劳动报酬占 GDP 的比重，在 1983 年达到 56.5% 的峰值后，就持续下降，2005 年已经下降到 36.7%，22 年间下降了近 20 个百分点。从 1978 年到 2005 年，与劳动报酬比重的持续下降形成了鲜明对比的是资本报酬占 GDP 的比重上升了 20 个百分点。垄断企业借助政府权力的支持将市场优势转变为分配优势。占职工 8% 的大型企业高管及垄断行业职工收入占全国职工工资总额的五成五，其余 92% 的职工收入只占四成五。① 据统计，1995 年至 2007 年，各级政府收入占 GDP 的比重从一成七骤升至三成三，在整个国民财富的增长过程中，个人财富的增长远远低于这个比例和速度。② 全国总工会调查显示，23.4% 的职工 5 年未增加工资；75.2% 的职工认为当前社会收入分配不公平，61% 的职工认为普通劳动者收入偏低是最大的不公平。

在《人民日报》《参考消息》以及中央电视台等权威媒体的调查分析中，它们认为有两个主要因素限制了普通劳动者的收入：一个是垄断企业形成的部分高工资；一个是资本在财富分配中所占的绝对优势。对于前者，企业垄断主要体现在部分大型企业。近些年，国家正努力促进市场经济的规范化和健康化发展，明确了大型企业尤其是国企管理人员的工资额度等。但在以前的较长时间段里，大型企业和部分国有垄断企业的高收入是国民所一直诟病的事情。除开基本的工资外（这也是高工资），大型企业和国企职工的平均福利高达 4.3 万元，比起一般职工的工资收入总和都要高。③

对于后者，它使得市场经济也无法完全地实践应得，资本的分配优势造成的结果就是国家和政府以及部分持有大量资本的人群拥有大量的财富。据统计，1995 年至 2007 年，各级政府收入占 GDP 的比重从一成七骤升至三成三，除了税收还有庞大的行政收费及土地出让金等，但是回馈百姓的公共服务却不见同步增长。在整个国民财富的增长过程中，个人财富的增长远远低于这个比例和速度。国民财富收入

---

① 《内地民众何以"干多挣少"？》，《参考消息》2009 年 12 月 7 日。
② 同上。
③ 这是 2009 年的数据，当时的中央电视台曾在第一套节目的新闻频段专门报道了此事，本书的数据分析也采用了新闻报道的数据。

就像是个大蛋糕，普通劳动者"干多挣少"，是因为有人"干少挣多"，分走了蛋糕的大部分。不要忘记，普通劳动者在收入的人口总数中占据绝大多数，当被资本切掉后的蛋糕再分配到他们手上时，其平均数值应该令人关注和担忧。

分配体制和分配政策的共同效用严重削弱了个人劳动收入的不足。资本等其他要素在分配中的扩张加剧了人们收入之间的不平等。劳动者不富有是人们对正义问题的整体评价，也是我们对不平等原因分析之后得出的总体结论。社会财富的产生和增加根源于人们的劳动创造。个人劳动的否认或者说劳动的被剥夺显然是不正义的。马克思判断社会正义的一个重要标准就在于劳动者是否真正拥有自己的劳动成果。而且，我们也一直秉持以"按劳分配"为主体的分配正义原则。在此，从学术的探究上我们不讨论"劳动"能否作为一种正义原则。但有两点值得指出。在语用学的意义上，人们所说的按劳分配应该是按照劳动应得分配，应得位居背后；劳动本身被塑造为一种规范价值来看待，反映了社会对劳动本身的重视。这也符合道德直觉，也符合应得自身所具有的积极意义。在人们的思想观念和文化传统的影响下，依靠自己的劳动而改善生活水平乃至致富是理所应当的。相反，不劳而获或者是劳动者不富有绝对是不正义的。这种不正义的标准来源于应得。

如果我们的分析是正确的，所坚持的直觉性的正义观念（劳动者应富有）获得足够的道义力量，那么，我们对当前的不平等就会有新的认识和理解。总体来说，我们的收入不平等的最重要的原因是以劳动者的工资性收入为表征的个人应得在初始分配中的不足。在对不平等问题的分析中，我们面临的问题是双重性的，即既有效率原则所带来的普遍性的经济不平等问题，也有应得原则下的实践不及问题。所谓的普遍性问题是，凡是实行市场经济的国家都面临两极分化问题，这是市场经济的竞争使然，也是市场经济不可避免的后果。因此，一般来说，平等的问题基本上都是在应得原则的充分实践基础上产生的，必然要为应得下的差异进行再分配而实现一定程度的平等，例如税收就是最重要的途径和手段。所谓应得原则的实践不及问题是说我们并没有完全或充分地实践这一原则。

　　因此，中国的分配正义问题首先面对的是应得的问题。也就是说，应得的实践性问题是我们并没有完全按照应得的原则来实现社会正义的初始分配，因而造成初始分配中的收入差距过大。承认人们的应得，承认劳动的价值，这符合人们的正义观念。同时，只有充分实践个人的劳动应得、改变初始分配的比重，才能合理分配收入，也有利于改变巨大的两极分化状况。提高了普通劳动者的总体收入，才能真正地通过内需实现经济的良性循环增长。在这种意义上，应得的实践就具有了理论上的优先性和现实的紧迫性。我想，这才是我们今天将应得置于人们视野中的真实意义所在吧。

参考文献

一　中国学者著作

慈继伟：《正义的两面》，生活·读书·新知三联书店 2001 年版。

段忠桥：《理性的反思与正义的追求》，黑龙江大学出版社 2007 年版。

段忠桥：《为社会主义平等主义辩护——G. A. 科恩的政治哲学追求》，
中国社会科学出版社 2014 年版。

高景柱：《在平等与责任之间：罗纳德·德沃金平等理论批判》，人民
出版社 2011 年版。

葛四友：《正义与运气》，中国社会科学出版社 2007 年版。

葛四友编：《运气均等主义》，江苏人民出版社 2006 年版。

龚群：《罗尔斯政治哲学》，商务印书馆 2010 年版。

顾肃：《罗尔斯——正义与自由的求索》，辽海出版社 1999 年版。

顾肃：《自由主义基本理念》，中央编译出版社 2003 年版。

韩水法：《正义的视野——政治哲学与中国社会》，商务印书馆 2009
年版。

何怀宏：《公平的正义：解读罗尔斯〈正义论〉》，山东人民出版社
2002 年版。

石元康：《当代西方自由主义理论》，上海三联书店 2000 年版。

万俊人：《寻求普世伦理》，北京大学出版社 2009 年版。

王立：《平等的范式》，科学出版社 2009 年版。

徐向东编：《自由意志与道德责任》，江苏人民出版社 2006 年版。

姚大志：《何谓正义：当代西方政治哲学》，人民出版社 2007 年版。

姚大志：《罗尔斯》，长春出版社 2011 年版。

姚大志：《现代之后——20 世纪晚期西方哲学》，东方出版社 2000 年版。

姚大志：《平等》，中国社会科学出版社 2017 年版。

俞可平：《社群主义》，中国社会科学出版社 1998 年版。

张国清：《社会治理研究》，浙江教育出版社 2013 年版。

二　译著

［英］厄奈斯特·巴克：《希腊政治理论》，卢华萍译，吉林人民出版社 2003 年版。

［英］布莱恩·巴里：《正义诸理论》，孙晓春、曹海军译，吉林人民出版社 2004 年版。

［英］布莱恩·巴里：《社会正义论》，曹海军译，江苏人民出版社 2007 年版。

［美］丹尼尔·贝尔：《社群主义及其批评者》，李琨译，生活·读书·新知三联书店 2002 年版。

［古希腊］柏拉图：《理想国》，郭斌和、张竹明译，商务印书馆 1986 年版。

［美］艾伦·布坎南：《伦理学、效率与市场》，廖申白、谢大京译，中国社会科学出版社 1991 年版。

［美］罗纳德·德沃金：《至上的美德——平等的理论与实践》，冯克利译，江苏人民出版社 2003 年版。

［美］罗纳德·德沃金：《认真对待权利》，信春鹰、吴玉章译，中国大百科全书出版社 2002 年版。

［英］莱恩·多亚尔、伊恩·高夫：《人的需要理论》，汪淳波、张宝莹译，商务印书馆 2008 年版。

［美］J. 芬伯格：《自由、权利和社会正义——现代社会哲学》，王守昌译，贵州人民出版社 1998 年版。

［英］霍布斯：《利维坦》，黎思复、黎廷弼译，商务印书馆 1985 年版。

［加拿大］威尔·金里卡：《当代政治哲学》，刘莘译，上海三联书店2004年版。

［英］G. A. 科亨：《自我所有、自由和平等》，李朝晖译，东方出版社2008年版。

［英］G. A. 科亨：《如果你是平等主义者，为何如此富有？》，霍政欣译，北京大学出版社2009年版。

［德］康德：《实践理性批判》，韩水法译，商务印书馆1999年版。

［德］康德：《道德形而上学原理》，苗力田译，上海人民出版社2005年版。

［美］约翰·罗尔斯：《正义论》，何怀宏等译，中国社会科学出版社1988年版。

［美］约翰·罗尔斯：《正义论》（修订版），何怀宏等译，中国社会科学出版社2009年版。

［美］约翰·罗尔斯：《政治自由主义》，万俊人译，译林出版社2000年版。

［美］约翰·罗尔斯：《作为公平的正义：正义新论》，姚大志译，中国社会科学出版社2011年版。

［美］约翰·罗尔斯：《道德哲学史讲义》，张国清译，上海三联书店2003年版。

［美］约翰·罗尔斯：《政治哲学讲义》，杨通进等译，中国社会科学出版社2011年版。

［英］洛克：《政府论》（下篇），叶启芳、瞿菊农译，商务印书馆1964年版。

［英］洛克：《政府论》（上篇），瞿菊农、叶启芳译，商务印书馆1982年版。

［英］伯特兰·罗素：《社会改造原理》，张师竹译，上海人民出版社1959年版。

［英］伯特兰·罗素：《伦理学和政治学中的人类社会》，肖巍译，河北教育出版社2003年版。

［美］A. 麦今太尔：《德性之后》，龚群等译，中国社会科学出版社1995年版。

［美］A. 麦金太尔：《谁之正义？何种合理性?》，万俊人等译，中国
　　当代出版社 1996 年版。

［美］A. 麦金太尔：《伦理学简史》，龚群译，商务印书馆 2003 年版。

［美］约翰·麦克里兰：《西方政治思想史》，彭淮栋译，海南出版社
　　2003 年版。

［美］罗伯特·诺奇克：《无政府、国家和乌托邦》，姚大志译，中国
　　社会科学出版社 2008 年版。

［美］迈克尔·桑德尔：《自由主义与正义的局限》，万俊人等译，译
　　林出版社 2001 年版。

［英］戴维·米勒：《社会正义原则》，应奇译，江苏人民出版社 2001
　　年版。

［美］迈克尔·沃尔泽：《正义诸领域——为多元主义和平等一辩》，
　　褚松燕译，译林出版社 2002 年版。

［印度］阿玛蒂亚·森：《论经济不平等/不平等之再考察》，王利文、
　　于占杰译，社会科学文献出版社 2006 年版。

［美］列奥·施特劳斯：《自然权利与历史》，彭刚译，生活·读书·
　　新知三联书店 2003 年版。

［美］托马斯·斯坎伦：《我们彼此负有什么义务》，陈代东等译，人
　　民出版社 2008 年版。

［德］斐迪南·滕尼斯：《共同体与社会》，林荣远译，商务印书馆
　　1999 年版。

［英］亨利·西季威克：《伦理学方法》，廖申白译，中国社会科学出
　　版社 1993 年版。

［英］休谟：《人性论》（下卷），关文运译，商务印书馆 1980 年版。

［古希腊］亚里士多德：《尼各马可伦理学》，苗力田译，中国人民大
　　学出版社 2003 年版。

三　英文文献

Richard J. Arneson, "Equality and Equal Opportunity for Welfare", *Philosophical Studies*, Vol. 56, 1989.

John Cleinig, "The concept of desert", *American Philosophy Quarterly*,

1971, 8 (1).

David Cummiskey, "Desert and Entitlement: A Rawlsian Consequentialist Accout", *Analysis*, Vol. 47, No. 1, 1987.

Nadine Elzein, "Basic desert, Conceptual Revision, and Moral Justice cation", *Philosophical Explorations*, Vol. 16, No. 2, 2013.

Joel Feinberg, *Doing and Deserving*, New Jersey: Princeton University Press, 1970.

Joel Feinberg, *Social Philosophy*, Englewood Cliffs: Prentice Hall, 1973.

John Martin Fisher (Edited), *Moral Responsibility*, Ithaca and London: Cornell University Press, 1986.

Fred Feldman, "Responsibility as a Condition for Desert", *Mind*, Vol. 105. January, 1996.

John Martin Fischer and Mark Ravizza, "Responsibility for Consequence", *In Harm's Way: Essays in Honor of Joel Feinberg* (Edited by Jules L. Coleman and Allen Buchanan), Cambridge: Cambridge University Press, 1994.

Samuel Fleischacher, *A Short History of Distributive Justice*, Cambridge: Harvard University Press, 2004.

Harry Frankfurt, "Freedom of the Will and the Concept of a Person", *What Do We Deserve?: A reader on Justice and Desert* (Edited by Louis P. Poiman and Owen Mcleod), New York: Oxford University Press, 1999.

Jake Greenblum, "Distributive and Retributive Desert in Rawls", *Journal of Social Philosophy*, Vol. 41 No. 2 (Summer 2010).

James Griffin, *Well - being: Its Meaning, Measurement, and Moral Importance*, Oxford: Clarendon Press, 1986.

Lawrence A. Hamilton, *The political philosophy of needs*, UK: Cambridge University Press, 2003.

Nathan Hanna, "Two Claims about Desert", *Pacific Philosophical Quarterly*, 2013, 94 (1).

Thomas Hurka, "Desert: Individualistic and Holistic", *Desert and Justice*

（Edited by Serena Olsaretti），New York：Oxford University Press，2003.

Shelly Kagan，"Comparative Desert"，*Desert and Justice*（Edited by Serena Olsaretti），New York：Oxford University Press，2003.

John Kleinig，*Punishment and Desert*，Hague：Martinus Nijhoff，1973.

Carl Knight and Zofia Stemplowska（Edited），*Responsibility and Distributive Justice*，New York：Oxford University Press，2011.

Kristjan Kristjansson，*Justice and Desert – Based emotions*，Ashgate：Ashgate Publishing Limited，2006.

T. H. Marshall，"Citizenship and Social Class"，in Jeff Manza and Michael Sauder（edited），*Inequality and Society：Social Science Perspectives on Social Stratification*，New York：W. W. Norton & Company，Inc. ，2009.

David Miller，*Market，State，and Community*，Oxford：Clarendon Press，1989.

David Miller，"Comparative and Noncomparative Desert"，*Desert and Justice*（Edited by Serena Olsaretti），New York：Oxford University Press，2003.

Thomas Nagel，*Moral Questions*，Cambridge：Cambridge University Press，1979.

Richard Norman，"Criteria of Justice：desert，Needs and Equality"，*Res Publica*（7），2001.

Robert Nozick，*Anarchy，State and Utopia*，New York：Basic Books，1974.

Derek Parfit，"Equality or Priority？"，*Equality and Justice*（edited by Peter Vallentyne），volume 1，New York：Routledge，2003.

Derek Parfit，"Another Defence of the Priority View"，*Utilitas*，Volume 24，Special Issue 03，2012（9）.

Philippe van Parijs，"Difference Principles"，in Samuel Freeman（edited），*The Cambridge Companion to Rawls*，UK：Cambridge University Press，2003.

Louis P. Poiman and Owen Mcleod（edited），*What Do We Deserve？：A reader on Justice and Desert*, New York: Oxford University Press, 1999.

James Rachels, "What people Deserve", in John Arthur and William H. Shaw (edited), *Justice and Economic Distribution*, New Jersey: Prentice – Hall, 1978.

John Rawls, *A Theory of Justice*, Massachusetts: The Belknap Press of Harvard University, 1971

Soran Reader (Edited), *The Philosophy of Need*, UK: Cambridge University Press, 2005.

Samuel Scheffler, "Responsibility, Reactive Attitudes, and Liberalism in Philosophy and Politics", *Philosophy & Public Affairs*, Vol. 21, No. 4 (Autumn), 1992.

Samuel Scheffler, "Justice and Desert in Liberal Theory", *California law Review*, Vol. 88, 2000.

David Schmidtz, *Elements of Justice*, UK: Cambridge University Press, 2006.

George Sher, *Desert*, New Jersey: Princeton University Press, 1987.

George Sher, *Approximate Justice: Studies in Non – Ideal Theory*, New York: Rowman & Littlefield Publishers, INC. , 1997.

George Sher, In Praise of Blame, New York: Oxford University Press, 2006.

George Sher, *Who Knew?: Responsibility without Awareness*, New York: Oxford University Press, 2009.

George Sher, "Effort, Ability, and Personal Desert", in Lawrence C. Becker (edited), Volume 6, 2003.

George Sher, "Effort and Imagination", *Desert and Justice* (Edited by Serena Olsaretti), New York: Oxford University Press, 2003.

Saul Smilansky, "Free Will, Egalitarianism and Rawls", *Philosophia*, Volume 31, Issue 1 (10/2003) .

Saul Smilansky, "Responsibility and Desert: Defending the Connection", *Mind*, Vol. 105. January, 1996.

Saul Smilansky, "Control, Desert and the Difference between Distributive and Retributive Justice", *Philosophical Studies*, 2006.

Mark P. Strasser, *Agency, Free Will, and Moral Responsibility*, Wakefield: New Hampshire, Hollowbrook Communications, Inc. , 1992.

Peter J. Steinberger, "Desert and Justice in Rawls", *The Journal of Politics*, Vol. 44, No. 4, (Nov. , 1982) .

Michael Walzer, *Thick and Thin*, Notre Dame: University of Notre Dame Press, 1994.

R. George Wright, "The High Cost of Rawls' Inegalitarianism", *The Western Political Quarterly*, Vol. 30, No. 1, Mar. , 1977.

Alan Zaitchik, "On Deserving to Deserve", in Lawrence C. Becker (edited), *Equality and Justice*, Volume 6, 2003.